마음을 움직이는

향기의 힘

마음을 움직이는
향기의 힘
로베르트 뮐러-그뤼노브 / 송소민 옮김
아날로그

향기에는 무한한 가능성이 있습니다

인간에게는 시각·청각·후각·미각·촉각, 다섯 가지 감각이 있다. 사람들은 흔히 시각과 청각을 중요하게 여기지만, 나는 오감 모두에 집중한다. 특히 코를 아무렇게나 여기지 않는다. 나는 평생 냄새 맡는 것을 좋아해왔다. 내가 이런 이야기를 하면 사람들은 "어떤 향을 가장 좋아하세요?"라고 묻는다. 이에 대해서는 쉽게 대답하기 어렵다. 상황에 따라 다르기 때문이다. 나는 매일 아침 사무실에 들어설 때마다 기분이 좋다. 사무실에서는 항상 그 당시에 작업하는 향이 난다. 최근에는 한 텔레콤 통신사가 의뢰한 향을 개발하고 있다.

"잠깐만, 뭐라고요? 텔레콤에서 향이 왜 필요하지요?" 어떤 독자는 바로 이렇게 물을지도 모르겠다. 그런데 그게 바로 우리가 하는 일이다. 향은 언제 어디에나 필요하다. 우리가 어떤 기업을 위해 어울리는 향을 창조해야 할 때는 대체로 사전에 일련의 기준사항을 전달받는다. 즉 고객이 해당 브랜드와 연결 짓고 싶어하는 이미지들이다. 나머지는 우리 창의력으로 채워진다.

텔레콤 통신사는 우리에게 향을 의뢰하며 마젠타 색상에 어울려야 하고, 친근한 느낌을 불러일으켜야 한다는 조건을 제시했다. 우리는 이런 특징들을 향기 물질에 담아 전달하는 작업에 집중했다. 그리고 마침내 우드 계열의 노트를 가지며 아주 살짝 오리엔탈 느낌이 나는 향이 탄생했다. 매우 아늑한 기분을 느끼게 하지만, 지루한 느낌은 전혀 없어 무척 가까운 친구처럼 친근한 향이다. 이 향은 독일 매장에서 사용하지는 않지만, 외국의 몇 개 지점에서 그 통신사를 드러내는 향으로 사용되고 있다.

향으로 브랜드 이미지를 설명할 수 있을까? 특정 생산품에 어떤 향을 입힐 때 그 선택 기준은 무엇일까? 값비싼 자동차에는 역시 값비싼 향이 나야 한다. 그런데 '값비싼' 향이란 대체 어떤 걸까? 우리가 적절한 향을 사용하면 삶의 질도 향상될까? 내가 생각하기에는 이 질문이 가장 중요한 것 같다.

나는 오랫동안 향기를 이용한 마케팅과 커뮤니케이션 일을 하며 얻은 경험과 향의 세계에 관한 지식을 사람들과 나누고 싶다. 그럼으로써 많은 사람들이 후각을 좀더 의식적으로 한껏 활용하기를 바란다. 감각을 예민하게 만들어 자신이 맡고 있는 냄새가 무엇인지, 그것이 자신에게 어떤 영향을 미치는지를 생각할 수 있게 되기 바란다. 그리고 더 나아가 향에 대한 사람들의 선입견과 제약이 없어지면 좋겠다. 이것은 내가 일하면서 종종 경험하는 일로, 가장 대표적인 예가 '향으로 사람들을 조종한다'는 비난이다. 상점이나 공공장소에서 향기에 의해 조종당하기를 원하는 사람은 아무도 없다. 당연히 나도 원치 않는다. 그런데도 많은 사람이 조종당하는 기분을 느끼는 것은 바로 자신의 코를 사용하고 후각을 신뢰하는 법을 잊어버렸기 때문이다. 의식해서 냄새 맡는 사람은 쉽게 조종당하지 않는다.

유명한 향 연구가 한스 하트 교수는 다음과 같은 중요한 말을 했다.

"우리는 냄새 맡는 것을 금기시해왔어요. 그래서 사람들은 상대방을 쳐다보고, 말을 걸고, 이야기 듣는 것은 허용하지만, 냄새를 맡아서는 안 된다고 생각합니다. 그건 내밀한 것이고 예의 없는 일이며, 향으로 사람들을 조종해서는 안 된다고 비난합니다. 하지만 향은 우리가 걸어 다니거나 서 있는 곳 어디에나 있습니다. 무취의 공간은 존재하지 않아요. 그리고 사실 본인이 직접 사용하는 모든 향은 일종의 조종을 위한 것입니다. 향수를 뿌릴 때 본인을 위해서뿐만 아니라 다른 사람을 위해서 사용하는 것처럼 말이지요."

독자 여러분 모두 이 책을 통해 향기는 정말 멋진 것이라는 사실, 우리가 원하기만 하면 향을 잘 맡을 수 있고, 적절히 활용할 수 있다는 사실을 깨닫게 되기 바란다.

차 례

MIDDLE NOTE 향기의 역사

BASE NOTE 향기의 영향력

TOP NOTE

향기와 인간

"가장 좋은 기억은, 언제나 코에 남아 있다."

– 쿠르트 투콜스키 Kurt Tucholsky

Scent 1

향기는 기억을 일깨운다

: 우리를 기억 속 한 시절로 이끄는 냄새들

당신도 그런 적이 있는가? 별다른 생각 없이 그저 낯선 도시를 어슬렁거리다 문득 딱 1초, 정말 일순간 레스토랑이나 음식점의 열린 문에서 풍겨 나오는 어떤 냄새를 맡는다. 아주 미약해서 사실 잘 느껴지지도 않을 정도다. 하지만 그 정도만으로도 몇 년 혹은 수십 년이 훨씬 지난 과거 기억의 한 자락이 순식간에 일깨워진다. 그 순간, 당신은 할머니가 손수 구운 사과파이 향이 나는 부엌 식탁에 앉아 있는 듯한 착각에 빠진다. 이 글을 쓰는 지금 나는 버터나 캐러멜 향을 풍기던 우리 엄마의 팬케이크 냄새가 떠올랐다. 입 안 가득 맛이 느껴지며 침이 고인다.

향기는 기억을 일깨운다. 아름다운 순간과 썩 좋지 않았던 순간들을 떠올리게 한다. 향에는 우리 내면에 깃들어 있는 갖가지 감정을 불러일으키는 힘이 있다. 사랑, 친밀감, 포근함 그리고 두려움, 중압감, 불편함을 일깨운다. "사람은 불쾌하거나 유쾌한 감정 없이 어떤 대상의 냄새를 맡을 수 없다." 고대 그리스 철학자 아리스토텔레스도 이 사실을 이미 알고 있었다. 향에 스며든 기억은 잊히지 않는다. 다만 우리가 의식적으로 불러일으키는 법을 잊어버렸을 뿐이다.

어린 시절의 냄새가 어땠냐는 질문을 받으면 나는 곧바로 코미야스의 모래언덕을 떠올린다. 그곳은 스페인 북부의 푸른 해안, 코스타 베르데에 있는 작은 마을이다. 내 인생의 첫 10년 동안 여름휴가 때면 나는 부모님과 함께 코미야스를 찾았다. 어느 날 우리는 코미야스 부근의 아주 아름다운 해변 지역을 발견했다. 높은 모래언덕 아래쪽 작은 도로변에 차를 세웠다. 나는 차 문을 열자마자 튀어 나가 최대한 빨리 모래언덕으로 뛰어 올라갔다. 모래땅에 무성하게 자라난 풀과 허브가 시야를 가로막아 그곳에서는 바다를 볼 수 없었지만 나는 탁 트인 바다를 보기 전에 이미 냄새를 맡을 수 있었다. 바닷물, 소금, 따스한 모래 냄새가 났다. 모래언덕으로 깊이 들어갈수록 냄새는 점점 더 강해졌다.

수십 년째 향기 관련 일을 하고 있지만, 나에게 코미야스 모래언덕의 아로마만큼은 뭔가 아주 특별한 것, 인상 깊게 남은 독특한 향의 조합이다. 눈을 감고 그 냄새를 떠올리면 금세 그때의 냄새가 코끝에 번지고 어린 시절의 여름 휴가철로 되돌아간 기분이 든다.

수년이 흐른 후 나는 그 냄새와 다시 마주쳤다. 그것도 완전히 다른 세상의 한 장소, 우루과이의 해변에서였다. 너무도 놀랍고 전혀 예기치 않은 일이었다. 낯선 나라와 문화는 내가 새로운 향을 창조하는 데 많은 영감을 준다. 나라와 문화마다 고유한 향기 정체성을 갖고 있기 때문이다. 이에 대해서는 나중에 좀더 자세히 이야기하기로 하고, 지금은 우루과이 해변으로 돌아가자.

이곳은 내가 가본 모든 여행지 중 옛날 코미야스에서 나던 냄새와 똑같은 냄새가 나는 유일한 장소다. 우리 실험실에서도 그 냄새를 만들어 보려고 여러 차례 시도했지만, 성공하지 못했다. 아마 아주 복합적인 향이기 때문일 테다. 코미야스의 냄새에는 — 특이한 향이 대개 그렇듯 — 수많은 성분이 조합되어 있다. 모래땅에서 자라는 풀, 허브, 담수와 짠 바닷물 냄새가 섞여 있었다. 코미야스는 대서양의 라비아 어귀에 있다. 썰물과 밀물로 끊임없이 바닷물과 담수가 교체되는 곳이다. 그리고 따뜻한 모래 냄새도 빼놓을 수 없다. 그렇다, 만물이 냄새를 풍긴다. 돌멩이도, 나뭇조각도, 금속도 사람과 마찬가지로 저마다 냄새가 있다. 오직 냄새의 강도만 다를 뿐으로, 밀도가 강할수록 향을 적게 방출한다.

스페인 북부 외에 내 기억에 새겨진 어린 시절의 향은 두 가지 더 있다. 모젤강 강가 산비탈에 포도밭이 있었는데, 방학 때 가서 포도 수확을 도울 수 있었다. 포도송이를 딸 때 코에 확 퍼지던 향, 손가락에 남아 있던 향, 서서히 갈색으로 변하는 으깨진 포도알에서 나오는 아로마 그리고 포도주 지하 저장고에 향기롭게 섞여 있던 으깨놓은 포도와 알코올, 오래된 돌벽의 내음을 잊을 수 없다.

다른 한 가지는 좀 덜 좋은 냄새다. 사람들 대부분은 틀림없이 학교 특유의 냄새를 기억하고 있을 것이다. 학교 건물에 들어서자마자 훅하고 풍기는 냄새 말이다. 마루 닦는 왁스, 분필, 약간 탁한 공기 냄새……. 그것은 예전 학생 세대의 사람들에게는 저마다 다른 기억을 일깨운다. 시험 공포도 그중 한 가지일 것이다. 그리고 체육관이 있다. 내게는 체조 기구와 매트에서 나는 냄새가 끔찍했다. 외가 친척인 하인리히 마이어는 열정적인 체조선수였고, 19세기 말에는 공장을 세워 수평봉, 평행봉, 매트 등 체조 기구를 전문으로 생산했다. 내가 학교에 다니는 동안 보았던 수많은 체조 기구가 우리 가족 기업에서 생산된 기구였다. 그런데 나는 하인리히 어른의 체조 재능을 물려받지 못했기 때문에 체육 시간이 늘 괴로웠고, 체육관 냄새를 지금도 싫어한다. 체육관 냄새를 맡기만 해도 평행봉 앞에 절망적으로 서 있던 내 모습이 떠오르기 때문이다.

Scent 2

종이는 훌륭한 향기 보관소

: 오래된 책에서는 바닐라 향이 난다

당신이 지금 손에 들고 있는 이 책도 냄새를 풍긴다. 책은 모든 감각에 말을 건다. 우리는 눈으로 책을 읽고 손으로 책을 쥐고 귀로는 책장이 바스락거리는 소리를 듣고 책장을 넘길 때마다 코로 종이 냄새를 맡는다. 내가 만난 한 대형 인쇄기 제조업자는 책과 종이에서 얻는 이 감각적인 체험이 점점 사라지고 있다며 안타까워했다. 손으로 느끼는 촉감과 책장을 넘길 때의 즐거움 외에 책에서 나는 냄새도 독자 대부분이 여전히 종이책을 선택하는 중요한 이유 중 하나일 것이다.

이 인쇄기 제조업체는 이에 맞서 뭔가 조치를 취하고자 했다. 그래서 그는 우리에게 예전에 인쇄업체 공장에서 나던 특유의 향, 다시 말해 인쇄용 검은 잉크, 아교, 종이 냄새가 뒤섞인 향을 만들어 달라고 의뢰했다. 전문 박람회를 겨냥한 이례적이고 도전적인 프로젝트였다. 우리는 노르웨이의 향 전문가 시셀 톨라스Sissel Tolaas와 함께 향을 만들어냈다. 이 향은 통풍기를 통해 박람회장으로 퍼지며 방문객들을 옛날 인쇄소 현장으로 시간여행을 떠나게 만들었다.

오래된 책들은 전형적인 냄새를 발산한다. 그 냄새를 유니버시티 칼리지 런던의 마티야 스트릭Matija Strlič 교수가 심도 있게 연구했다. 스트릭 교수는 대학에서 '지속가능한 문화유산 연구소'를 이끌고 있는데 잡지《지오Geo》의 기자와 나눈 인터뷰에서 다음과 같이 말했다.

"몇몇 사서들이 고서의 햇수를 알아내기 위해 냄새를 맡는다는 것을 알게 되었습니다. 나는 화학자로서 냄새를 근거로, 다시 말해 종이가 방출하는 휘발성 유기화합물을 근거로 책이 삭는 것을 분석적으로 설명하려 했어요. 우리는 70가지가 넘는 종이류를 연구했습니다. 쉽게 변하는 종이에서는 초산의 시큼한 냄새가 났어요. 다른 종이들은 무척 달콤한 바닐라 냄새를 풍겼습니다."

그렇다면 이 같은 책 냄새는 어떻게 해서 나는 걸까? 거기에는 종이 품질 그리고 제작과 인쇄에 사용한 화학제품이 결정적 역할을 한다. 아교와 잉크에 함유된 VOC 물질, 즉 휘발성 유기화합물Volatile Organic Compounds이 시간이 지나면서 방출되기 때문이다. 이와 관련해 스트릭 교수의 연구팀은 다음과 같이 연구를 진행했다. 우선 전문가들이 낡은 종이의 냄새를 맡아 코로 첫인상을 얻는다. 대체로 이 방법이 냄새 분석을 위한 가장 좋은 방법이다. 그 다음에는 책에서 추출한 휘발성 유기화합물을 종 모양의 유리 용기에 담은 후 질량분석계를 이용해 원자 또는 분자를 측정한다. 고서의 냄새는 수백 가지 휘발성 유기화합물로 구성되어 있는데 그중에는 산성 성분도 스며 있다. 스트릭 교수는 주로 19세기에 생산된 책에 산성 성분이 많이 들어 있는 것을 발견했다.

이 모든 성분이 섞여 우리가 도서관이나 고서점에 발을 들이자마자 맡을 수 있는 특유의 냄새가 만들어진다. 스트릭 교수와 연구팀은 — 오늘날에도 흔하게 행해지는 — 견본 채취에 따른 훼손 없이 고서에서 나는 냄새의 화학성분을 밝히고자 최대한 조심스럽게 연구를 진행했다. 연구자들은 고서 복원을 위한 단서와 책의 제작 시대는 물론 그 밖에 '책의 생애' 과정에서 어떤 냄새들에 노출되었는지도 알아냈다. 그러면 이제 더 나아가 고서에서 찾아낸 과거의 냄새를 다시 만들 수도 있을까? 스트릭 교수는 유감스럽게도 그 작업은 쉽지 않을 것이라며 "옛 냄새를 다시 살려내려면 화학적 조성뿐만 아니라 사람들이 가진 개별적 인상과 기억도 필요합니다"라고 했다.

책 냄새는 책을 어디에 어떻게 보관하느냐에 따라 달라진다. 종이에 냄새가 빠르게 스며들기 때문에 좋은 냄새든 나쁜 냄새든 종이는 훌륭한 냄새 보관소다. 책의 가장 큰 적은 습기로, 축축한 종이는 곰팡내가 나고 최악의 경우 곰팡이가 슬어 책이 삭는다. 또 담배 연기와 음식 냄새도 책 냄새에 영향을 미친다.

그러면 책에서 나는 좋지 않은 냄새는 어떻게 제거할 수 있을까? 책에서 담배 냄새가 날 때는 통풍을 시키면 도움이 되지만, 이는 책이 담배 연기에 심하게 노출되지 않은 경우에만 해당한다. 책이 습기를 머금어 곰팡내가 난다면 냉동시키거나 냉동 건조하는 것이 도움이 된다. 냉동 건조를 위해 냉동용 밀폐 봉투에 책을 싼 후 냉동고에 차곡차곡 쌓아둔다. 그러면 책의 습기가 얼음으로 변해 종이에서 습기가 제거된다. 전문가들에 따르면, 이 방법이 잉크와 종이를 보호한다고 한다. 하지만 냉동 후 건조 방법이 책의 나쁜 냄새까지 제거한다는 의미는 아니다.

종이에 곰팡이가 슬었다면 복원 기술자에게 보내는 방법밖에 없다. 기술자들은 책을 알칼리 용액에 담그는 처리를 하는데, 비용이 많이 든다. 책에서 나쁜 냄새가 나는 경우 복원 기술자들은 오존 처리로도 냄새를 제거하지만, 곰팡내가 나는 책에 만병통치약은 존재하지 않는다. 책을 방향제와 함께 밀폐된 상자에 넣어 한동안 둘 수 있다. 이미 말했듯이 종이가 향을 잘 흡수하기 때문이다. 이 방법은 단지 좋은 향기로 좋지 않은 향을 가리는 것인데, 이때 나쁜 향이 실제로 완전히 덮일지는 속단할 수 없다. 그것은 향 분자들과 분자구조에 달린 문제다.

종이 냄새가 나는 향수

종이책보다 전자책 읽기를 더 좋아하는 사람이라고 해서 책 냄새까지 완전히 포기할 필요는 없다. 수년 전부터 나와 같이 일하고 있는 조향사 게자 쇤Geza Schön은 종이 냄새가 나는 향수를 최초로 개발했다. 이 특별한 향수의 이름은 '페이퍼 패션Paper Passion', 즉 종이를 향한 열정이다. 이 향수병의 포장 케이스는 책 모양으로, 향수병 모양대로 책장 속을 파서 향수를 넣어두었다. 종이에 대한 열정으로 유명한 칼 라거펠트Karl Lagerfeld가 디자인했다. 여기에 노벨 문학상을 받은 귄터 그라스Gunter Grass가 이 포장 케이스를 자신의 시로 장식해 제품의 품격을 높였다. 향수 '페이퍼 패션'을 의뢰한 출판인 게르하르트 슈타이들Gerhard Steidl은 조향사 게자 쇤에게 수많은 책, 수많은 종류의 종이, 잉크, 염료를 보내

영감을 주었다. 게자 쇤은 열세 가지의 다양한 원료로 마침내 책 향기를 창조했다고 말했다. 그는《쥐트도이체 차이퉁》신문에 이렇게 썼다. “나는 열일곱 번의 새로운 시도를 해야 했다. 그러나 베이스는 정말 빨리 완성했다. 종이에서는 건조한 공업용 기름 냄새가 난다. 목표가 뚜렷하게 정해져 있었기에 작업은 빠르게 진행되었다. 내가 이렇게 저렇게 만지작거릴 일이 아니었다.”

게자 쇤 자신은 합성 나무 향이 나는 가공되지 않은 본연의 종이 냄새를 선호했지만, 슈타이들의 희망대로 사향과 오스만투스꽃 향의 느낌이 들어간 향을 만들었다. “그렇지만 여전히 책 본연의 냄새가 두드러졌다”고 쇤은 말한다. “책 향기라는 아이디어는 원래 영국 라이프 스타일 잡지《월페이퍼》제작자들에게서 나온 것이다. ‘페이퍼 패션’은 절대 일반적으로 사용하는 향수를 만들 생각으로 창조한 게 아니고 책을 좋아하는 사람들을 위한 것이다. 책 냄새를 좋아하는 이들이 가끔 향수병을 열고 책 향기를 맡으며 즐기도록 말이다. 그런데 실제로 ‘페이퍼 패션’을 향수처럼 몸에 뿌리고 다니는 사람들도 보았다.”

책 그리고 책이 가진 매우 독특한 향에 대한 마지막 생각은 바로 예술서와 사진첩에 관한 것이다. 다시 말해 매우 심미적이고 호화롭게 제작되는 그런 종류의 책은 사실 냄새도 좋아야 할 테지만 실상은 화학 재료에 의한 독한 냄새를 내는 경우가 많다. 특히 컬러 인쇄물일 경우에 더 심하다. 비용을 많이 들여 만든 책일수록 오히려 책 냄새를 소홀히 할 때가 많다.

우리는 베를린에 사는 덴마크 예술가 예페 하인Jeppe Hein의 예술서를 위해 향을 만들었던 적이 있다. 책 제목은 『당신 내면의 세계를 느껴라』였는데, 책의 한 페이지에 예페의 고향 내음을 담았다. 예페가 숲, 물, 여름 내음이 물씬 풍기는 시골의 고향 집에 돌아갔을 때 느끼는 고요와 평온을 재현한 향이었다.

Scent 3

평가 절하된 코의 능력

: 냄새를 더 많이 맡아야 하는 이유

향기는 사람의 행동에 영향을 미치는 기억과 소망을 불러일으킨다. 향과 아로마는 우리에게 주변 세계와 주변 환경을 재인식하게 해준다. 냄새는 인간의 뇌와 곧바로 연결된 유일한 감각 자극으로 이 영역에서 감정이 형성되고 기억이 저장된다. 향은 본능적 결정에 영향을 미치는데, 향이 지닌 정보는 이성적으로 걸러지지 않기 때문이다. 우리는 후각 자극을 시각 및 청각 자극보다 더 빠르게 인지하며 후각은 다른 어떤 감각보다 기억 능력과 더 밀접하게 연결되어 있다.

그런데도 사람들은 코와 코가 지닌 참으로 대단한 능력을 턱없이 평가 절하하니, 안타까울 따름이다. 사생활이든 사회생활이든 일상에서 코에게 맡겨진 역할은 거의 없다. 기업을 책임지는 최고 경영자들은 대부분 '향기'라는 주제를 그들이 다루는 의제에 포함시키지 않는다. 예를 들어 자동차 산업을 보자. 우리가 이성적 근거를 대려고 아무리 애써 봤자 차를 구입하는 일은 결국에는 매우 감정적으로 결정된다. 엔진 성능이 어떻고, 연비가 얼마나 높고, 내구성이 얼마나 좋든 결국 우리는 차의 외양, 이미지, 기분, 감각적 인상에 따른다. 이 사실은 모든 가격대에서 마찬가지다. 그런데도 수많은 기업이 이 사실을 아직 인지하지 못하고 있다. 제품의 냄새에 대해서는 거의 생각지도 않는다. 혹시 생각한다 해도 제품에 향을 부여하려는 시도들이 모두 순조롭게 돌아가려면 아직 한참 멀었다.

독일의 한 자동차 회사가 새로 출시하는 차에 향을 입히려 했다. 자동차의 사운드 디자인과 촉감으로 해당 브랜드의 차 모델인 것은 사람들이 알 수 있지만 차체에서 나는 냄새로는 브랜드를 알 수 없었기 때문이다. 이제는 달라져야 한다고 그들은 생각했다. 그래서 차를 위한 향이 구상되었고 신차 모델에 향을 입혔다. 그런데 차에 향을 새로 입힌 후에도 차체마다 완전히 다른 냄새가 났다. 대체 왜 그랬을까? 플라스틱, 가죽, 목재 등 차 내부에 사용된 모든 재료가 제각각 특유의 냄새를 발산했기 때문이다. 그러니까 제대로 하려면 차에 사용된 내장재마다 별도로 향을 입히거나 적어도 가공 과정에서 후각적으로 좋은 냄새가 나게 제작해야 했다. 그래야 최종적으로 각각의 자재에서 나는 향이 어우러져 차의 전체 향이 만들어질 수 있다. 그 점을 아무도 생각하지 못했다.

우리는 또한 일상생활에서도 코의 잠재력을 충분히 활용하지 못한다. 하지만 후각은 매우 유용한 쓰임새가 있다. 게다가 코는 늘 우리와 함께 있지 않은가. 코는 우리에게 어떤 일이 일어나고 있는지, 어떤 환경에 놓여 있는지 알아내는 데 도움을 줄 수 있다. 코는 위험을 경고할 수 있고, 또한 우리를 속일 수도 있다. 아무튼 우리는 매일 약 2만5,000번 숨을 쉬고, 12세제곱미터 이상의 공기를 들이마셔 폐로 보내며, 숨을 쉴 때마다 수백만 개의 냄새 입자가 코로 들어간다. 그러나 안타깝게도 우리는 의식해서 냄새를 맡으며 사는 법을 잊어버렸다. 그런데도 오히려 삶의 숱한 영역에서는 점점 더 많이 향과 냄새의 영향을 받는다.

물론 우리는 언제나 오감을 이용해 인지하며 특별히 후각을 차단하지는 않는다. 물론 후각을 차단하는 것이 가능하지도 않겠지만 말이다. 손으로 코를 막는 행동 외에 코를 차단하기는 어렵다. 그리고 냄새를 맡을 수 없는 사람은 후각을 잃는 것과 동시에 삶의 질이 급격히 낮아진다는 사실을 바로 알게 될 것이다. 사람의 행동은 오감을 통해 주변을 인지하는 모든 것에 영향을 받는다. 그러나 대개 후각에 대해서만큼은 크게 생각하지 않는다. 반면에 보고, 듣고, 감정을 느끼고, 촉감으로 느끼는 것, 그리고 당연히 맛을 느끼는 것에 생각을 집중한다.

미각과 후각은 매우 긴밀하게 연결된 두 개의 감각이지만, 사실 후각 인지는 부수적으로 진행된다. 그런데 이 후각이야말로 오감 가운데 가장 오래된 감각이다. 지구 최초의 박테리아 형태 생명체들은 고요하고 어두운 원시의 늪 속에서 근근이 생존을 이어갔다. 생명체는 먹고 살고, 이후 짝을 찾기 위해서 한 가지 감각에 의존했다. 바로 후각이다!

후각에 대해 야박했던 지식인들

작가, 사상가, 철학자들은 오랜 세월에 걸쳐 후각 및 후각의 의미를 완전히 멸시해왔고 후각에 적절하지 않은 이미지를 만들어냈다. 임마누엘

칸트는 마지막 철학 논고『실용적 관점에서 본 인간학』에서 냄새에 대해 별로 좋지 않게 서술했다. "냄새는 말하자면 멀리 있는 취향이다. 그리고 다른 이들이 원하든 원치 않든 같이 즐기기를 강요한다. 그 때문에 냄새는 자유에 반하는 것이며 취향으로서 그다지 유쾌하지도 않다. 즉 수많은 그릇이나 병들 가운데 손님이 자신의 마음에 드는 것을 한 개 선택할 수 있고 다른 것은 같이 맡아보며 즐길 필요가 없다……."

칸트는 후각을 자유에 반하는 감각으로 보았을 뿐만 아니라 심지어 한 걸음 더 나아간다. "어떤 감각 기관이 가장 배은망덕한 데다 가장 쓸모없어 보이는가? 그것은 바로 후각 기관이다. 후각 기관은 그것으로 즐기기 위해 개발하거나 정교하게 연마할 필요가 없다. 왜냐하면 후각 기관이 제공할 수 있는 것은 쾌적함보다는 역겨운 대상이 (특히 하층민들이 많은 지역) 더 많기 때문이다. 그리고 후각 기관을 통한 향유는 즐길 수 있다고 하는 것이라도 항상 피상적이고 스쳐 지나가기만 하기 때문이다……." 따라서 후각은 질적으로 낮은 감각으로 평가된다.

정신분석학의 창시자 지그문트 프로이트의 글도 그다지 긍정적이지 않다. 프로이트가 보았을 때 후각의 의미 상실은 후각에 의존해 킁킁 냄새 맡으며 땅을 기어 다니는 존재의 발달과 연관되어 있다. 따라서 직립 보행하는 인간에게 후각은 더 이상 생존에 필수적인 감각이 아니었다. 1930년 프로이트는『문명 속의 불만』에서 "후각의 퇴화"에 대해 "인간이 땅을 등지고" "직립 보행을 결심"한 결과라고 기술했다. 후각은 선사시대의 유물로 통했다. 그럼에도 프로이트는 냄새와 심리와의 상관관계에 정통했다.

또 18세기 프랑스의 과학자 조르주-루이 르클레르 드 뷔퐁Georges-Louis Leclerc de Buffon 역시 후각을 "야수성의 감각"이라며 얕잡아 보았다. 20세기 중반에 이르러서야 비로소 연구자들이 마침내 지금껏 하찮게 여겨온 후각을 진지하게 받아들였다.

향기가 첫인상을 좌우한다

향기는 아주 강한 신호를 보내고, 향기가 보내는 메시지는 우리 무의식으로 곧바로 들어온다. 이는 증명된 사실이다. 여러 실험을 통해 정확히 똑같은 상황에 향을 투입하면 그렇지 않은 경우와 비교해 현격한 인지 변화가 나타남을 확인할 수 있었다. 한 은행의 의뢰를 받아 나와 동료가 행한 한 가지 실험을 예로 들어보자. 그 은행은 새로운 디자인과 색채, 새로운 모습을 선보이려던 시점으로, 우리는 은행에 어울리는 향기를 만들고 그 효과를 시험해야 했다.

우선 두 가지 향을 개발해 여러 실험 대상자에게 제시했다. 모니터 앞에 앉은 실험 대상자들에게 색채 모티브, 건축물 사진 등 완전히 다른 그림들을 보여주었다. 그리고 실험자들은 두 가지 향의 영향 아래 주어지는 다양한 그림을 평가해야 했다. 여기서 더 강력한 작용과 긍정적인 진술을 얻은 향이 2라운드에 올라갔다. 이 단계에서는 한 번은 향을 뿌리지 않은 공간에서 은행의 특징에 대해 질문함으로써 그 향기가 해당 금융기관에 어울리는지 아닌지를 알아보았다. 향은 이 시험을 통과한 후 3라운드이자 테스트의 마지막 관문에 들어섰다. 은행의 몇 개 지점에는 향을 뿌리고, 몇 개 지점에는 향을 뿌리지 않았다. 그런 다음 모든 지점의 고객 대상으로 다음과 같은 질문을 했다. 새로운 향기가 은행에 대한 당신의 인식과 판단에 어떤 영향을 주는가? 새로운 향기가 고객만족도에 영향을 주는가? 당신은 어떤 지점에서 실내와 직원에게서 좋은 인상을 받았는가? 향기가 안 나는 지점보다 향기가 나는 지점에서 대기 시간에 더 편안하게 있을 수 있었는가?

실험 결과는 놀라웠다. 우리가 시장조사 연구기관 ISI와 함께 진행한 설문을 통해 향이 나는 은행 지점에서 다음의 개념이 특히 빈번하게 언급되었음을 확인했다. "신뢰감이 가는" "호감이 느껴지는" "현대적인"의 개념이다. 더욱이 눈에 띄었던 점은 여성 고객들이 특히 좋은 느낌이 들었다는 대답을 많이 했다는 점이다. 이 부분에는 일반적으로 남성보다 여성이 더 냄새에 민감하다는 사실이 함께 설명되어야 한다.

일련의 실험을 진행하면서 한 은행 지점을 방문했을 때 거의 인지할 수 없을 정도로 미약한 향인데도 그것이 실내에 무척 고유한 성격을 부여한다는 사실에 나조차도 매우 놀랐다. 그것은 아주 맑은 느낌을 주면서도 활력이 느껴지는 향이었다. 부담스럽지 않은 느낌의 향이 공간을 친근하게 느끼도록 만들었다. 이것이야말로 바로 좋은 방향제가 추구하는 목표다.

2014년에 독일 공영방송 제1텔레비전 아에르디의 경제 매거진 프로그램 '플루스미누스'의 의뢰로 ISI와 함께 진행한 여러 건의 실험 결과 또한 흥미로웠다. 우리는 낯선 사람에게 느끼는 호감에 향기가 어느 정도나 영향을 미치는지를 밝히려 했다. 연구의 실험 대상자로 28명의 남녀가 참여했다. 실험 대상자들이 컴퓨터 모니터가 있는 방에 각자 앉아 있으면 모니터를 통해 각각 2초씩 20개의 얼굴 사진을 보여주었다. 남자 10명과 여자 10명, 남녀노소의 순서는 임의로 정했다. 실험 대상자들은 모니터에 나타난 사람을 보고 호감 여부를 순간적으로 결정했는데, 이때 호감도를 1~9까지의 점수로 표시하게 했다. 그리고 28명의 실험 대상자를 두 그룹으로 나누었다. 첫 번째 실험 그룹의 방에는 테스트를 위해 바닐라-캐러멜 향을 과하지 않게 아주 살짝 뿌렸다. 두 번째 실험 그룹이 있는 방에는 향을 가하지 않았다.

테스트를 마친 후 사람들에게 실내에서 혹시 어떤 특이점을 발견했는지 물었다. 발견하지 못했다고 대답하는 경우에는 예를 들어 어떤 냄새가 나지는 않았는지를 구체적으로 집요하게 물었다. 모든 실험 대상자가 아무 냄새도 맡지 못했다고 대답했다. 그런데 한 여성만이 특이하게도 바닐라 향을 분명히 맡았다고 언급하며 "나는 바닐라 향을 전혀 좋아하지 않아서"라고 설명했다. 이 실험에서는 이처럼 의도적으로 거의 인지할 수 없는 정도로 미미한 향이 사용되었지만, 사람들이 거의 인지할 수 없을 정도로 미약하더라도 좋은 향은 호감도에 매우 긍정적인 영향을 미친다는 결과를 얻었다. ISI의 패트릭 헨Patrick Hehn은 다음과 같이 실험 결과를 요약했다. "향이 조성된 공간의 그룹은 향이 조성되지 않은 공간의 그룹과 비교하면 두드러지게 — 20퍼센트까지 — 모니터 속 낯선 얼굴의 사람에게 호감을 느끼는 비율이 높았다."

그러면 이 실험 결과로 이제 무엇을 할 수 있을까? 헨의 말에 따르면,

향기를 사용하면 분위기에 긍정적인 영향을 줄 수 있을 것이라고 한다. 예를 들어 슈퍼마켓에서 향기를 사용한다면 손님들이 판매 직원을 훨씬 더 친절하고 호감 가는 사람으로 여길 수 있다는 뜻이다.

당신은 감각 중 무엇을 포기하겠습니까?

만일 위의 실험 대상자들이 주변의 냄새를 더 의식적으로 맡았더라면 아마 바닐라와 캐러멜 향이 섞인 냄새를 느꼈을 것이다. 실험이 보여주는 바와 같이 우리는 원하기만 하면 훨씬 더 냄새를 많이 맡을 수 있다. 그런데 왜 우리는 코를 소홀히 다룰까? 대답은 간단하다. 사람들이 시각적인 자극에 크게 영향을 받기 때문이다. 시각의 지배로 가는 진화는 이미 수십 년 전부터 시작해 최근 몇 년간 급속도로 발전해왔다. 예전에는 주로 집에 있는 텔레비전이 중요 매체였지만 오늘날 우리는 24시간 내내 그리고 언제 어디서나 컴퓨터 모니터, 태블릿, 스마트폰 등에 둘러싸여 있다. 우리가 오늘날처럼 은연중에 지속적인 영향을 받으며 살았던 경우는 한 번도 없었다. 정보는 특히 우리에게 시각적으로 전달된다.

여기서 전 세계 젊은이 7,000명을 대상으로 한 2011년의 설문 조사 결과가 눈에 띈다. 이 조사에서는 젊은이들에게 후각을 포기할 것인가, 아니면 모바일, 컴퓨터, 태블릿 그리고 소셜 미디어 같은 디지털 플랫폼을 포기할 것인가를 물었다. 그러자 응답자의 53퍼센트가 후각을 포기한다고 답했다. 이른바 디지털 네이티브, 즉 디지털 시대에 성장한 이들의 절반 이상이 페이스북과 인스타그램을 하지 못하느니, 후각을 포기하겠다고 답한 것이다! 우리의 삶에 코가 필수 불가결하다는 사실을 얼마나 모르고 있는지를 여실히 보여주는 믿기 어려운 설문 결과다. 조향사 게자 쇤은 이 연구 결과에 대해 다음과 같이 명료한 말로 응대했다.

"사람들은 냄새가 없으면 맛도 느낄 수 없다는 것을 전혀 알지 못합니다. 냄새 없이는 더 이상 즐거움도 없고, 음식도, 섹스도 즐겁지 않아요. 우리는 오로지 이성적이고 시각적이기만 한 생명체가 되어 후각을 쓰레기통에 던져버리고 완전히 쓸모없는 것으로 낙인찍을 날이 곧 올 것입니다."

위험도 냄새로 감지할 수 있을까?

선조들은 늘 위험에 노출되어 있었지만, 시대가 변해 오늘날 우리는 위험의 냄새를 맡는 법조차 잊어버릴 정도가 되었다. 숲에서 위험한 동물을 마주칠 가능성 때문에 두려워할 필요가 없기 때문에 냄새로 그 같은 동물들을 찾아내는 방법을 더 이상 알지 못한다. 최근에 늑대의 개체 수가 다시 늘었다고 하지만, 나는 사냥터에서 늑대와 마주쳤다는 사람을 본 적이 없다. 혹시 당신은 냄새로 늑대가 나타났다는 것을 알아챌 수 있는가? 아마 알 수 없을 것이다.

후각의 필수성을 상실한 일상의 상황이 많이 존재한다. 더 정확하게 말하면, 우리에게 후각의 필수성이 줄어들었다. 예를 들어 당신이 어떤 질병의 냄새를 맡을 수 있을까? 위험한 상황을 냄새로 알 수 있을까?

"네, 당연하지요. 가스가 새어 나오면 바로 냄새를 맡을 수 있잖아요." 많은 이들이 바로 이렇게 대답할 것이다. 하지만 한 번도 가스 냄새를 맡아본 적이 없는 당신의 아이들도 당신처럼 즉시 그 냄새를 인지하고 위험을 알아차릴 수 있으리라 확신하는가?

오늘날 사용되는 천연가스 자체에는 고유한 냄새가 없다. 따라서 가스관이 새는 경우에 위험을 알릴 목적에서 가스에 이른바 부취제(냄새가 강한 물질)를 첨가한다. 여기서 중요한 것은 주방에서 일상적으로 나는 익숙한 냄새가 아니라 경고 효과를 목적으로 사람들이 깜짝 놀랄 만한 냄새를 지닌 물질을 부취제로 선택한다는 것이다. 2001년부터 독일에서는 대부분 황 성분이 함유되지 않은 가스 냄새 용액인 '가솔린 에스-프리', 즉 지독한 냄새가 나는 아크릴레이트 혼합물을 가스 냄새로 사용한다. 그런데 여기에는 한 가지 난점이 있다. 예전에는 가스에 (황 성분이 함유되어) 썩은 달걀 냄새가 났다. 그 때문에 옛날 가스 냄새만을 기억하는 사람이라면, 소방서에 너무 늦게 신고할 가능성이 있다.

한편, 가스와 달리 음식과 식품에서 위험 정보를 전달하는 냄새는 지속적으로 사라지고 있다. 포장된 식품에 유통기한이 찍혀 있는 한 우리는 부패한 식품을 살 위험이 없고, 더욱이 날것을 그대로 먹을 위험도 없다. '유통기한'을 표시하는 것은 무척 유용하다. 하지만 유통기한이 다 되었다고 갑자기 식품이 급속하게 부패해 먹을 수 없는 상태가 된다는 뜻은 절대로 아니다. 그런데도 우리는 유통기한에서 겨우 하루 지났다는 이유로 음식을 전부 쓰레기통에 버린다. 세계자연보호기금WWF이 실시한 대량 폐기에 관한 연구 결과에 따르면 독일인은 1년에 1천8백만 톤 이상의 음식물을 버린다. 그 양은 5천4백만 톤 이상인 실제 음식물 소비량의 3분의 1에 이른다. 우리가 소비 습관에 변화를 준다면, 이런 식으로 폐기되는 음식물의 대부분(거의 1천만 톤)을 버리지 않을 수 있을 것이다.

그 방법 중 하나로 나는 '음식물에 대한 당신의 후각을 믿으라'고 조언한다. 유통기한이 지난 후에도 여전히 냄새가 괜찮은가? 또는 실제로 맛이 갔는가? 당연히 이상한 냄새가 나면 버려야 한다. 아무튼 나는 유통기한이 지난 식품을 쓰레기통에 버리기 전에 우선 냄새를 맡는다. 눈으로 보기, 손으로 만져보기, 냄새 맡기라는 감각적 대처를 통해 우리는 먹거리를 직접적으로 경험한다. 이런 방법은 특히 슈퍼마켓이나 시장에서 과일과 채소를 살 때 쓰인다. 그런데 나는 여기에 더해 무엇보다 코로 냄새를 맡고 나서 결정한다.

일상에서 쓰는 다른 제품도 항상 냄새 테스트를 거쳐야 한다. 제품에서 합성수지 냄새가 아주 강하게 나면 유해 화학 물질이 풍기는 냄새일 수 있다. 예를 들어 섬유 제품의 경우 좋지 않은 화학약품 냄새가 난다면 조심해야 한다. 천을 생산할 때 사용하는 수많은 화학제가 시장에 팔리는 완성된 의류 제품에도 남아 있다. 그중 대부분은 생산 과정에서 미리 세척되지만, 그래도 특유의 화학약품 냄새가 남아 있는 경우가 잦다.

"그것은 제조과정에서 비롯된 화학제품의 잔류물이거나 섬유에 특정한 성질을 부여하기 위해 마지막에 사용된 물질일 수 있습니다." 빈의 환경컨설팅 회사에서 일하는 생태독성학자 산드라 파페스Sandra Papes

의 말이다. 그런데 그는 냄새가 화학제품을 투입했음을 알려주는 증거일 수 있지만, 물질의 유해성 자체에 대해서는 아무것도 알려주지 못한다고 했다. 사람들은 어떤 특정 물질들은 인지할 수 있지만 또 어떤 물질은 인지하지 못한다며 "다시 말해 냄새가 없다고 해서 그것이 곧 유해물질을 함유하지 않았다는 뜻은 아닙니다"라고 말했다. 왜냐하면 의류에서 나쁜 냄새가 나지 않게 할 목적으로 유해한 몇몇 물질이 특별히 사용될 수 있고, 그 유해 물질에 냄새가 없을 수도 있기 때문이다.

어찌되었든 일상에서 생기는 수많은 상황에 코를 의지하는 게 큰 도움이 된다. '의식적으로 냄새를 맡고, 냄새를 알아채고, 올바르게 평가하기!' 어렵지 않은 일이다. 하다못해 오븐에서 사과 케이크가 다 구워졌을 때도 냄새가 나지 않는가.

Scent 4

알면 알수록 경이로운 코

: 사람은 어떻게 냄새를 맡을까?

"코는 뾰족하든 납작하든 두 개의 날개(콧날개)를 가지고 있으면서도 잘 날기보다는 차라리 흘리기에 더 적합해 보인다." 유머작가 하인츠 에르하르트가 이처럼 우리의 후각 기관인 코를 두고 우스갯소리를 했지만, 사실 코는 콧물을 흘리는 것뿐만 아니라 훨씬 더 많은 일을 할 수 있다.

한편, 큰 코를 가져서 행복했던 프랑스 작가 시라노 드 베르주라크는 이렇게 말했다. "큰 코는 재기발랄하고, 기사답고, 사랑스럽고, 고결하고, 솔직한 남자의 표식이다. 반면에 작은 코는 그와 반대되는 자의 표식이다."

비록 코의 생김새를 보고 사람의 성격을 끌어내는 추론은 신빙성이 거의 없지만, 그래도 이 프랑스 작가가 한 가지 점에서는 옳았다. 후각은 지극히 개인적인 것이라는 점이다.

후각은 무척 일찍 발달한다. 사람은 어머니 배 속에 있을 때부터 이미 냄새를 맡을 수 있다. 임신 28주에 후각 신경섬유가 완성되고, 태아는 양수와 코의 점막을 통해 냄새를 맡는다. 개월 수가 늘어날수록 냄새를 더 집중적으로 인지할 수 있다. 그러다 임신 말기에 이르면 태아는 엄마가 인지하는 냄새를 거의 똑같이 다 맡을 수 있다.

이런 일이 어떻게 가능할까? 엄마의 태반이 냄새 분자 모두를 양수에 이르게 한다. 이 냄새 분자들은 양수와 함께 최종적으로 태아의 코에 있는 수용체에 도달하고, 이어서 태아의 뇌에 전달된다. 양수 특유의 냄새가 아기에게 얼마나 친근한지는 신생아의 행동을 보면 알 수 있다. 세상에 태어난 직후(곧바로 씻기지 않은)의 신생아는 자신이 진정하려고 엄지를 빤다. 연구자들은 아기가 손가락에 남아 있는 익숙한 양수 냄새에서 안정감을 얻는다고 추정한다.

'절대 코'의 주인은 누구인가?

수많은 다른 생물과 비교할 때 우리 인간은 그다지 뛰어나게 예민한 코를 가지지 못했다. 극단적으로 표현하면 우리 인간은 냄새를 맡지 못하는 것이나 마찬가지다. 반면에 개의 후각은 매우 뛰어나다. 개는 아주 오래된 냄새조차 알아내고 그것을 구별할 수 있다. 몇 초 만에 냄새를 포착하고, 수킬로미터 떨어져 있어도 냄새를 더듬어 추적할 수 있다.

이처럼 개들이 '절대 코'를 가진 것은 우연이 아니다. 개의 코는 인간의 코보다 근본적으로 더 예민하다. 그것은 후각 세포의 개수 차이 때문인데 견종에 따라서도 후각 세포 개수 차이가 매우 크다. 주둥이가 긴 개일수록 후각 능력이 더 좋은데, 예를 들어 닥스훈트는 약 1억2천5백만 개의 후각 세포를 가지고 있고, 셰퍼드는 약 2억2천만 개를 가지고 있다. 후각 세포는 후각을 담당하는 세포를 말하며 후각 점막 속에 있다. 인간의 경우 후각 점막의 크기는 우표 1장 또는 그보다 작다. 코에 있는 후각 세포들은 냄새 인지에 쓰이는 특수 수용체를 가지고 있다. 인간은 약 350개의 후각수용체와 1천만 개의 후각 세포를 갖고 있으며, 그에 비해 개는 약 1,200개의 후각수용체를 가지고 있다.

연구자들은 개의 후각 능력이 사람의 그것보다 약 1백만 배 더 뛰어나다는 사실을 알아냈다. 여기에는 후각 세포가 많은 것 외에 또 다른 이유가 있다. 개는 짧은 호흡으로 1분당 300회까지 숨을 쉴 수 있어 후각 세포가 계속해서 유난히 높은 강도의 새로운 감각을 얻을 수 있다. 개는 또한 후각을 처리하는 뇌 영역이 인간의 것보다 현저하게 더 크다. 그 때문에 개는 냄새를 훨씬 더 세밀하게 구별할 수 있다. 극히 미미한 냄새만으로도 충분하다. 개는 킁킁 냄새를 맡는 것으로 주변 세계의 정보뿐만 아니라 자기 종족에 대한 정보도 얻는다. 그리고 인간에 대한 정보도 얻는다. 개는 사람이 느끼는 두려움, 스트레스, 신경과민의 냄새도 맡을 수 있다. 왜냐하면 기분에 따라 우리 몸의 냄새가 달라지기 때문이다.

생쥐, 시궁쥐 같은 설치류도 포유동물 가운데 후각이 뛰어난 동물에 속한다. 설치류는 뛰어난 후각을 주로 가족계획에 이용한다. 암컷 생쥐는 오줌으로 이른바 페로몬을 방출하는데, 이 페로몬의 영향으로 좀 젊은 암컷은 같은 시기에 우세한 암컷과 달리 성적으로 성숙해지지 못한다. 수컷 생쥐의 경우는 그 반대다. 수컷의 오줌에 들어 있는 페로몬은 심지어 암컷 생쥐를 성적으로 조숙하게 만드는 작용까지 한다. 그런데 이런 작용은 두 생쥐가 서로 친척 관계가 아닐 때만 이루어진다. 생쥐가 페로몬 냄새를 맡으면 성적 유혹 물질의 메시지가 뇌에 전달되고, 뇌는 이 정보로 동물의 성기와 성적 성숙 상태를 조정 및 조절할 수 있다.

시궁쥐들은 심지어 개보다 냄새를 더 잘 맡을 수 있다. 인도의 연구자들은 시궁쥐가 공간적으로 냄새를 맡을 수 있다는 것을 알아냈다. 시궁쥐는 냄새가 왼쪽에서 오는지 오른쪽에서 오는지 정확하게 방향을 구별할 수 있는데, 어느 쪽 콧구멍이 냄새를 처음 포착했느냐를 통해 방향을 구별한다.

미국 연구팀 린다 벅Linda Buck과 리처드 액셀Richard Axel은 1991년에 시궁쥐가 후각수용체 유전자를 1,000개 이상 가지고 있다는 사실을 발견했다. 각각의 유전자마다 수용체를 위한 설계도가 들어 있고, 각 수용체는 다른 모든 후각수용체와 다 다르다. 그리고 각 수용체는 정확히 특정 냄새 분자에만 반응한다. 이제 비교를 한번 해보자. 사람은 앞서 언급했듯이 겨우 350개의 수용체를 가지고 있다. 나머지는 진화 과정에서 상실했다. 과연 우리가 비교대상이나 될 수 있을까? 린다 벅과 리처드 액셀은 후각 체계 관련 연구로 2004년 노벨 생리의학상을 받았다.

상어도 환상적인 후각을 가지고 있다. 상어는 특히 — 별로 놀랄 일도 아니지만 — 피 냄새를 잘 맡는다. 상어는 물과 피를 1:10조의 비율로 희석해도 피 냄새를 인지할 수 있다. 하지만 아무리 상어가 바다의 왕이라는 명성을 가지고 있다 해도 최고로 냄새를 잘 맡는 수중생물을 꼽을 때는 명함도 내밀지 못한다. 상어보다 뱀장어의 후각 기능이 훨씬 뛰어나기 때문이다. 뱀장어는 플로리다 동쪽과 버뮤다 서쪽에 위치하는 바

셰퍼드

▶ 후각수용체: 1,200개

▶ 후각 세포: 2억2천만 개

인간

▶ 후각수용체: 350개

▶ 후각 세포: 1천만 개

생쥐

▶ '페로몬 코'

나방

▶ 더듬이로 냄새를 인지

▶ 페로몬 분자 5개면 냄새를 인지할 수 있다.

시궁쥐

▶ '입체적 후각'

▶ 후각수용체 유전자가 1,000개 이상

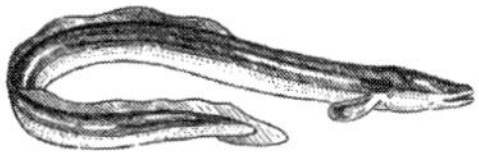

상어

▶ 1:10조의 비율로 희석된 피를 인지한다.

뱀장어

▶ 보덴제 호수 60배의 면적에 아주 조금 떨어뜨린 장미수 냄새도 맡는다.

누가 가장 냄새를 잘 맡을까?

다인 북대서양 사르가소해의 산란 장소로 가는 6,000킬로미터 거리를 후각에 의지해 거슬러 간다. 뱀장어의 코가 얼마나 예민한지, 보덴제 호수(독일, 오스트리아, 스위스에 걸쳐 있는 유럽 최대의 호수)보다 60배나 더 큰 호수에 장미수Rose Water를 아주 조금만 떨어뜨려도 냄새를 맡을 수 있다.

하지만 뭐니뭐니 해도 동물 세계에서 후각 분야 불패의 승자는 나방이다. 나방은 머리에 달린 더듬이로 냄새를 인지하는데, 나방의 더듬이는 너무나 민감해서 1초 동안 페로몬 분자 5개가 더듬이에 닿는 것만으로도 반응을 보인다. 학계는 지금까지 그보다 더 민감한 후각을 발견하지 못했다.

후각이란?

냄새에 해당하는 독일어 단어 '게루흐Geruch'는 중세 고지 독일어(1050~1350년대에 쓰인 독일어) '루흐Ruch'에서 유래했고, 라틴어로는 '올팍투스olfactus'이다. 주변에서 발산되는 것을 코로 인지한다는 뜻이다. 모든 생물과 물질은 향을 지니고 있다. 나무 탁자, 돌벽 같은 사물들조차 냄새 분자를 방출한다. 그런데 이 중에서도 우리가 입고 다니는 옷이야말로 냄새 폭탄이다.

우리는 냄새를 맡을 때, 즉 숨을 한 번 들이쉴 때마다 아주 작은 분자를 흡입한다. 흡입한 분자는 콧구멍을 거쳐 후각 점막에 이른다. 사람의 후각 세포는 콧구멍 상부에 위치한다. 우리가 냄새를 인지할 수 있으려면 냄새 분자가 메시지를 뇌에 전달해야 한다. 이 과정을 '화학 전자 변환'이라 한다. 즉 호흡을 통해 들어온 냄새 분자가 후각 세포와 화학 반응을 일으키면 전기 신호가 발생하고, 이 전기 신호를 뇌가 받아들인다. 후각 점막에는 수백만 개의 세포가 있는데 이 세포들에 냄새 분자가 용해되어 들러붙는다. 세포, 다시 말해 수용체가 냄새 분자를 인지하면 자극이 발생해 후각망울olfactory bulb(후구, 냄새 감각을 전달하는 후각로 앞쪽 끝의 길쭉하게 팽대된 부분)에 전달된다.

모든 후각 세포 하나하나가 일종의 통역사인 셈이다. 후각 세포 각각에는 섬모라는 가느다란 솜털이 있다. 섬모들은 냄새 분자가 닿은 선착장 역할을 하는 후각수용체를 가지고 있다. 각 선착장에는 단 한 종류의 냄새 분자만 들어맞는데, 사람은 약 350개의 후각수용체를 가지고 있다. 그렇지만 그 이상일 경우에도 냄새를 맡을 수 있다. 한 예로, 장미 향은 500개가 넘는 구성성분으로 이루어져 있지만 우리는 그 향을 맡을 수 있다. 이런 능력은 오로지 모든 수용체의 협력에 의해서만 가능하다. 각각의 수용체 유형은 수많은 냄새 물질에 반응하지만 강도에서 차이가 난다. 그 때문에 장미 같은 복합적인 향기는 관련된 모든 수용체 유형의 적합한 조합 코드에 의해 인지된다. 냄새 분자가 적합한 후각수용체에 닿을 수 있으려면 앞서 냄새 분자가 우선 후각 점막에서 용해되어야 한다. 이 접속이 후각 세포에 자극을 발생시키고, 화학 신호는 순식간에 신경계의 언어, 전기 신호로 변환된다.

후각망울은 뇌로 연결되는 부분에 위치한다. 자극은 후각망울에 의해 가공되며 그 과정에서 특정 반응을 일으키는데, 이는 약 3만 개의 둥글게 감아놓은 실타래처럼 생긴 신경조직, 즉 사구체 덕이다. 사구체는 냄새를 맡은 정보를 수집하고 가공 처리하는 역할을 한다. 그러나 우리가 냄새로 뭔가를 하려면 승모세포가 접속 장소인 사구체에서 나온 정보를 후각뇌(대뇌 반구에서 냄새를 맡는 것과 직접 관련 있는 부분들을 통틀어 후각뇌라 한다)로 전달해야 한다. 그곳에서 다발로 묶인 정보는 감정을 관장하는 대뇌변연계로 보내진다. 대뇌피질의 극히 작은 이 부위는 냄새마다 다르게 활성화한다. 그 때문에 후각 정보의 지형도, 간단히 '뇌의 냄새 지도'라고 한다.

냄새 정보가 대뇌변연계에 도달하는 순간, 곧바로 감정이 일어난다. 감정은 기쁨, 편안함, 만족, 공포 등일 수 있다. 예를 들어 맛있는 음식 냄새는 침샘을 자극한다. 그러나 어떤 냄새는 위험한 가스로부터 우리를 보호하기 위해 구토를 유발한다. 후각은 매우 예민하다. 향의 화학적 합성에서 아주 작은 변화만 주어도 여러 가지 다른 반응을 불러일으킬 수 있다. 후각의 많은 과정이 무의식적으로 진행된다. 그런 식으로 우리의 체취는 페로몬을 통해 눈에 보이지 않는 메시지를 보낸다. 메시지는 일차적으로 유혹 작용을 하지만, 한편으로는 경고도 할 수 있다.

위스콘신-매디슨 대학교의 엘리자베스 크루제마크Elisabeth Krusemark와 웬 리Wen Li는 우리가 두려운 상황에 처했을 때 역시 후각이 활성화되어 냄새를 더 잘 맡을 수 있다는 사실을 밝혀냈다. 이들의 연구 결과는 전문학술지 《화학감각 지각Chemosensory Perception》에 게재되었다. 크루제마크와 리는 14명의 젊은 성인에게 서로 다른 세 가지 냄새를 맡게 했다. 한 가지는 썩은 냄새를 풍기는 발레르산(길초산) 같은 부정적인 냄새들의 혼합이었고, 두 가지는 아니스 향과 정향 향으로, 중립적인 방향 물질이었다. 실험 대상자들은 MRI 기계 안에서 냄새 여부를 판별해야 했고, 연구자들은 그들에게 — 계속 MRI 기계 안에 있는 상태에서 — 두려움의 정도를 수치로 나타내달라고 했다. 연구 결과는 두려움의 수치가 올라감에 따라 부정적인 냄새를 인지하는 능력이 높아지는 것으로 나왔다. 크루제마크와 리는 연구의 결과를 이렇게 요약했다. "실험 대상자들이 부정적인 냄새를 인지하는 정확성은 그들이 느끼는 두려움과 함께 체계적으로 상승했다." 상승한 감각 및 감정의 결합은 위험 가능성에 대해 경각심을 일깨우는 위기 메커니즘일 수 있다.

냄새 인지는 두 가지 체계, 즉 비강 내 삼차신경 체계와 후각 체계에 기반을 둔다. 전자는 자극적인 암모니아, 연기, 산 같은 거친 냄새만 삼차신경에 닿을 때 인식한다. 그렇게 함으로써 유해 연기로부터 우리를 보호한다. 미세한 냄새 물질의 경우는 밀도가 높게 존재하는 경우에만 비강 내 삼차신경 체계가 냄새를 인식한다. 그 밖에 다른 모든 냄새는 실제 후각 기관으로 이루어진 후각 체계가 맡는다.

우리 코의 능력은 엄청나며 많은 일을 할 수 있다. 뉴욕 록펠러 대학교의 신경생물학자 레슬리 보스홀Leslie Vosshall과 그의 연구팀은 인간이 최소 10억 개의 서로 다른 냄새를 인지할 수 있다고 추정한다. 그러니까 오랫동안 학계에서 받아들여졌던 것처럼 겨우 1만 개의 냄새만 인지하는 것은 아니라는 말이다.

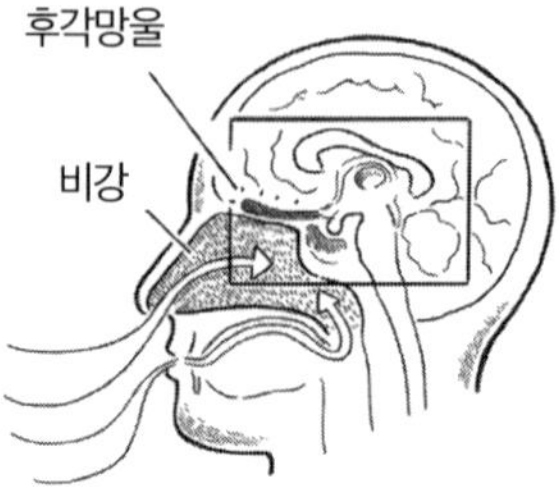

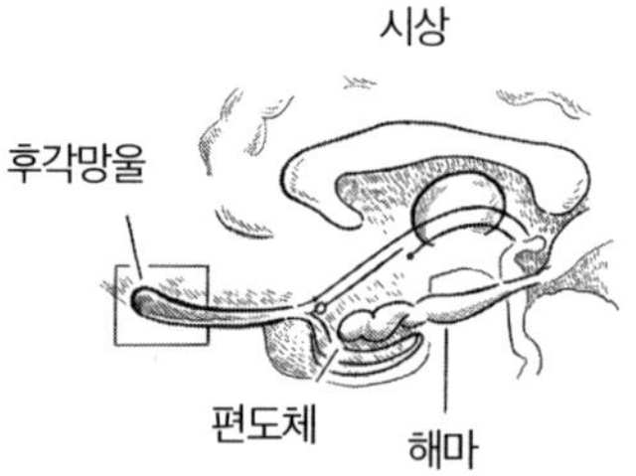

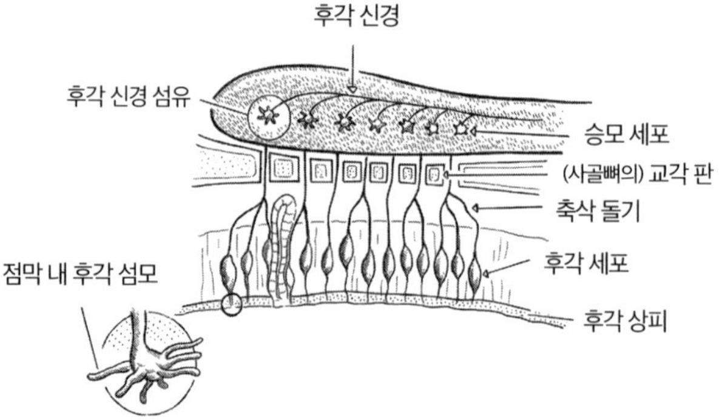

사람은 어떻게 냄새를 인지하는 걸까?

왜 냄새를 맡을 때에만 맛을 느낄 수 있을까?

와인 감식가는 애호하는 술의 풍미를 묘사하기 위한 환상적인 어휘를 가지고 있다. 예를 들면, '즙이 풍부한 구스베리와 독특한 스모키 노트를 가진 부드러운 제비꽃의 부케 향' 같은 표현 말이다. 물론 그들에게 코가 없다면 와인의 맛을 이와 같이 묘사할 수 없을 것이다. 후각은 미각과 밀접하게 연결되어 있다. 그리고 이 두 감각이 연결되어야만 비로소 차별화된 미각 체험이 이루어진다. 누구든 후각이 있어야만 음식의 맛을 느끼고 차이를 구별할 수 있다. 코는 서로 다른 맛을 인지하는 데 쓰인다. 코는 음식 냄새를 맡아 혀에 있는 몇 안 되는 미각돌기의 일을 돕는다. 혀 자체는 다섯 가지 맛, 즉 단맛, 짠맛, 쓴맛, 신맛, 감칠맛만 구별할 수 있다. 감칠맛은 일본어로 '우마미'라고 하는데 육질이 풍부한 맛, 양념이 진한 맛, 또는 입에 당기는 맛을 뜻한다. 그런데 맛은 사람마다 제각각 다르게 느낀다. 왜냐하면 맛은 미각, 후각, 촉각, 느껴지는 온도까지 한데 어우러져 생겨나기 때문이다. 맛의 20퍼센트는 혀에서 느껴지

냄새 맡지 않고 맛 구별하기

사과, 양파, 감자를 각각 걸쭉하게 죽 상태로 만들어 세 접시에 담는다. 눈을 가리고 코를 막은 상태에서 세 종류 각각의 맛을 구별해보자. 결과는? 사과, 양파, 감자 모두 아무 맛이 나지 않는다.

고 80퍼센트는 후각을 통해 느껴진다.

냄새에 더 예민한 코를 만들기 위해서는 훈련을 해야 한다. 의도적으로 냄새를 맡고 그 냄새를 묘사하고 구별하기를 시도하면 인지능력을 높이고 후각 정보를 더 효과적으로 활용할 수 있다.

예전에는 배가 고플 때 코가 특히 예민해진다는 전제를 두고 연구했지만 사실은 그와 정반대다. 코는 배가 부를수록 냄새에 더 민감해진다. 그 때문에 과체중인 사람이 최고의 후각을 갖는다. 연구자들은 그것이 무의식적인 과정이고, 아직 더 필요한 에너지 요구량을 채우기 위해 어떤 음식을 더 먹을 수 있는지 자신도 모르게 신체가 찾아내려는 것이라 짐작한다.

술은 신경계를 억제한다. 그러나 이스라엘의 도시 레호보트에 있는 와이즈맨 과학 연구소의 연구에 따르면 술을 조금 마시면 오히려 후각 기능이 향상된다고 한다. 측정 결과, 혈중 알코올 농도와 후각 기능 사이에는 밀접한 관계가 있었다. 연구자들은 85명의 남녀에게 보드카를 섞은 주스를 마시게 했다. 이 혼합 음료를 마시고 실험 대상자들의 혈중 알코올 농도가 0.05~1.1‰이 되었을 때 그들에게 여러 농도의 장미 향 물질이 든 용기의 냄새를 맡게 했다. 또 실험 대상자들은 우선 같은 냄새에 이어 각기 다른 냄새도 서로 구별해야 했다. 그 결과, 최고 0.6‰에 해당하는 약간의 혈중 알코올 농도는 후각을 예민하게 만드는 것으로 나타났다. 그러나 혈중 알코올 농도 수치가 그 이상을 넘어 점점 높아질수록 후각 기능은 점점 더 감소했다.

왼쪽 콧구멍을 사용할까, 오른쪽 콧구멍을 사용할까?

인간의 콧구멍 두 개는 왜 똑같이 생겼을까? 첫째, 인간이 좌우대칭의 생물이기 때문이다. 다시 말해 인간은 — 이론적으로 — 수직으로 절단했을 때 좌우대칭으로 보이는 절반으로 나눌 수 있다. 양쪽 콧구멍이 공간적 후각 기능이 가능한가에 대해서는 전문가들 사이에 의견이 분분하다. 많은 전문가가 후각을 공간적으로 인식하기에는 두 콧구멍의 간격이 너무 좁다는 견해를 보인다.

"사람은 입체적으로 냄새를 맡을 수 없어요." 보훔 루르 대학교의 세포생리학자이자 향 전문가인 한스 하트Hanns Hatt가 말한다. "우리가 두 콧구멍을 이용해 얻는 정보는 뇌에서 다시 합쳐집니다."

하지만 흥미로운 것은 인류가 왼쪽 코 사용자와 오른쪽 코 사용자로 나뉜다는 사실이다. 오른쪽 코 사용자는 하루의 80퍼센트를 오른쪽 콧구멍을 사용한다. 나머지 20퍼센트는 다른 쪽 코로 전환해 사용한다. 왼쪽 코 사용자는 그 반대로 사용한다. 연구는 이 같은 코의 전환 사용에 대해 최종적인 설명을 내놓지 못한다. 한 콧구멍이 다른 콧구멍으로 전환하는 시간에 코는 긴장된 호흡 과정에서 행하는 자체 정화 기능과 병원체 방어 활동에서 좀 쉬고 회복해야 하기 때문이라고 추측할 뿐이다. 대부분의 사람들은 지금 자신이 왼쪽 코로 냄새를 맡고 있는지, 오른쪽 코로 냄새를 맡고 있는지를 쉽게 가려내지 못한다. 혹시 당신은 가려낼 수 있는가?

Scent 5

후각의 심리학

: 프루스트 또는 마들렌 효과

냄새는 기억을 일깨운다. 아름다운 기억과 그다지 아름답지 않은 기억들, 그 기억이 얼마나 오래되었는지는 상관없다. 이와는 반대로 어떤 냄새를 머릿속에 떠오르게도 할 수 있다. 냄새에 집중하기만 하면 된다. 나는 지금도 눈을 감고 코미야스를 회상하면 모래언덕과 바다 냄새를 맡을 수 있다. 아주 평범한 것, 예를 들면 감자튀김이나 햄버거 냄새를 상상해보라. 당신이 그 냄새를 머릿속에 떠올리면 곧 혀에서 그 맛이 느껴진다.

사실 이런 연습은 훌륭한 다이어트 방법 중 하나다. 냄새를 맡고 맛을 느끼지만, 단 1그램도 늘지 않으니 말이다. 냄새와 향은 실제로 허기를 가라앉히는 데 도움이 될 수 있다. 전제는, 적절한 신경 자극이 뇌에 도달해야 한다는 것이다. 뇌의 포만중추(배부름을 감지해서 식욕을 제한하는 중추)가 후각 신경과 연결되어 있기 때문이다. 예를 들어 페퍼민트 오일은 식습관을 바꾸는 데 효과적일 수 있다. 전문가들은 손수건에 페퍼민트 오일을 몇 방울 떨어뜨리고 그 향을 하루에 3~4회 맡으라고 추천한다. 그

냄새 생각하고 맛 느끼기

냄새를 떠올리는 것으로 후각을 단련하자. 우선 긴장을 푼다. 느긋한 마음으로 편안하게 기대어 앉아 눈을 감고 좋아하는 음식 냄새를 떠올려보라. 누가 프랄린 초콜릿 또는 좋은 레드와인의 향……. 초조해하지 말라. 첫 시도에서는 잘 되지 않을 수 있지만, 조금만 연습하면 향을 느낄 수 있게 될 테니!

러면 단 것과 기름진 음식을 먹고 싶은 욕구가 줄어들 뿐만 아니라 신진대사도 활발해진다. 바닐라 향도 단것을 먹는 대안이 될 수 있다. 과육이 붉은 블러드오렌지 오일 향을 잠들기 전에 맡으면 한밤중에 발생하는 지독한 허기를 막을 수 있다.

초콜릿은 우리를 행복하게 만들지만, 안타깝게 비만도 함께 불러온다. 카카오 속에는 카페인이나 도취한 기분을 불러일으킬 수 있는 식물성 물질, 테오브로민 등의 각성제가 함유되어 있고, 행복 호르몬 세로토닌의 구성요소도 함유되어 있다. 초콜릿 같은 먹거리를 먹고 행복해진다면 이 먹거리의 향은 뇌 속에서 행복한 기분과 결합될 것이다. 그래서 조금만 연습하면, 초콜릿을 먹지 않고 그 향을 맡는 것만으로도 충분히 긍정적인 기분을 불러일으킬 수 있다.

음식 냄새만 맡아도 살이 찐다는 말이 있는데, 어느 정도는 사실이다. 미국 캘리포니아 대학교 버클리 캠퍼스의 학자 앤드루 조지 딜린Andrew

George Dillin은 더 정확하게 알아보고자 생쥐를 세 그룹으로 나누어 실험했다. 첫 번째 그룹의 쥐는 정상적으로 냄새를 맡을 수 있었고, 두 번째 그룹의 쥐는 먹이를 먹는 동안 후각이 차단되었다. 세 번째 그룹의 쥐는 이른바 후각을 향상시킨 슈퍼 코를 가진 쥐들이었다. 딜린은 세 그룹에 모두 칼로리가 매우 높은 먹이를 주었는데 정상적인 쥐와 냄새에 민감한 쥐들은 몸무게가 2배로 늘어난 반면, 아무 냄새도 맡지 못하는 쥐들은 몸무게가 겨우 10퍼센트 증가하는 데 그쳤다. 그리고 후각이 차단된 쥐들 중 과체중이었던 쥐는 다른 쥐들과 똑같이 많이 먹었는데도 심지어 몸무게가 줄어들었다.

이에 대해 딜린은 후각이 음식을 인지하는 즉시, 신체는 '지방 연소' 대신 '지방 축적'으로 전환한다고 설명했다. 딜린은 이 기제가 인간에게도 똑같이 작동한다는 전제하에 우리가 식사하는 동안 후각을 차단하면 지방 축적 과정을 없앨 수 있고, 그렇게 되면 신체는 언제나 지방을 연소하는 상태에 있게 된다고 보았다. 여기서 과연 우리는 어떤 결론을 얻을 수 있을까? 그러니 식사할 때 코를 막자? 그러느니 차라리 옆구리에 살이 좀 붙는 편이 낫겠다.

아무튼 이제 프루스트 효과 또는 마들렌 효과라고 일컫는 냄새라는 기억 현상으로 되돌아가보자. 1913~1927년에 마르셀 프루스트의 7권짜리 대작 『잃어버린 시간을 찾아서』가 출간되었다. 프루스트는 책의 한 대목에서 주인공 스완이 냄새에 의해 과거로 돌아간 것 같은 기분을 느끼는 상황을 묘사했다. 그것은 차의 향기 그리고 레몬과 럼주가 들어간 달콤한 과자 마들렌 향이었다. 이 향이 어우러지자 일순간 스완에게 유년기의 기억이 홍수처럼 밀려온다. 그의 무의식 속에 깊이 파묻혀 있던 기억이다.

"그리고 갑자기 기억이 떠올랐다…," 프루스트는 이렇게 쓴다. "… 사람이 죽고 만물이 퇴락한 후에 아득히 오래된 과거가 더는 존재하지 않는다고 해도 냄새와 맛은 마치 영혼처럼 더 오랫동안 기억되기 위해 유일하고, 부드럽고, 지속적이고, 실체 없이, 한결같이, 충실하게 머문다…." 그리고 이 아름다운 글귀 덕에 '프루스트 효과'라는 이름이 생겼다.

네덜란드 위트레흐트 대학교의 마리케 토폴로Marieke Toffolo 박사는 프루스트 현상을 더 자세히 살펴보기 위해 어떤 감각이 기억 능력에 가장 강력한 영향을 미치는지 연구했다. 연구를 위해 박사는 실험참가자들을 세 그룹으로 나누었다. 세 그룹 모두에게 교통사고와 전쟁 발발 장면이 나오는 매우 폭력적이고 잔혹한 다큐멘터리 영화를 보여주었다. 첫 번째 그룹에는 영화를 상영하는 동안 실내에 베리류의 일종인 블랙커런트 향을 퍼뜨렸고, 두 번째 그룹에는 빛 신호를 내보냈다. 그리고 세 번째 그룹에는 영화를 보는 동안 리드미컬한 음악으로 소리를 넣었다.

일주일 후 실험참가자들은 다시 모였고 이제 최대한 세밀하게 다큐멘터리 영화의 장면을 기억해야 했다. 이때 실험참가자들은 다시금 향기, 빛, 음악 효과에 각각 노출되었다. 그 결과, 향기에 노출되었던 그룹이 빛과 음악 효과에 노출되었던 그룹보다 세부 내용은 물론 영화를 보면서 느꼈던 느낌까지 더 잘 기억하는 것으로 나타났다. 다시 말해 향기를 투입하는 것이 빛의 효과나 음악보다 더 강한 감정과 기억을 유발한 것이다. 시각, 청각, 촉각 신호는 우선 뇌의 대뇌피질에서 처리되어야 하는 반면, 후각은 감정을 가공하고 충동을 조절하는 대뇌변연계에 곧장 작용한다. 즉 후각은 우리의 감각 중 가장 직접적인 감각이다.

미국의 후각심리학자 레이철 헤르츠Rachel Herz 박사는 팝콘으로 테스트를 했다. 아마도 많은 사람들이 팝콘 냄새를 맡으면, 영화관에 갔던 일을 떠올릴 것 같다. 사람들은 대부분 팝콘 냄새에 긍정적인 기억을 가지고 있을 것이며, 부정적인 기억이라면 그저 옆 사람이 팝콘을 먹으며 성가신 소음을 냈던 기억 정도일 것이다.

헤르츠 박사는 실험참가자들을 팝콘과 관련된 여러 가지 감각과 접하게 했다. 실험참가자들은 세 그룹으로 나뉘어 각각 팝콘이 튀겨질 때 톡톡 터지는 소리를 듣고, 팝콘 사진을 보고, 갓 튀겨낸 팝콘 냄새를 맡았다. 그 결과, 가장 강력한 감정을 불러일으킨 것은 냄새였다. 팝콘 냄새를 맡은 실험참가자들이 다른 두 그룹의 실험참가자들보다 훨씬 풍부하게 느낌을 묘사했고, 감정을 더 집중해서 인지할 수 있었다. 게다가 팝콘 냄새를 맡은 그룹의 실험참가자들은 냄새를 통해 팝콘에 얽힌, 훨씬 더 예전의 경험이 제일 강렬하게 떠오른다고 했다.

Scent 6

고약한 냄새

: 좋은 냄새와 나쁜 냄새의 기준은?

취향은 천차만별이며 이는 냄새에도 해당한다. 사람마다 냄새에 완전히 제각각으로 반응한다. 그래서 어떤 사람이 무척 좋아하는 냄새도 다른 사람에게는 도무지 참을 수 없는 냄새일 수 있다. 그렇다면 누가 또는 무엇이 어떤 냄새를 좋다거나 완전히 지독하다고 느끼게 할까? 우리는 기본 후각을 타고날까? 다시 말해 모든 사람에게 똑같이 기능하는 본능이 있을까? 아니면 습득해서 익히는 것일까? 그리고 후각은 얼마만큼 문화의 영향을 받을까?

아기에게서 나는 냄새보다 더 좋은 향은 없다. 냄새에 대해 온갖 분분한 의견이 있다 해도 이것만큼은 의견 일치를 볼 수 있다. 대부분의 사람들은 아기 냄새를 좋아한다. 아기 냄새를 맡는 즉시 보호 본능을 느끼도록 자연이 만들어놓은 걸까? 그런데 아기 냄새가 정확히 어떠냐고 물으면 무척 애매하고 모호한 대답이 돌아온다. "그냥 좋다," "상큼하다," "분 냄새 같다"라고들 한다. 아기 냄새는 목과 배에서 특히 진하게 맡을 수 있는데, 신기하게도 많은 어머니가 자기 아기의 냄새를 전혀 느끼지 못한다고 한다. 24시간 내내 아기를 데리고 있어서 뇌가 아기 냄새를 이미 어머니 자신의 일부로 인지하기 때문이다. 오스트레일리아 연구자들이 밝힌 내용에 따르면, 어머니들은 자기 아기의 기저귀 냄새가 다른 아기의 기저귀 냄새보다 덜 고약하다고 느낀다.

아기 냄새는 양육의 직접 관계자인 부모에게 살뜰한 보살핌과 애정의 감정을 일으키는 데 그치지 않는다. 사람들은 아기 냄새를 맡으면 주름 하나 없이 매끄럽고 깨끗한 피부를 떠올린다. 그 점을 웰빙 클리닉에서 활용한다. 관리를 받은 후 고객들은(대부분 여성이다) 안정실로 옮겨가는데, 거기서 번잡한 일상으로 돌아가기 전에 잠시 휴식을 취할 수 있다. 안정실에는 베이비크림을 상기시키는 아로마 향이 퍼져 있다. 안정실에 머물렀던 고객들에게 어떤 느낌이 들었는지를 물었다. 가장 흔한 대답은 "더 매끄럽고 팽팽해진 것 같다", "왠지 생생하고 젊어진 것 같다"였다. 웰빙 클리닉 관리를 받지 않아도 사람들이 베이비크림 향을 맡는 것만으로도 관리를 받은 것과 비슷하게 좀 더 젊어진 기분을 느끼는지를 조사해보는 것도 흥미롭겠다.

후각은 타고나는 것일까, 학습된 것일까?

향 연구가 한스 하트 교수는 우리가 어떤 냄새에 대해 평가하는 것은 모두 학습에 따른 것이므로 항상 문화의 맥락에서 보아야 한다고 말한다. 그러니까 사람은 어릴 때부터 이미 배설물이나 땀에서 고약한 냄새가 난다고 배운다는 것이다. 그렇게 배웠기 때문에 우리는 그 냄새를 싫어한다. 아기는 태어난 후 곧바로 모유 또는 조제분유에서 바닐라 맛이 나는 것을 머릿속에 기억해둔다. 그 때문에 사람들은 평생토록 바닐라 맛을 유난히 뚜렷하게 인지한다. 바닐라 향은 사람들 대부분에게 매우 친숙하고 신뢰감이 들게 하는 향이다. 바닐라 향이 나는 방에서는 거의 대부분의 사람들이 아늑하고 안전하다고 느낀다. 우리 뇌에 그렇게 저장되어 있다. 맛의 각인은 태어나기 전, 임신 28주부터 이미 태아가 냄새를 맡기 시작하면서 이루어진다. 엄마가 먹는 음식이 아기가 선호하는 맛의 프로필을 만든다. 예를 들어 임신 중에 아니스 열매(향신료의 일종)를 먹었던 엄마의 아이는 아니스의 향과 맛을 다른 아이보다 더 좋아한다.

하지만 정말로 그 모든 것이 학습을 통해 습득된 것일까? 독성이 있어 건강에 해로운 냄새의 경우는 어떨까? 썩은 냄새는 어떻게 되는 것일까?

"나는 유전적 냄새 선호에 관한, 학문적으로 공인된 연구를 알지 못합니다." 하트 교수는 말한다. "일반적인 냄새 범위 내에서 모든 후각은 교육과 경험에 의존해 생깁니다. 그러나 냄새의 농도가 매우 짙은 경우 삼차신경 같은 다른 감각 체계가 활성화하죠." 하트 교수는 고농도의 냄새가 반사작용으로 통증 반응을 유발할 수 있다고 한다. 화끈화끈하거나 따끔따끔하거나 찌르는 듯한 느낌이 드는 것이다. "매우 짙은 농도의 냄새는 전부, 이른바 좋은 향 또는 평소에 좋아하던 향수라도 삼차신경을 자극해 통증 반응을 일으킬 수 있어요." 그래서 용매나 멘톨도 농도가 연할 때는 아주 좋은 냄새가 나지만, 농도가 너무 진하면 많은 사람에게 기침 발작을 일으킬 수 있다.

한편, 썩는 냄새가 지독하면 구토를 유발한다. 타는 냄새를 살짝 맡으면 벽난로에서 타오르는 아늑한 장작불, 모닥불 또는 그릴을 떠올린다. 하지만 후각 전문가 하트 교수는 "타는 냄새가 일정 농도를 넘어서면 삼차신경을 자극해 화끈거리고 따끔거리는 느낌이 생겨서 밤에 자다가도 깨게 됩니다"라고 설명한다. 다른 학자들도 냄새를 좋아하거나 싫어하는 것에는 사회적 조건, 경험, 교육이 영향을 미친다고 전제한다. 이 이론은 '왜 어떤 이들은 분뇨 냄새나 지독한 생선 시장의 냄새를 더 잘 견딜 수 있는가?' 하는 의문에 대해 설명해줄 수 있을 것이다.

또 다른 전문가들은 인간이라고 해서 선천적 기호를 타고나지 않을 이유가 있느냐고 의문을 제기한다. 예를 들어 실험실의 쥐들은 고양이를 한 번도 본 적이 없는데도 고양이 오줌 냄새를 무서워한다. 그러니 우리도 후각적으로 완전히 자유롭지는 않은 상태로 태어나는 것이 아닐까?

이스라엘의 신경생물학자 노암 소벨Noam Sobel은 냄새 분자 구조를 근거로 실험 대상자들이 특정 물질의 냄새를 좋아하는지 아닌지를 예측하는 데 성공했다. 문화권을 초월해서도 적용되는 연구였다. 그에 따르면 우리가 썩은 고기 냄새를 싫어하는 이유가 유전자에 기록되어 있는 것으로 보인다. 흘러나오는 가스 같은 위험 신호를 인지하는 것도 마찬가지다.

그런데 가스는 후각 세포를 통해서만 인지되는 것이 아니다. 하트 교수도 말한 바와 같이 부가적으로 삼차신경을 통해서도 인지된다. 삼차신경은 지류가 코의 점막을 통과해 지나가며 일종의 조기 경고 체계 역할을 한다. 유칼립투스, 마늘, 겨자 등의 냄새는 삼차신경이 감각 인상에 결정적으로 일조한다.

맛의 각인에 대한 식도락과 관련해서는 아이슬란드의 특산 음식 '하칼 Hakarl'을 예로 들 수 있다. 하칼은 발효시킨 그린란드 상어고기로 만든 요리인데, 나는 베를린 레스토랑에서 한번 먹어볼 기회가 있었다. 하칼을 번역하면 '썩은 상어'라는 뜻이다. 이름에서 짐작할 수 있듯이 냄새와 맛이 무척 세다. 구덩이에 상어고기를 자갈과 같이 묻고 무거운 돌로 눌러 몇 주 동안 썩힌다. 이어 그것을 건조실에서 두 달에서 넉 달 동안 건조해 부패 과정에서 발생한 암모니아를 증발시킨다. 아이슬란드 사람들에게 하칼은 참으로 맛있는 음식이지만, 다른 사람들의 코와 입에는 큰 도전이다. 암모니아 냄새가 입에 계속해 남아 있기 때문이다. 나는 '악취가 난다'라는 표현을 잘 쓰지 않는 편이다. 후각은 상대적이기 때문이다. 하지만 이 경우는 그 표현이 적절할 것 같다는 생각이 든다. 어쨌든 하칼을 먹으면 면역체계가 강화되고 콜레스테롤 수치가 낮아지며 항산화 효과까지 있다고 한다.

후각 훈련

후각을 꾸준히 돌보기 위해 무엇을 할 수 있을까? 이와 관련해 노르웨이 예술가이자 향 전문가 시셀 톨라스가 정말 좋은 아이디어를 내놓았다. 그는 후각은 어릴 때부터 훈련하는 것이 중요하다고 강조한다. 그의 말에 따르면 사람들은 유년기의 냄새를 잘 기억하는데 그 이유가 바로 우리의 코가 조작당하기 전이기 때문이라고 한다. 따라서 조기에 후각을 촉진하는 게 좋다는 것이다.

학습된 것이든 선천적으로 타고난 것이든, 냄새를 인지할 능력이 있다면 냄새는 특정 상황에서 우리에게 위험을 경고해줄 수 있다. 그럼으로써 우리는 위험 정도에 따른 적절한 행동을 할 수 있다. 후각 단련은 예를 들면 화재 시에 빠른 판단을 할 수 있게 해줌으로써 생명을 구할 수 있다. 우리는 소방대원들의 훈련을 위해 탄내와 가스 냄새를 제조하기도 한다.

비행기 기내에서도 위험한 냄새를 인지하는 것은 안전과 직결된 아주 중요한 문제다. 기내에서는 승무원들의 신속하고 정확한 행동과 관여가

아이들과 함께 자연의 냄새 맡기

아이들에게 냄새 맡는 즐거움을 알려줄 수 있는 간단한 연습이 있다. 뚜껑이 달린 작은 유리병을 여러 개 가지고 정원, 공원, 숲, 자연으로 들어간다. 그곳에서 흙, 잎, 씨앗, 돌, 나무껍질 등 눈에 띄는 것을 모아 각각 따로 유리병 안에 넣는다. 다시 집에 돌아와 아이들에게 (눈을 가리고) 유리병 속에 든 것의 냄새를 맡게 한다. 뻔한 소리처럼 들리겠지만 꽃가게에서도 코를 훈련할 수 있다. 하지만 꽃 하나하나의 향을 구별하는 일은 생각처럼 쉽지 않다. 서로 다른 꽃향기를 맡아보고 각각의 특징과 차이를 느껴라!

생명을 구할 수 있다. 우리는 루프트한자 항공의 의뢰로 기내에서 나는 특정 냄새에 승무원들이 신속하게 반응하고 원인을 인지하는 훈련 과정을 지원했다. 냄새에서 위험이 드러나는가? 만일 그렇다면 어떤 위험인가?

훈련 시 기내에는 가상현실이 만들어진다. 각 부분이 절단된 비행기는 훈련을 위한 본보기로 제작되어 항공 격납고에 고정되어 있는데, 우리는 제작한 조향 시스템을 그 훈련용 비행기 내부 곳곳에 설치했다. 훈련이 시작되면 조교는 버튼을 눌러 냄새를 퍼뜨린다. 냄새는 여러 가지 물질이 타는 냄새, 화학제품, 염소 그리고 위험과 관계없는 냄새들도 있다. 예를 들어 승객의 짐에서 심한 냄새가 나는 경우 등이다.

훈련 대상자들은 냄새를 신속하게 인지하고 어떤 냄새인지 알아내야 한다. 갑자기 나는 탄내가 케이블 화재 때문인가? 조리실에서 음식에 불이 붙어서 나는 냄새인가? 아니면 왜 갑자기 염소 냄새가 날까? 때때로 어떤 냄새들은 무척 불쾌하기만 할 뿐 안전에는 아무런 영향을 미치지 않는 경우도 있다. 이 같은 냄새 인지 훈련은 기내 안전뿐 아니라 다음과 같은 이유에서도 매우 중요하다. 매년 기내에서 발생한 냄새를 잘못 판단해 적잖은 비상 착륙 상황이 발생하는데, 이때 들어가는 비용이 수십만 유로에 이른다. 그러니 불필요한 착륙은 가능한 한 줄이려고 하는 게 당연하다.

한번은 내가 탄 비행기가 이륙한 지 얼마 안 되어 비상 착륙을 해야 할 때가 있었다. 승무원이 타는 냄새를 맡았는데 어디서 나는 냄새인지 특정할 수 없었고, 위험 수를 두지 않기 위해 조종사가 회항을 결정했던 것이다. 비행기가 착륙해 승객들이 모두 내리자, 불길한 냄새는 갑자기 사라졌다. 그렇다면 타는 냄새는 어디서 온 것일까? 모든 승객과 이야기를 나눈 후 비로소 그 원인을 찾을 수 있었다. 같이 탑승한 승객 4명이 전날 밤 모닥불을 피웠고 그들의 옷과 머리에서 모닥불 연기 냄새가 여전히 강하게 나고 있었던 것이다. 이 경우는 피할 수 있었을 오류 경고를 보여주는 명확한 사례다.

비행기에서 나는 괴로운 냄새는 대개 기내 화장실이 원인이다. 화장실 냄새가 너무 지독해 회항해야 했던 경우도 있다. 런던에서 두바이로 가는 브리티시 에어웨이 비행기에서 실제로 있었던 일로, 이때 조종사는 다음과 같이 안내방송을 했다. "여러분도 이미 느끼셨겠지만, 한 화장실에서 지독한 냄새가 나고 있습니다……." 물론 이 정도로 극단적인 경우는 드물다. TV 드라마 시리즈 〈내가 그녀를 만났을 때〉로 유명한 미국 배우 닐 패트릭 해리스는 최근에 소셜미디어를 통해 기내 화장실에서 나쁜 냄새를 문제없이 빠르게 없앨 수 있는 방법을 알려주었다.

"변기에 앉아 있는 동안 계속해서 변기의 물을 내려요. 일을 다 마친 후에도 다시 한번 물을 내립니다. 그런 다음 비누로 손을 씻고 팔도 씻어요. 그리고 팔로 태극권 동작을 하세요." 태극권의 팔을 휘젓는 동작으로 비누 냄새를 허공에 퍼뜨려 화장실 악취를 덮을 수 있다는 것이다. 해리스는 확신한다. "내가 그렇게 할 때마다 늘 악취가 싹 사라졌어요."

한편, 경고를 알리는 냄새와 관련해 드는 의문이 있다. 우리가 잠을 자고 있을 때도 실제로 냄새를 맡을 수 있을까? 이에 대해 한스 하트 교수는 말한다. "숨을 쉴 때마다 숨결 속에 존재하는 냄새 분자가 분해됩니다. 냄새 분자는 우리 콧속에 있는 후각 세포의 후각수용체를 자극하죠. 그리고 자극으로 활성화된 후각 세포는 뇌에 전기펄스를 보내는데 이때 코는 밤새도록 낮과 똑같이 일합니다. 다만 뇌가 정보를 가공하는 방식이 낮과 비교해 차이가 있을 뿐이죠."

어떤 전문가들은 잠이 든 상태에서는 냄새를 잘 맡지 못한다고 설명한다. 잠이 막 들기 시작하는 단계에서는 그나마 맡을 수 있을지 모르지만 깊은 수면에 들었을 때는 불가능하다. 일반적으로 큰 소리는 사람을 깨우는 반면, 조기 경고 체계 역할을 하는 코는 밤의 휴지기 동안 제한적으로 기능한다. 미국의 프로비던스에 있는 브라운 대학교에서 실험을 했다. 학자인 메리 카스카든Mary Carskadon과 레이철 허츠Rachel Herz가 6명의 실험 대상자에게 자는 동안 좋은 페퍼민트 향기와 독한 연기 냄새를 번갈아 맡게 했다. 그 결과, 페퍼민트 냄새에 잠을 깨는 사람은 아무도 없었다. 그리고 독한 연기 냄새도 몇 사람의 잠만 방해했고, 가장 깊은 수면 단계에서는 전혀 반응을 일으키지 않았다.

그렇다면 잠을 잘 자기 위해서는 침실에 어떤 냄새가 나야 할까? 좋은 향기가 나는 공간보다 싫어하는 냄새가 나는 환경에서 더 자주 악몽을 꾼다는 연구 결과가 나왔다. 만하임에 있는 정신건강중앙연구소는 실험 대상자들에게 잠들기 전에 여러 가지 냄새를 맡게 했다. 황화수소, 장미향, 아무 냄새가 없는 실험용 공기였다. 실험 대상자 15명 가운데 10명이 잠을 깬 후에도 여전히 꾼 꿈의 내용을 기억했다. 그들은 나쁜 냄새를 맡은 후에 부정적인 꿈을 기억했고, 편안한 아로마를 맡은 후에는 긍정적인 꿈을 많이 기억했다. 장미 향은 여성 실험 대상자의 경우 아름다운 꿈, 썩은 달걀 냄새는 악몽을 꾸게 했다. 하지만 그렇다고 해서 침실의 좋은 냄새가 악몽을 하나도 꾸지 않게 한다는 얘기는 아니다.

침실에서는 어느 정도 향이 나는 게 적당할까? 하트 교수는 이렇게 말한다. "침실에 향을 뿌리고 싶다면 최대한 은은해야 한다. 다시 말해 일부러 냄새를 맡으려고 집중해야만 살짝 느낄 수 있는 정도면 된다. 그 이상은 모두 잠을 방해한다."

나쁜 냄새를 어떻게 없앨까?

나쁜 냄새 퇴치와 제거는 내 본업이 아니다. 내 일은 처음부터 조화롭고 편안한 향이 나는 주변 환경을 만드는 것이다. 그런데도 어떻게 하면 이런저런 나쁜 냄새를 없앨 수 있느냐는 질문을 늘 받는다. 공공화장실에서 풍기는 냄새처럼 좋지 못한 냄새들을 완벽하게 없애는 방법은 없다. 그런 경우에는 환기도 별로 도움이 되지 않는다. 그래서 악취와 다른 냄새를 섞어 어느 정도 괜찮은 냄새를 만들어내는 시도를 하는 수밖에 없다. 그런 식으로 악취를 감추거나 적어도 악취가 느껴지는 것을 최소화하는 것이다.

최근에 한스 하트 교수를 포함한 전문가들이 소변 냄새 인지를 담당하는 수용체를 찾아냄으로써 화장실 냄새 문제를 해결할 방법을 찾아냈다. 수용체를 알면 분자를 개발하거나 — 만약 이미 존재할 경우 — 분자를 해당 수용체에 앉히는 방식으로 불쾌한 냄새를 차단할 수 있다. 다른 냄새 분자가 이미 수용체를 점거해버리면, 소변 냄새가 콧속에서 퍼질 기회가 없기 때문이다. 이 방법을 실현하려면 공공화장실 공간에는 당연히 향이 투입되어 있어야 한다. 한 공간에서 좋은 냄새와 나쁜 냄새가 동시에 존재할 때 사람이 숨을 들이쉬는 순간, 분자가 수용체에 달라붙어 나쁜 냄새를 인지하는 데 영향을 미친다.

음식에서 나는 불쾌한 냄새를 약하게 만드는 방법, 특히 기내식 공급 시의 냄새 문제에 대해서는 향 전문가 미르코 미칼레프Mirko Micalef와 필리포 미칼레프Pilippo Micalef 형제의 이야기가 도움이 된다. 이 형제는 모든 생활공간을 위한 실내 향 기획사를 운영하고 있다. 기내 승객에게 식사와 음료수를 공급하는 음식 조달업자는 대형 주방에서 나는 냄새와 전쟁을 벌인다. 대형 주방에서 조리 후 이어서 포장된 음식을 기내로 운반하기 전에 엄격한 검사를 받는다. 검사는 별도의 공간에서 진행된다. 미칼레프 형제는 말한다. "우리가 해결할 문제는 대형 주방을 지나 실험실로 가는 길에서 양배추 수프 냄새와 치우지 않은 음식물 쓰레기통의 악취가 심하게 난다는 것이었어요." 그 냄새를 사람들이 계속해서 맡았으므로 무엇보다 먼저 이 악취 문제가 해결되어야 했다.

"불쾌하지만 피할 수도 없는 음식 냄새를 새로운 냄새와 결합해 즉시 좋은 냄새가 나도록 하는 것이 과제였습니다. 불쾌한 냄새의 원인은 금방 알아낼 수 있었는데, 바로 지방이었어요. 지방은 매우 강력한 냄새 운반책이지요. 감자튀김을 하고 나면 기름 냄새가 얼마나 오랫동안 집 안에 머무는지 다들 아시죠? 그러니 어마어마한 양의 음식을 만드는 대형 식당의 기름 냄새가 얼마나 심할지는 짐작할 수 있을 겁니다." 미칼레프 형제는 기름 냄새를 특수한 바닐라 냄새와 결합하는 것으로 해결책을 찾았다. "두 냄새가 섞여 빵을 굽는 좋은 냄새로 바뀌었습니다." 이 경우도 여러 냄새 성분의 적절한 조합이 정답이었다.

하지만 열대과일인 리치 향을 섞었던 한 패스트푸드 레스토랑은 별 성과를 거두지 못했다. 리치 열매의 냄새 프로필은 달콤한 포도 향과 비슷하지만 이 경우는 좋은 선택이 아니었다. 왜냐하면 리치 향과 패스트푸드 레스토랑의 기름 냄새 조합은 더 안 좋은 냄새를 만들어냈기 때문이다. 한마디로 두 냄새는 전혀 어울리지 않았다.

연인에게 나는 달콤한 향기

왜 여성들은 애인이나 배우자의 체취 맡기를 좋아할까? 이 의문을 카셀에 사는 진화심리학자 하랄트 A. 오일러Harald A. Euler 교수가 연구해 다음과 같은 결과를 얻었다. 교수와 연구팀이 실시한 설문조사에서 여성의 80퍼센트 이상이 배우자의 옷 냄새를 맡아본 적이 있다고 했다. 여성의 3분의 2는 배우자 또는 애인의 옷을 입고 잠을 잔 적이 있다고 대답했다. 하지만 남성은 여성과는 달리 그런 위안물을 선호하지 않는다. 연구 결과도 역시 이를 뒷받침한다. 겨우 30퍼센트가 조금 넘는 남성들만이 배우자의 옷 냄새 맡는 것을 좋아했고, 또 연인의 잠옷이나 자주 입는 옷 냄새를 통해 연인과 가까이 있는 것처럼 느끼고자 하는 남성도 거의 없었다.

당신은 연인의 냄새를 찾아낼 수 있는가?

우리는 티셔츠의 냄새만 맡고도 연인의 냄새인지 아닌지를 알아차릴 수 있을까? 이 실험을 위해 우선 연인의 옷 여러 벌의 냄새를 맡아보라. 연습 심화 차원에서 친구의 옷 냄새나 당신이 입고 있는 옷 냄새도 맡아보자. 어떤 옷이 누구의 것인지 가려내보라. 그리고 냄새가 어떤지 묘사해보자. 이때 당신은 연인의 냄새는 물론 자신의 냄새를 전혀 감지하지 못할 수도 있다. 그럴 리가 없다고? 한번 해보시라!

여성들은 연인의 냄새에서 친밀감, 신뢰, 아늑한 기분을 느낀다. 비록 여성은 아니지만 그와 마찬가지로 위대한 작가 괴테도 옷을 통해 그의 위대한 사랑 샤를로테 폰 슈타인과 가까이 있다는 느낌을 얻으려 했다고 전해진다. 괴테는 어느 날 연모하는 샤를로테의 체취를 늘 곁에 두고 맡기 위해 그녀의 코르셋을 훔쳤다. 『파우스트 I』에 쓰여 있다. 파우스트가 메피스토펠레스에게 말한다. "천사 같은 내 연인의 물건을 가져다주게! 나를 그녀의 안식처로 데려다줘! 그녀의 가슴에 드리운 스카프를, 내 욕정의 스타킹 밴드를 가져다주게!" 샤를로테 폰 슈타인의 코르셋 내음이 괴테에게 예술적인 영감을 불러일으켰는지는 전해지지 않는다.

한편 괴테의 친구 프리드리히 쉴러는 특별한 냄새에 도취했을 때에만 글을 쓸 수 있었다. 쉴러는 사과를 좋아했는데 그는 사과를 먹는 게 아니라 썩게 놔두었다. 푹 썩은 냄새를 풍기는 사과가 쉴러의 집필실 어디에나 놓여 있었고, 책상의 모든 서랍에 들어 있었다. 괴테가 그 썩은 사과 냄새 때문에 메스꺼워한 적이 있다는 일화도 있다. 괴테가 신임한 작가 요한 페터 에커만Johann Peter Eckermann이 저서 『괴테와의 대화』에 괴테가 쉴러의 집을 방문했을 때의 일을 기록해 놓았다.

"다들 알다시피 쉴러와 나는 성향이 거의 같았으나 본성은 서로 크게 달랐다. 그것도 정신적인 면만이 아니라 물리적인 면도 달랐다. 쉴러의 기분을 좋게 하는 공기가 나에게는 마치 독과 같았다. 어느 날 내가 쉴러의 집을 방문했는데, 마침 그가 집에 없었다. 그의 부인이 쉴러가 곧 돌아올 것이라고 말해주어 마침 나는 이런저런 쓸거리가 있어서 그의 집필실에 가서 앉았다. 그런데 도저히 그곳에 계속 있을 수가 없었다. 슬슬 속이 메슥거리기 시작하더니 증상이 점점 더 심해져 결국은 거의 기절할 지경이 되었기 때문이다. 처음에는 전혀 익숙하지 않은, 구토증이 나게 만드는 원인이 무엇인지 알 수 없었으나 마침내 알아챘다. 옆에 있는 서랍에서 지독한 냄새가 났다. 서랍을 열자 놀랍게도 썩은 사과가 가득 들어 있었다. …… 쉴러 부인이 다시 방에 들어와서는 서랍은 항상 썩은 사과로 가득 차 있어야 한다고 했다. 쉴러가 그 냄새를 좋아하고, 그는 썩은 사과 냄새가 나지 않으면 살 수도, 글을 쓸 수도 없다고 했다."

오일러 교수는 말한다. “냄새는 친밀함이고, 냄새 맡는 것은 느끼는 것입니다. 냄새는 매우 오래된 그리고 아주 여성적이기도 한 자극이지요.” 옛날에 남자들은 사냥을 위해 좋은 시력과 빠른 반사작용이 필요했지만, 여성들에게는 후각이 더 중요했다. “여자들은 아이들에게 줄 수 있는 음식인지, 또는 먹어도 괜찮은 열매인지 정확히 알아야 했습니다. 그 영향으로 오늘날에도 여성의 후각이 남성의 후각보다 뛰어난 것입니다.”

의사인 토마스 홈멜 교수도 여성이 남성보다 더 좋은 후각을 가졌음을 입증했다. “기본적으로 코가 민감한 사람과 덜 민감한 사람이 있습니다. 그리고 젊은 사람이 노인보다 냄새를 더 잘 맡는다는 점도 연구에서 재차 확인되었죠. 또 성별 차이도 있습니다. 여성은 전형적으로 남성보다 냄새를 더 잘 맡아요. 그리고 냄새를 가장 잘 맡는 사람은 젊은 여성입니다. 여성이 남성보다 냄새를 더 잘 맡는 것은 선천적인데, 그 증거로 여아 신생아는 남아 신생아보다 냄새에 더 많은 관심과 반응을 보입니다.”

이런 경향은 아동 발달 단계에서도 계속 유지된다고 한다. 9세에서 10세 사이의 남녀 어린이들은 비슷한 정도로 냄새를 인지하지만, 사춘기 이후 소녀들은 향기에 훨씬 더 민감하게 반응한다. 홈멜 교수의 설명을 들어보자. “만 17세에서 20세까지의 여성들은 좋은 향기에 황홀감에 빠지고, 나쁜 냄새에는 코를 찌푸립니다. 남성은 비교적 이런 다양성에 무덤덤하죠. 사춘기가 지난 십 대 소년은 냄새에 별로 관심을 보이지 않습니다." 반대로 젊은 여성의 경우는 향기에 대해 "매우 뚜렷한" 관심을 보인다는 결과가 나온다고 한다.

이유는 무엇일까? 훔멜 교수는 "냄새는 사회적 신호"라고 강조한다. "여성은 일반적으로 남성과 비교해 사회성이 더 뛰어납니다. 여성이 아이를 낳고 기르기 때문입니다. 그 때문에 냄새에 대해서도 여성이 더 많은 관심을 가져요. 적어도 의학적 가설은 그렇습니다." 훔멜 교수는 냄새와 관련한 남녀 차이는 모든 연령대에서 나타난다고 한다. 남성은 50대 중반부터 후각이 점점 약해지지만, 건강한 여성은 노년에 이르러서도 여전히 냄새를 잘 맡는 경우가 많다고 한다.

그 원인이 무엇인지에 대해서는 아직 최종적으로 밝혀지지 않았다. 일반적으로 여성들이 인상과 느낌을 더 잘 표현할 수 있다고 한다. 훔멜 교수는 말한다. "우리는 사람에게 미치는 냄새의 영향을 연구할 때 남녀를 구분해 평가합니다. 일반적으로 여성의 코는 남성의 코와 비교해 더 옅은 농도에서도 향을 인지할 수 있습니다." 여성들은 또한 근본적으로 냄새에 더 긍정적으로 반응한다.

"어쩌면 냄새를 묘사하는 일이 여성들에게 더 쉽게 느껴질 수도 있습니다. 그리고 여성들이 냄새에 주의를 더 많이 기울일 수도 있고요." 연구 담당자는 이렇게 요약한다. 해부학적 원인은 아직 발견하지 못했다. 훔멜 교수에 따르면, 전뇌의 후각망울과 콧구멍 속의 후각 부위는 여성이 오히려 남성보다 더 작다. "해부학적으로 보면, 사실은 여성이 냄새를 더 잘 맡지 못하는 쪽이어야 합니다."

후각 능력은 호르몬의 영향도 받는 것 같다. 많은 여성이 임신했을 때 비슷한 현상을 경험한다. 여성들은 특히 임신 초기 3개월 동안에 냄새에 유난히 민감하다. 어떤 여성은 음식 냄새에 민감하고, 어떤 여성은 세제 냄새나 지금껏 즐겨 바르던 화장품 냄새에도 구토감을 느낀다. 스웨덴 학자들이 임신 중인 여성 120명에게 물었다. 그들 중 70퍼센트가 임신 기간에 냄새에 더 예민해졌다고 대답했다. 60퍼센트는 특정 냄새가 너무 불쾌해 구역질과 구토를 했다고 한다. 그리고 설문자의 14퍼센트는 심지어 전혀 존재하지 않는, 이른바 상상의 냄새까지 맡았다.

연구자들은 그 밖에 예민해진 후각이 단순히 주관적 느낌인지 또는 실제로 임신이 후각을 민감하게 만드는지도 비교했다. 임신한 여성과 임신하지 않은 여성 그룹에 여러 가지 냄새를 맡게 했는데 실제로 임신한 여성들이 현저하게 냄새를 더 잘 맡았고, 게다가 아주 옅은 농도의 냄새도 더 잘 맡았다. 이 효과는 '후각 과민Hyperosmie'이라 불린다. 왜 이런 현상이 나타나는지에 대해서는 정확히 밝혀지지 않았다. 전문가들은 이것이 우리 신체의 오래된 보호 기제라고 추정한다. 임신한 여성이 냄새에 민감해짐으로써 태아에게 해가 되는 음식 섭취를 막는다는 것이다. 이 가설은 엄마가 될 여성의 코가 임신 초기 3개월 동안에만 유난히 예민하다는 사실로 뒷받침된다. 이 기간은 태아의 기관이 형성되는 시기다. 임신 기간이 진행되면서 예민해진 후각이 다시 누그러지는 경우가 많다.

Scent 7

당신에게 좋은 냄새가 나!

: 냄새로 호감과 반감이 결정된다

후각과 코에 관련된 속담과 표현 대부분은 공동생활의 부정적 측면을 나타낸다. 예를 들어 손 안 대고 코 풀기, 눈 감으면 코 베어간다, 콧대가 높다, 내 코를 쥐고 흔든다, 제 코도 못 씻는다, 구린내가 난다 같은 표현들은 모두 그다지 좋지 않은 뜻을 담고 있다. 그리고 독일에는 코와 관련한 다음과 같은 관용구도 있다. "난 너의 냄새를 잘 알아." 또는 반대로 "난 너의 냄새를 모르겠어."

이 문구는 단순한 상투적 표현 이상으로 아주 많은 의미가 숨어 있다. 이 문구는 인간 존재의 기본 조건을 표현한다. 즉 사랑과 배우자 관계는 말 그대로 상대방에게서 좋은 냄새를 맡을 수 있을 때만 형성될 수 있다는 것이다.

사람이 자신만의 체취를 가지고 있지 않다는 것의 의미, 그리고 그것이 어떤 나쁜 결과를 불러올 수 있는지는 파트리크 쥐스킨트가 소설 『향수』에서 이미 묘사했다. 주인공 장 바티스트 그르누이는 매우 뛰어난 후각을 가지고 있지만 자신에게서는 아무 냄새도 맡을 수 없다. 정체성의 일부를 이루어야 할 것이 결여된 것이다. “아기에게서 아무런 냄새가 나지 않는다.” 유모는 그르누이를 품에 안았을 때 알아챈다. 그르누이는 자신에게서 아무런 냄새가 나지 않는다는 사실을 알아챘을 때 그 상태를 참기 힘들어한다. 그래서 그르누이는 자신의 체취를 만들기 위해 온갖 일을 시도한다. 그는 사람들이 자신을 사랑하도록 매혹시킬 향기를 찾으려고 한다. 그르누이는 다른 사람의 냄새를 흉내 내기 시작하고 반응을 관찰한다. 그는 곧 향기가 호감과 반감을 결정한다는 것을 대번에 깨닫는다. 아무런 체취가 없는 그르누이는 자신을 위한 완벽한 향수를 만들기 위해 젊은 여성의 향기가 필요했고, 살인자가 된다.

체취로 완벽한 파트너를 찾다

아름다운 눈, 멋진 몸매, 좋은 성격. 모든 게 아름답고 흡족하다. 하지만 이것만으로 충분치 않다. 최종적으로 우리의 체취가 관계의 행복을 결정한다. 우리는 어떤 사람에게서는 유난히 좋은 냄새를 맡기도 하고 그 반대 경험을 하기도 한다. 코는 첫 만남에서 이미 냄새를 인지해 눈 깜짝할 사이에 정보를 뇌에 전달하고, 뇌에서 모든 판단이 이루어진다. 결과는 성적 욕구 또는 호감이다. 반대로 거부감이기도 하다. 설문조사에 따르면 독일 사람 7명 중 1명꼴인 15.2퍼센트 이상이 상대방에게서 나는 향기 때문에 사랑에 빠진 경험이 있다고 한다.

같은 동물 종의 냄새 특성이 얼마나 중요한 의미를 지니는지에 대해 우리는 오래전부터 '동물의 왕국'을 통해 알고 있다. 예를 들어 늑대의 오줌 냄새는 성별에 관한 정보뿐만 아니라 나이와 무리에서 가지는 사회적 위치에 대한 정보도 준다. 쥐가 뿜는 공포의 땀 냄새는 동족에게 경고를 보내고, 경쟁을 벌이는 수컷 생쥐들은 그야말로 냄새로 결투를 벌인다. 동물은 모두 동종에게 매우 중요한 작용을 하는 페로몬을 분출한다.

사람도 마찬가지다. 개개인의 냄새 프로필은 두 동종 사이의 화학적 결합을 결정짓는 역할을 한다. 사람은 저마다 다른 냄새를 가진다. 어떤 사람에게서도 다른 사람과 똑같은 냄새가 나지는 않는다. 우리는 유전자에 새겨진 고유의 냄새, 이른바 후각 지문을 가지고 있다. 아무리 자주 샤워를 하고, 향수와 데오도란트와 보디로션을 몸에 바른다 해도, 또는 어떤 음식을 늘 먹든지 상관없이 몸의 냄새 성분은 항상 똑같다. 한 사람의 몸 냄새를 특징짓는 조직 형질은 이른바 주조직 적합 복합체, 약어로 MHC 속에 다발로 모여 있다. 신체의 거의 모든 세포, 따라서 후각 세포도 MHC 분자와 연결되어 있다.

연구자들에 따르면, 두 사람의 조직 형질이 서로 다를수록 상대방의 몸 냄새를 더 좋게 느낀다고 한다. 우리는 '유전적으로 크게 차이가 나기 때문에 건강한 아이를 갖기 위한 최상의 전제 조건을 갖춘 사람'이라는 뚜렷한 목표를 두고 코를 이용해 사람을 찾는다. 다시 말해 여성이 그 남자의 냄새를 좋게 여기면 그는 아이의 아빠가 될 가능성이 있다. 하트 교수는 말한다. "모든 사람에게는 유전자에 의해 결정되는 고유한 체취가 있습니다. 여성들은 배우자를 구할 때 자신의 체취와 비교해 아주 많이 다른 체취를 가진 남성을 선호하죠. 다시 말해 유전적으로 큰 차이를 가진 남성입니다."

이 연구 결과와 더불어 또한 1995년 베른 대학교의 클라우드 베데킨트Claudia Wedekind와 만프레트 밀린스키Manfred Milinski도 인생의 짝을 선택하는 데 코가 어느 정도 영향을 미치는지를 연구했다. 이를 위해 실험에 참가한 여성들에게 남성들이 며칠 동안 입었던 티셔츠의 냄새를 맡게 했다. 그 결과, 여성들은 자신의 냄새 프로필과 다른 남자의 냄새를 유난히 좋게 느꼈다. 이는 진화생물학적으로도 타당성이 있다. 즉 서로 다른 유전자들이 짝을 이룸으로써 다양하게 반응하는 새로운 면역체계가 섞일 때 후손의 건강이 좋아지기 때문이다.

피임약 때문에 체취가 달라진다

말하자면 우리는 상대방의 냄새가 좋게 느껴지고 자신과 냄새가 잘 어울리는 사람에게 끌린다. 하지만 냄새의 선호도가 바뀌면 어떻게 될까? 여성들은 임신 중에 "배우자의 냄새를 더는 맡을 수 없었다"는 진술을 많이 한다. 갑작스레 나와 체취가 다른 냄새가 더는 끌리지 않고 대신 나와 비슷한 체취가 좋아진다. 똑같은 일이 호르몬으로 신체가 임신 상태라고 착각하게 만드는 피임약을 먹은 여성들에게도 일어난다. 이때 여성의 후각은 호르몬 제제에 의해 조작된다. 이 상태에서 여성은 리비도와 파트너 선호가 달라진다는 사실이 여러 연구에서 밝혀졌고, 가장 유명한 연구 결과는 2008년 리버풀 대학에서 크레이그 로버츠Craig Roberts와 그의 연구팀이 실시한 것이다. 간단히 말해 여성은 이제 유혹하는 남자보다 충실한 부양자가 필요하다는 뜻이다. 따라서 피임약을 복용한 상태에서는 성생활과 생식의 측면에서 그릇된 남자를 선택할 가능성이 있다. 이 지식은 플로리다 주립 대학교에서 행한 2014년의 연구와도 일치한다. 피임약을 복용하고 있을 때 지금의 남편을 알게 되었던 여성들이 피임약 복용을 끝내자 남편이 전보다 덜 매력적으로 느껴졌다는 연구 결과였다.

그러나 하트 교수는 피임약의 그런 문제점은 새 세대 약제로 사라졌다고 강조한다. "기존의 피임약은 약물 농도가 아주 진해서 심지어 가상 임신 상태를 유발하기도 했습니다." 현재는 피임약 복용이 파트너 선택에 영향을 미치지 않는다니, 정말 다행이 아닌가!

티셔츠 파티와 스멜 데이팅

남녀가 서로에게서 좋은 냄새를 맡을 수 있느냐가 결국 파트너 선택에 결정적인 역할을 한다. 이를 눈치 챈 사람들이 냄새가 잘 스미는 섬유 재질에 냄새 프로필이 계속 남아 있는 특성을 살려 교제를 주선하는 특이한 형태의 데이트 모임을 만들어냈다. 바로 티셔츠 파티 또는 페로몬 파티다. 참가자들은 파티가 열리기 전 3일 동안 내내 같은 티셔츠를 입고 잔다. 이어 그 티셔츠를 비닐봉지에 넣고 밀봉한 다음 번호를 표기

한다. 페로몬 파티의 모든 참가자는 티셔츠의 냄새를 맡고 가장 마음에 드는 냄새의 번호를 메모한다. 사랑을 위해서라면 무슨 짓이든 못하랴. 냄새가 마음에 든다면 완벽한 짝 선택에 있어 적어도 나쁜 전제 조건은 아니다.

인터넷의 전문 짝 찾기 사이트에서도 냄새를 활용하는 일이 늘고 있다. '스멜 데이팅'이라는 앱의 광고 문구를 보자. "자신을 믿으라! 당신의 코가 당신을 가장 잘 안다." 스멜 데이팅에 참가한 싱글들은 우편으로 티셔츠 한 장을 받는다. 그리고 그 티셔츠를 3일 동안 밤낮으로 입어야 한다. 데오도란트는 절대 사용하면 안 되는데, 체취를 다르게 만들 수 있기 때문이다. 그런 후 지원자들은 자신이 입었던 티셔츠를 되돌려 보내고 대신 다른 참가자들이 입었던 티셔츠 열 장을 받는다. 이제 참가자는 티셔츠의 냄새를 맡아보고 가장 매혹적인 냄새가 나는 것을 선택한다. 두 참가자가 동시에 서로의 티셔츠를 골랐을 경우 에이전트에서 연락처를 알려준다. 이후에 벌어지는 일은 모두 당사자들이 알아서 할 일이다.

나는 어떤 냄새에 끌릴까?

실제로 어떤 냄새에 끌리는지는 사람에 따라 크게 다르다. 데오도란트 생산업체 액스Axe의 의뢰로 어떤 남성 향이 '여성을 자극'하는지 조사가 이루어졌다. 그 조사를 위해 미국 10개 대도시에 거주하는 젊은 여성의 향 선호도를 조사했다. 그 결과, 지역에 따라 매우 큰 차이를 보이는 것으로 나왔다. 뉴욕에서는 커피 향을 좋아했고, 필라델피아에서는 깨끗하게 빨래한 옷 냄새를 좋아했다. 시카고에서는 바닐라 향, 미니애폴리스에서는 깎은 잔디에서 나는 냄새, 애틀랜타에서는 버찌 향, 댈러스에서는 벽난로/연기 냄새, 휴스턴은 바비큐 냄새, 피닉스는 유칼립투스 향, 로스앤젤레스는 라벤더 향, 샌디에이고에서는 선크림 냄새를 좋아했다.

액스 사는 시장조사 전문기관 스트래터지원StrategyOne과 협력해 설문대상자인 여성들의 절반 이상이 자신의 아버지와 유사한 냄새가 나는 남자와는 데이트하지 않겠다고 대답했음을 알 수 있었다. 젊은 여성의 3분의 2가 자신에게 좋은 냄새로 느껴지는 사람과 데이트를 약속하고 싶다고 대답했고, 2명 중 1명이 남자친구의 냄새를 간직하기 위해 그의 옷가지를 가지고 있다고 대답했다. 또 설문대상자의 58퍼센트가 애인의 옷을 입고 잘 것이라고 답했고, 60퍼센트가 이별 후에도 전 남자친구의 향수를 기억한다고 답했다.

자몽은 젊음의 샘?

대중성 있는 냄새 연구를 통해 늘 이목을 끄는 시카고의 '후각 및 미각 재단Smell and Taste Foundation'의 앨런 허쉬Alan Hirsch 박사는 자몽 향이 여성을 더 젊어 보이게 한다는 점을 밝히고자 했다. 2005년 연구에 참여한 실험 대상자들에게 한 여성 모델을 보여주며 나이를 맞혀보라고 했다. 이때 실험 대상자들은 향기 나는 흡입 마스크를 착용했다. 핑크 자몽 향의 영향 아래 이루어진 평가에서 사람들은 모델을 실제 나이보다 평균적으로 세 살 아래로 보았다. 심지어 남자 실험 대상자들은 화면에 제시된 여성 모델의 나이를 여섯 살이나 아래로 보았다. 다른 향의 흡입 마스크를 착용한 경우, 특히 라벤더 향과 스피어민트 향이 첨가된 마스크를 착용했을 때는 오류 평가가 적었다. 하지만 자몽 향 성분이 첨가된 향수가 그 향을 뿌린 여성을 실제로 더 젊게 보이게 하는지 아직 밝혀지지는 않았다.

눈물은 거짓말을 하지 않는다

남성의 성적 흥분을 감소시키는 것은 여성의 눈물 냄새인 것 같다. 적어도 이스라엘 레호보트의 와이즈만 과학 연구소의 학자들이 밝혀낸 바에 따르면 그렇다. 눈물 냄새가 남성의 테스토스테론 수치를 떨어뜨려 연민의 감정은 고양되지만, 성적 욕구는 커지지 않는다는 것이다.

연구를 위해 여성 실험 대상자들에게 슬픈 영화나 멜로드라마를 보여주어 울게 했고 연구자들은 그 눈물을 모았다. 그런 다음 남성 지원자들에게 눈물 샘플과 소금물 샘플의 냄새를 맡게 했다. 이때 남성들은 냄새의 차이를 느끼지 못했다. 실험 2단계에서 남성 대상자들은 코 밑에 여성의 눈물 또는 소금물에 적신 반창고를 붙였다. 그런 후 컴퓨터 화면으로 여성의 얼굴을 보여주며 실험에 참여한 남성들에게 여러 기준에 따라 평가하게 했다. 이때 실험 대상자도 진행자도 어떤 표본을 코 밑에 붙였는지 알지 못하는 상태였다.

실험 결과는 어땠을까? 화면에서 여성의 얼굴에 나타난 감정을 평가하는 항목에서 실험 대상자들의 평가는 차이가 없었다. 눈물도 소금물도 여성의 얼굴이 슬퍼 보이거나 불쌍해 보이는 항목 평가에 전혀 영향을 미치지 않았다. 그런데 실험 대상자들에게 여성의 섹스어필 정도를 평가하라고 하자 상황이 달라졌다. 여성의 눈물 냄새를 맡은 남성은 코 밑에 소금물 반창고를 붙인 남성과 비교해 여성의 매력 점수를 낮게 주는 경향을 보였다. 이어지는 실험에서 남성은 다시금 눈물 또는 소금물 반창고를 코 밑에 붙인 상태에서 영화의 장면을 보게 되었다. 이때 눈물 냄새를 맡은 이들은 소금물 냄새를 맡은 이들보다 성적인 장면에서 무의식적으로 신체 자극을 받는 정도가 훨씬 덜한 것이 뚜렷했다. 혈액에서 측정한 테스토스테론 수치 역시 눈물 냄새를 맡은 사람들이 더 낮게 나왔다.

남성의 눈물도 여성에게 이와 유사한 작용을 하는지, 또는 동성의 눈물 냄새에서는 어떤 결과가 나오는지는 아직 연구된 바 없다.

로미오와 줄리엣에게는 어떤 향이 어울릴까?

사랑은 대체 어떤 향기일까? 여기에 의견이 분분할 수 있다. 이 주제 또한 지극히 개인적인 선호도에 달려 있다. 19세기에는 이미 극장에서 특정한 분위기를 조성하기 위해 향기를 사용했다고 한다.

2009년에 우리는 마드리드의 왕실 극장 테아트로 레알에서 셰익스피어의 〈로미오와 줄리엣〉 공연을 할 때 환기 시설 내부에 있는 노즐을 통해 실내에 향을 투입했다. 연출가가 특수 효과로 아로마를 조합하는 것을 생각해냈다. 발코니 아래에서 로미오는 몰래 엿듣고 있고 줄리엣은 창가에 서서 그 유명한 대사를 읊는다. "이름이야 무슨 상관이겠어? 장미라 불리는 꽃은 무슨 이름으로 불리든 사랑스러운 향이 날 테니."

바로 그 순간 우리는 사랑의 상징, 장미 향을 풍겨야 했다. 기술적으로 어려웠던 것은 좌석 밑의 바닥에 설치된 공기 방출식 에어컨을 통해 향을 내보내는 일이었다.

한편 장미는 '단순히' 향이 좋고 아름다운 꽃 이상일 수 있다. 장미 오일의 치유력은 수천 년 전부터 높이 평가되어왔다. 묵직하고 매혹적인 향으로 유명한 다마스크 장미는 향 분자가 유난히 많고, 그 장미의 오일은 향수와 화장품의 베이스로 사용된다. 2013년에는 다마스크 장미가 올해의 약용식물로 선발되었다. 다시 말해 염증을 완화하고, 경련을 이완하며, 열을 내리는 작용을 한다. 여하튼 장미가 가진 이런 장점들은 테아트로 레알 극장의 로미오와 줄리엣을 위한 향 선택에서는 중요한 게 아니었다. 당연히 그것은 에로틱한 분위기를 자아내기 위한 것이었다.

Scent 8

땀 냄새

: 땀에는 죄가 없다

'사람 냄새'라고 하면, 얼른 땀 냄새를 떠올린다. 우리는 땀에 긴장과 노력을 결부시켜 "땀 흘리지 않으면 결실도 없다" 또는 "땀 흘린 대가를 얻는다"라는 표현을 쓴다. 사람은 호흡과 피부에서의 수분 증발로 하루에 500밀리리터에서 1리터가량 수분을 상실한다. 이러한 두 가지 형태의 땀은 눈에 보이지 않는다. 여기에 땀샘은 관여하지 않으므로 활성화하지 않는데, 신체가 땀을 흘리며 땀샘이 활성화해 땀을 생산하면 수분 손실은 훨씬 커진다. 노동이나 운동으로 심한 육체적 활동을 하거나 열이 높을 때 신체는 최대 10리터, 극단적인 경우 최대 15리터까지 수분을 손실할 수 있다고 추정한다.

신체의 모든 부위가 똑같이 땀을 흘리는 것은 아니다. 땀샘이 유난히 많고 밀집된 부위, 즉 손바닥과 발바닥, 겨드랑이, 팔오금, 이마는 땀샘이 적은 부위보다 더 많이 땀을 흘린다. 그러나 땀샘의 개수와 밀도는 각각의 신체 부위에 나타날 수 있는 땀샘의 활성과 땀의 양과는 아무 관계가 없다. 이마에 땀샘이 많이 있기는 하지만 그렇다고 거기에 땀샘 대부분이 있는 것은 아니다. 그런데도 이마에서 유난히 땀이 많이 난다. 뜨거운 열기에 가까이 있거나 긴장할 때 제일 먼저 이마에서 땀이 나는 것을 경험으로 안다. 얼마나 많은 땀이 나는지는 일정 시간에 일정 피부 표면에 발생하는 땀의 양으로 결정된다. 영장류 가운데 사람만이 겨드랑이에 땀샘이 있다.

육체 활동, 운동, 날이 더울 때 땀구멍에서 흐르는 액체는 처음에는 전혀 불쾌한 냄새가 아니다. 왜냐하면 열기와 육체가 긴장하며 오른 체온을 낮추는 임무를 수행하는 우리 몸의 맑은 분비물은 99퍼센트가 물로 이루어져 있기 때문이다. 불쾌한 냄새의 원인은 나머지 1퍼센트다. 그것은 염분 외에 특히 단백질, 아미노산, 젖산, 요산, 당분, 지방으로 구성되어 있는데 이 성분들이 박테리아에 분해될 때 땀에서 냄새가 난다. 이 과정에서 특히 부티르산 또는 메틸핵산이 나온다. 이것이 사람 땀 냄새의 화학적 기반이다. 박테리아가 작업하는 시간이 길면 길수록 냄새는 점점 더 고약해진다. 인간은 나이가 들면서 땀샘의 수와 활동이 줄어드는데, 그러니 노인들은 여름에 너무 오래 더위에 노출되지 않도록 주의해야 한다.

땀 냄새와의 싸움은 거대 사업이다. 세계적으로 데오도란트에 수십억이 지출된다. 독일 사람들만 해도 한 해에 데오도란트에 들이는 금액이 거의 7억8천만 유로에 이른다. 소비자들은 대부분 몸에서 좋은 냄새를 내기 위해 스프레이를 산다. 그 금액이 4억 유로에 이른다. 그 뒤를 데오롤러가 따르는데 거의 2억 유로에 이른다. 흔히 사람들은 단순히 상쾌하고 좋은 냄새를 택해서 그것을 나쁜 냄새를 가리는 향으로 사용하면 된다고 생각한다. 하지만 유감스럽게도 그렇게 간단하지 않다. 그래서 땀 냄새 제거 분야에 많은 연구가 이뤄졌다. 어떤 분자에 의해 땀 냄새가 가장 잘 덮이고 최소화되는가? 어떤 분자를 수용체에 붙일 수 있을까?

조향사인 나는 땀에 대한 것은 간접적으로만 작업한다. 우리는 어떤 향이 어떤 환경에 어울리는지를 고려한다. 그러려면 어떤 냄새들이 이미 존재하고 있는지 알아야 한다. 기존의 향과 새로운 향이 섞이면 어떻게 될까? 그 조합은 전보다 더 나쁜 냄새가 될 수도 있다. 그 때문에 어떤 종류의 악취를 다루는지를 아는 게 늘 중요하다.

순수한 땀 냄새를 만들어내다

2013년, 향 전문가들의 국제회의가 열렸다. 향기 세계박람회에 전 세계에서 온 조향사, 화장품 제조자, 향수 대기업의 대표, 향수 마케팅 전문가 등 250명이 뉴욕 시내의 한 호텔에 모여 새로운 향기를 소개하고 테스트했다. 뉴욕은 무척 생생하고, 역동적이고, 냄새가 강한 메트로폴리스다. 그곳에서는 말 그대로 다문화의 냄새가 난다. 특히 뜨겁고 숨막히는 여름에 더욱 그렇다. 미국 가수 비욘세는 한 인터뷰에서 냄새만으로도 뉴욕을 알 수 있을 거라고 말한 적이 있다. "그곳 냄새는 무척 특이하지만 나는 그 냄새가 좋습니다. 투어 공연으로 뉴욕에 오면 눈을 감아도 냄새로 뉴욕을 알 수 있어요." 뉴욕은 거칠고 순수하며 좋은 냄새가 난다.

물론 2013년 국제회의에서 대도시의 냄새는 테스트에 포함되지 않았지만 대신 수많은 다른 향들, 흥미진진한 향들이 테스트 대상에 올랐다. 회의 참석자들은 새로 만들어진 향을 맡아볼 수 있는 시향지를 받아 그것을 평가했다. 나와 연구팀은 평범하지 않은 아이디어가 떠올랐고, 이미 이런저런 실험을 해서 새로 개발한 향을 테스트에 내놓았다. 그건 바로 스포츠를 하며 막 흘린 땀 냄새였다.

우리는 실험실에서 땀 냄새를 만들어냈다. 사람이 운동한 후에 흘린 진짜 땀 냄새의 성분 조성을 유기화합물 혼합체 분석기로 분석해 냄새의 화학식을 재구성했다. 그렇게 해서 만들어진 냄새는 진짜 땀 냄새와 매우 흡사했다. 액상의 에센스를 시향지에 바른 후 잠시 말리면 냄새를 맡을 수 있었다.

우리는 전문가들이 그 특별한 향에 대해 어떤 평가를 할지, 그리고 박람회에 소개된 다른 향들과 비교해 어떤 성과를 얻을 수 있을지에 마음을 졸였다. 전문가들은 향이 얼마나 혁신적인지, 향을 맡았을 때 무엇이 연상되는지를 평가해 최종적으로 모든 향기 가운데 최고의 승자를 선발했다. 물론 우리는 우리가 만든 땀 냄새에 대한 정보를 전문가들에게 주지 않았고, 그들이 냄새를 맡으면서 어떤 반응을 보일지 잔뜩 긴장해서 지켜보았다.

결과는 어땠을까? 우리는 모두 할 말을 잃었다. 내로라하는 향 전문가 가운데 땀 냄새를 알아차리는 사람이 아무도 없었기 때문이다. 전문가들은 우리 샘플에서 매우 상쾌하고 미네랄 향이 나며, 무엇보다 에너지 넘치는 향이 난다고 평가했다. 그리고 마침내 우리의 '땀'은 모든 새로운 향기들을 제치고 압도적으로 1위를 차지했다.

이처럼 뛰어난 성과를 거두었지만, 우리가 만든 스포츠 땀은 이후 향수 신제품으로 만들어지지 않았다. 그래도 한 번은 활용할 수 있었는데, 국제적으로 유명한 스포츠 제품 회사를 위해 만든 향의 성분으로 사용했다. 뉴욕, 상트페테르부르크, 베이징에 새로 개업한 지점에 그 땀이 섞인 향을 뿌렸다. 땀 냄새는 다른 향 물질, 특히 가죽과 아이리스 향과 조합되었다. 향수 매장을 찾은 뉴욕 사람들에게 설문조사를 했더니 손님 중 98퍼센트가 그 향이 브랜드와 향수 매장의 이미지에 긍정적인 영향을 준다고 대답했다.

땀 냄새의 명예 회복을 위한 긍정적 평가를 한마디 더하자면, 땀은 갓 나왔을 때는 전혀 나쁘지 않은 냄새다. 불쾌한 냄새가 아니라 감각적이고 활기를 준다.

사랑에 빠지게 만드는 땀 냄새

방금 흐른 땀이 성적 매력에 영향을 미친다는 사실을 증명하는 몇몇 연구가 있다. 당연하다. 왜냐하면 땀과 함께 분비되는 냄새 물질이 — 이미 여러 번 언급한 페로몬 — 생물 간에 생화학적 의사소통을 하게 만들기 때문이다. 버클리의 캘리포니아 대학교 연구자들이 땀에는 특정 남성 페로몬이 함유되어 있음을 입증했다. 바로 안드로스테론이다. 그것은 테스토스테론의 분해 산물로 남성이 땀을 통해 분비하고, 그 냄새에 여성은 호흡 및 맥박의 빈도수가 높아지고 혈압도 올라가는 반응을 보인다.

땀의 매력은 수많은 전통과 의례 속에 반영되어 있다. 오스트리아 동북부 주에서 한때 젊은 여성들이 춤을 추면서 사과 조각을 겨드랑이 속에 넣고 있었다고 한다. 그런 다음 그 사과를 젊은 남성에게 먹으라고 주었다. 유럽의 다른 지역에서도 이 풍습이 있었고, 사과 대신 다양한 먹거리가 사용됐다. 독일 작가 미하엘라 비저Michaela Vieser는 자신의 책 『영원히 그리고 지금』에서 니더작센 동부 지역 벤드란트의 젊은 여성을 위해 역사적으로 전해오는 생활지침을 언급했다.

"소녀가 청년의 사랑을 얻고 싶으면 먹을 수 있는 것을 팔 밑(겨드랑이)에 끼고 움직이다가 음식이 땀에 젖으면 그것을 청년에게 먹으라고 준다."

한편 프랑스 궁정에서는 젊은 여성의 매혹적인 향에 관한 일화가 널리 알려졌다.

"1572년 나바라 왕과 마가렛 폰 발루아의 결혼식이 루브르궁에서 열렸다. 손님으로 폰 콩데 왕자와 그의 부인 마리아 폰 클레브도 참석했는데, 마리아는 대단히 아름답고 사랑스러운 19세의 여성이었다. 그녀가 한참 춤을 춘 후에 열기를 식히기 위해 드레스룸으로 들어가자 시녀가 땀에 젖은 슈미즈를 갈아입도록 했다. 바로 그때 폰 앙주 공작이라는 사람이 머리를 단장하러 그 방에 들어왔다가 실수로 그녀가 벗어놓은 슈미즈로 얼굴을 닦게 되었다. 그 순간부터 공작은 그녀를 향한 열렬한 사랑에 빠졌다."

겨드랑이의 땀은 페로몬으로 가득 차 있다. 독일 문화인류학자 잉게 보르크 에버펠트Ingeborg Ebberfeld가 확인한 바에 따르면, 남성의 겨드랑이 냄새에 여성은 단순히 성적 흥분만 느끼는 게 아니다. 그 냄새로 건강한 후손을 얻기에 적합한 짝도 찾을 수 있다. 몇몇 진화생물학자들은 인류가 직립보행을 시작했을 때에야 페로몬이 겨드랑이로 옮겨갔다고 말한다. 직립보행을 하면서 냄새를 풍기는 내밀한 부위가 코에서 너무 멀리 떨어지게 되었기 때문이다.

흥미롭게도 수많은 아시아 사람은 땀 냄새가 나지 않는다. 그 이유는 그들이 목욕을 많이 하거나 유난히 청결해서가 아니다. 바로 유전자 변이 때문이다. 유전자 변이는 겨드랑이 밑에 있는 아포크린샘에서 고약한 냄새 물질의 전구체가 방출되지 않게 한다. 그런데도 겨드랑이 땀 냄새를 풍기는 사람은 — 예컨대 유전자 정보가 다른 선조를 가지고 있는 이유로 — 과거 일본에서는 심지어 군대 면제를 받기도 했다. 일본인들은 땀 냄새를 아무도 원치 않는 큰 결함으로 여겼기 때문이다.

공포에 질려 흘리는 땀 냄새

공포의 땀 또는 식은땀의 생산 및 분비는 생리적 현상이다. 식은땀은 두렵거나 스트레스 상황에서 나타날 수 있고 공포 반응에 의해 생긴다. 석기시대 사람들도 이미 공포의 땀을 흘렸다. 석기시대 사람에게 식은땀은 위험 상황에서 생명을 구할 수 있는 반사작용에 속했다. 위험 상황에서 그들은 공포의 땀 생산과 더불어 싸움이나 도주에 필요한 에너지를 모두 최대한 신속하게 활성화했기 때문이다. 앞서 언급한 노르웨이 조향사이자 예술가 시셀 톨라스는 아주 특이한 방법으로 식은땀이 나는 현상에 몰두했다. 그녀는 공포증 환자의 땀을 수집해 바젤과 뉴욕 등에서 냄새 샘플을 전시했다. 방문객들이 땀 냄새에 어떤 반응을 보일지 무척 흥미로운 전시회였다. 시셀 톨라스는 2015년 정치교육 연방 기관의 청소년 잡지와 한 인터뷰에서 프로젝트에 대해 이렇게 말했다.

"프로젝트는 MIT 연구소의 의뢰로 진행됐습니다. 배경은 2001년 9월 11일 이후 미국 전역을 엄습한 테러, 공포, 편집증이었습니다. 저는 사람들의 공포 상태를 냄새로 알 수 있는가, 하는 문제에 관심이 생겼습니다. 프로젝트를 위해 전 세계의 심리학자와 정신과 의사를 만났고, 그들은 갖가지 공포증에 시달리는 사람들을 만날 수 있게 주선해주었습니다. 환자들은 공포발작이 일어날 때 흐르는 땀을 특수 기구로 채집한 표본을 보내주었습니다. 저는 땀 분자들을 화학적으로 분석해 합성한 후 오일 형태로 재생산했습니다. 그리고 합성 향기 분자를 마이크로캡슐에 집어넣었습니다. 그렇게 해서 합성 향기 분자를 벽면에 칠할 수 있었습니다." 공포 냄새 수집품은 2006년에 MIT에 전시된 후 이어 세계 곳곳에 전시되었다.

톨라스의 말에 따르면, 일부 사람들의 반응은 극단적이었다고 한다. 예를 들어 흥분, 메슥거림, 구역질 등의 반응을 보이며 냄새를 참기 힘들어했다. 또한 서울 전시회 때는 나이든 남성이 매우 특별한 반응을 보였다고 한다. 그는 한국 전쟁 당시 군인이었는데, 여러 냄새 중에 유독 한 냄새가 그에게 전쟁터와 땀을 흘리던 동료 군인과 가까이 있었던 기억을 떠올리게 했다. 그 순간 남성은 울기 시작했다. 여러 문화권에서 사람들은 냄새 전시에 매우 다르게 반응했다. 톨라스는 말한다. "미국에서는 몸에서 나는 땀을 금기시하는 경향이 있어요." 이 때문에 미국 전시회 방문객들의 반응은 소극적이었다고 한다. 반대로 동남아시아에서는 몇몇 이들이 땀 냄새를 전혀 알아차리지 못하기도 했다고 한다. 왜냐하면 그들은 땀이 거의 나지 않기 때문이다.

톨라스는 코로 맡아 친숙하지 않거나 심지어 금기로 분류되는 냄새에 대한 편협성에 반대한다. "사람들 대부분은 좋거나 나쁜 냄새라는 단순한 범주로만 생각합니다. 그리고 자기가 인지한 것을 만사의 척도로 여깁니다." 톨라스는 1990년대 초부터 이미 그에 맞서 투쟁하기 시작했다. 그녀가 세계의 곳곳에서 낙타 똥이나 쓰레기 냄새가 나는 대상물을 수집해 캔에 보관하기 시작했을 때부터였다. 어느새 그녀의 향기 기록 보관실은 7,000개가 넘는 샘플들로 규모가 커졌다.

2014년, 우리와 시셀 톨라스가 함께 드레스덴에 있는 연방 방위군 군사역사박물관을 위해 기획한 프로젝트도 큰 주목을 받았다. 톨라스는 제1차 세계대전 전장의 냄새를 재생산했다. 부패, 탄약, 화염에 탄 시체, 가스, 피, 흙, 공포의 땀이 뒤섞인 냄새를 맡고 나는 구역질이 나고 위축되는 기분이 들었다. 그 냄새는 전쟁 발발 시에 고통, 죽음, 무력감에 노출되는 전쟁터에서 사람들이 견뎌야 했을 공포를 그대로 느끼게 했다.

공포심도 냄새로 전달될까?

낯선 사람이 흘리는 공포의 식은땀 냄새를 맡으면 그 냄새가 우리에게도 공포를 느끼게 할 수 있을까? 이 의문을 뉴욕의 스토니브룩 대학교의 릴리안 무지카-파로디Liliane Mujica-Parodi가 파고들어 스카이다이버들의 도움으로 연구했다.

실험참가자들은 낙하산을 타고 스카이다이빙을 하기 전에 미리 받은 작은 쿠션을 겨드랑이에 끼고 뛰어내렸다. 그들은 처음으로 스카이다이빙을 하는 사람들이어서 연구자는 그들이 식은땀을 많이 흘릴 것이라 예상했다. 점프 후에 쿠션의 냄새를 추출했고, 이어 실험실에서 실험참가자 40명이 그 냄새를 흡입했다. 연구자들이 그들의 뇌에서 일어나는 일을 볼 수 있도록 머리를 자기공명단층촬영 장치에 연결했다. 결과는 일반적인 땀 냄새를 맡은 비교 그룹과는 달리 식은땀 냄새를 맡은 사람은 뇌에서 공포감 담당 중추가 활성화되는 것으로 나타났다. 이때 실험참가자들은 그것이 식은땀에 대한 실험이라는 것을 알지 못했다. 릴리안 무지카-파로디는 "공포는 말 그대로 전염된다"라고 연구를 요약했다. 일련의 실험은 미국 국방성의 지원으로 진행되었다.

킬 대학교는 학교 웹사이트에 사람의 땀에 대한 연구를 올렸는데, 거기에 또 하나의 흥미진진한 결과가 있다. 우선 중요한 시험을 앞둔 실험 대상자 49명이 흘린 식은땀을 화장 솜을 이용해 겨드랑이에서 채집했다. 비교 냄새로 사용된 것은 같은 실험 대상자들이 스포츠 활동을 한 후에 얻은 땀 표본이었다. 다른 지원자 28명은 연구를 위해 특별히 제조한 기계, 이른바 후각 측정기 안에서 다양한 표본을 냄새 맡는 사이에 뇌의 활동을 측정했다. "실험자들은 스캐너 속에 누워 흡입 마스크를 통해 비교 땀 냄새와 식은땀 냄새를 번갈아 흡입했습니다." 연구에 참여한 소아 및 청소년 정신과의 프렌-크리스텐센Prehn-Kristensen이 설명했다. "아주 잠깐 냄새를 맡게 했고, 실험 대상자들의 절반만 냄새를 조금 인지했습니다." 그런데도 결과는 뚜렷했다. 그것도 참가자들이 냄새를 확실히 인지했느냐의 여부를 떠나서 말이다.

프렌-크리스텐센은 말한다. "우리가 공포의 냄새를 내보낸 시점에 공감을 관장하는 뇌 영역 — 다른 연구를 통해 알아낸 바와 같이 — 다시 말해 타인에게 감정 이입할 수 있는 능력과 관련된 부분이 활성화되었습니다. 두려움의 냄새를 맡으면 공감 반응 태도가 형성됩니다. 한편 스캐너 속에 누워 있는 사람들은 그것을 인식하지 못했습니다."

연구를 이끈 로만 페르스틀Roman Ferstl 교수는 결과 가운데 무엇보다 자동으로 진행되는 냄새의 가공 처리에 대해 가장 놀라워했다. "공포 신호 인지는 부지불식간에 저절로 일어나는 것으로 보입니다. 발생한 반응에 대해 물론 더 심도 있는 연구가 필요하기는 하지만, 공포의 냄새가 매우 강력한 사회적 신호를 보낸다는 결과를 보여주었습니다."

킬 대학의 다른 연구에서는 공포의 냄새를 맡은 실험 대상자들이 사람의 얼굴을 완전히 다르게 평가했다는 것을 알아냈다고 한다. 공포의 냄새가 방출되는 사이에 나타난 경악의 반응은 스포츠 땀 냄새에 보인 반응과 비교하면 훨씬 더 강하게 나타났다. 페르스틀은 이렇게 결론을 내린다. "우리의 유기체, 우리의 정신을 담당하는 기관 전체가 잠재적 위험에 대비합니다. 얼굴에 나타난 사회적 신호들, 아마 모든 신체 자세에서 나오는 사회적 신호도 다르게 판단될 것입니다."

뒤셀도르프의 하인리히-하이네-대학교의 심리학자 베티나 파우제 Bettina Pause는 킬 대학교의 실험처럼 졸업시험 전과 시험 기간에 학생들이 흘린 공포의 진땀을 채집했다. 실험 대상자들은 마찬가지로 겨드랑이에 화장솜을 끼고 있어야 했다. 그 밖에 그들이 스포츠로 흘린 땀의 표본도 채취했다. 이어 휴식 시간에 또 다른 실험군이 스포츠 땀 냄새와 진땀 냄새를 맡았다. 이 두 종류의 땀 냄새는 농도가 아주 옅어서 사람들이 땀 냄새를 의식할 수도 없을 정도였다. 그런데도 실험참가자들은 진땀 냄새를 코에 대자마자 경계경보 상태로 돌변했다. 더 나아가 인지 능력의 변화도 확인되었다. 실험 대상자들은 평가용으로 받은 사진에서도 사람들이 공포의 표정인지 아닌지를 더 잘 인지할 수 있었다.

Scent 9

냄새를 맡지 못하게 된다면?

: 후각과 건강의 상관관계

사람에게서 나는 체취로 건강 상태를 알아낼 수 있을까? 특정 질병의 냄새를 맡을 수 있을까? 우리가 후각을 잃으면 실제로 어떻게 될까? 후각을 잃었을 때 삶의 질적인 면에는 구체적으로 어떤 문제가 생길까? 코감기에 걸려 코가 막혔을 때 얼마나 답답한지를 생각해보는 것만으로도 어느 정도는 알 수 있다. 아무 냄새도 맡지 못하고, 아무 맛도 느끼지 못한다. 꽃가루 알레르기 비염에 걸린 사람이라면 그 고통을 말 안 해도 알 것이다.

후각 장애에는 제한적 상실을 뜻하는 후각 감퇴증과 완전 상실을 뜻하는 후각 상실증이 있다. 후각 과민증은 냄새에 대한 과민성을 말한다. 그리고 이상 후각증도 후각 장애에 들어간다. 그것은 냄새를 왜곡되게 맡아서 전혀 다른 냄새로 인지하는 것인데, 이는 정보를 처리하는 뇌의 중추가 손상되어 나타난다.

독일 인구의 약 5퍼센트가 이른바 후각 상실증에 시달린다. 다시 말해 그들은 냄새를 맡을 수 없다. 놀랍게도 높은 비율이다. 홈멜 교수에 따르면, 7,000명당 1명꼴로 냄새 맡을 능력이 없는 상태로 세상에 태어난다고 한다. 원인은 뇌의 구조에서 후각을 담당하는 부분이 제대로 형성되지 못했기 때문이다.

"성인 연령에서 생기는 후각 상실에는 두부외상이나 코의 염증 등 여러 가지 원인이 있을 수 있습니다." 홈멜 교수는 설명한다. 하지만 후각 상실은 노화로 발생하는 경우도 매우 빈번하다. 50세부터 사람들의 4분의 1이 후각 감퇴증을 겪는다. "70세 이상 노인의 경우에 약 3분의 1이 실제로 더는 전혀 냄새를 맡지 못해요. 그리고 80세부터는 이미 절반의 사람들이 심한 후각 손실을 보입니다. 나이와의 상관성을 매우 뚜렷하게 증명할 수 있어요." 어린이들이 후각을 상실하는 경우는 드물게 나타난다. 부분적이든 전부이든 후각 상실의 이유 중 하나는 코의 만성적 염증이나 부비동염에 따른 것이다. 또 콧속의 용종, 코의 감염, 기도의 감염도 후각 감퇴를 일으키고 사고로 생긴 두부외상도 마찬가지다.

"치매 및 알츠하이머, 파킨슨 같은 신경퇴화 질환에도 후각 상실 동반이 자주 확인됩니다." 홈멜 교수는 말한다. 하지만 가장 빈번한 원인은 "만성 부비동염이 후각을 감퇴 또는 마비"시키는 것이라고 한다.

베를린 출신의 요리사 안드레아스 레스폰데는 후각을 상실한다는 것이 무슨 의미인지, 직접 알게 되는 비극을 겪었다. 요리사는 그에게 꿈의 직업이었지만 냄새를 맡지 못하면 곤경에 처할 수밖에 없다. 2010년 7월, 그는 직장에서 귀가하는 길에 어린 소녀가 살려달라고 외치는 소리를 들었다. 그는 소녀를 돕기 위해 급히 뛰어갔고 그만 자신이 희생자가 되고 말았다. "저는 바닥에 쓰러졌어요. 그리고 누군가가 내 뒤통수를 연신 짓밟았습니다. 그때 코가 완전히 으스러졌어요. 그리고 후각 신경이 파열되었습니다."

사고 후 첫 6주 동안 레스폰데는 후각을 잃었다는 사실을 전혀 알지 못했다. "코가 완전히 막혀 있었습니다. 마치 심한 코감기에 걸렸을 때처럼 모든 음식의 맛이 다 똑같았어요. 무엇을 먹든 내게는 아무 상관이 없었어요. 아무 맛도 느끼지 못했으니까요."

그가 처음으로 다시 코로 숨을 쉴 수 있게 되었을 때 인생 최대의 고비가 찾아왔다. "내가 더는 냄새를 맡지 못한다는 것을 사실 그때도 알아차리지 못했어요. 왜냐하면 나는 '냄새의 기억'을 불러올 수 있었기 때문이죠." 그는 설명한다. "내가 레몬을 보고 있으면 실제로 냄새를 맡지 못하면서도 어떤 냄새가 나는지 알았습니다. 그런데 눈을 감으면 냄새가 순식간에 사라졌어요."

레스폰데는 앞으로 절대 냄새를 맡을 수 없다는 사실을 알았을 때 "엄청난 충격"이었다고 말한다. 누구도 도움을 줄 수 없었다. "몇 달이 지나고 나서 혼자 코를 단련하기 시작했습니다. 슈퍼마켓에서 파프리카, 호박, 브로콜리, 오렌지의 냄새를 열심히 맡아보려 했습니다. 내가 아직 냄새 맡을 수 있는 게 무엇인지 확인하려고 했던 거죠. 또 향신료 제품 쪽으로 가서 냄새를 맡아보려 했어요. 바질, 로즈메리, 백리향은 알 수 있었지만, 나머지는 냄새를 맡을 수 없었어요." 어쩌면 수술로 상태가 호전될 수 있을지도 모르지만 그나마 남아 있던 후각마저 잃을 수도 있어서 위험을 무릅쓰고 싶지 않았다. 일 년 동안 쉰 후에 레스폰데는 요리사 직업으로 복귀를 감행했다. 엄청나게 힘겨운 일이었다.

"다행히 다시 일할 수 있도록 도와준 좋은 동료들에게 의지할 수 있었습니다. 동료들은 내가 요리한 것을 시식했습니다. 나는 음식을 어떻게 조리해야 맛이 있다는 것을 여전히 알고 있었죠. 가벼운 스낵류의 음식을 만든 후에 조금씩, 조금씩 다시 요리하는 일에 익숙해졌어요. 그래도 모든 것을 완전히 다시 배워야 하는 거나 마찬가지였습니다."

현재 안드레아스 레스폰데에게는 직업 생활에 제약이 있다. "나는 예전에 수년 동안 요리했기에 조미료를 얼마나 넣어야 하는지 잘 아는 조리법대로 요리합니다." 하지만 음식을 먹고 즐기는 낙은 "여전히 없고, 그 때문에 자주 슬퍼요"라고 말한다. 안드레아스 레스폰데는 비록 예전처럼 냄새를 맡을 수 없지만, 그래도 여전히 큰 열의를 가지고 요리하고 있다.

후각의 가치는 얼마?

코가 중요한 직업을 가지고 있다면, 코를 보험에 들 수 있을까? 나는 평생에 두 번, 냄새 맡는 능력에 대해 심각하게 걱정한 적이 있다. 두 번 다 심한 독감으로 고생할 때였는데 온종일 아무런 냄새도 맡을 수 없었다. 계속 이런 상태면 어떡하지? 그렇게 되면 나는 아마 절대로 내 일을 계속할 수 없을 것이라 생각했다.

조향사 게자 쇤에게 이 같은 문제를 생각해본 적이 있느냐고 물은 적이 있다. 그러자 그는 물론 보험을 들 수는 있겠지만 보험금을 아무리 많이 받는다 해도 후각을 상실한 것을 상쇄할 만큼의 위로가 되지는 못할 것이라고 답했다.

몇 년 전에 매스컴에 일리야 고르트Ilja Gort라는 네덜란드인의 기사가 나왔다. 유명 포도주 제조업자이자 와인 감별사인 그는 갑자기 냄새를 맡지 못할 경우를 대비해 영국의 로이즈 보험회사에 코와 후각에 5백만 유로의 보험을 들었다. 그런데 보험사 측에서는 계약조건으로 기이한 사항을 요구했다고 한다. 그 때문에 고트는 오토바이 타기와 권투를 해서는 안 되고, 수염의 길이도 그때부터 특별 관리에 들어갔다. 그가 이 모든 것을 정말로 진지하게 생각하고 한 일인지, 아니면 자신의 유명한 다리를 보험에 들었던 배우 마를레네 디트리히Marlene Dietrich처럼 단지 이름을 알리고 싶었던 건지는 밝혀지지 않았다.

독일에서도 상해보험 차원에서 후각 상실에 대비해 보험을 들 수 있다. 독일보험협회는 신체의 사지에 대한 공정 가격 기준가를 확정했다. 기준가에 따라 후각을 상실하면 보험 총액의 10퍼센트를 받는다. 여기서 잠깐 비교해보자. 한쪽 눈 상실은 50퍼센트, 청력 상실은 30퍼센트를 받는다. 이 금액은 최저가이고 보험의 비율을 높일 수도 있다. 보험액을 얼마나 책정하느냐는 보험 수령자가 직접 결정할 수 있다. 그리고 결정은 다시금 해당 신체의 일부가 당사자에게 얼마나 중요한지에 달려 있다. 보험이 후각의 가치에 책정해놓은 비율을 보면, 우리 사회에 통용되는 후각의 비중을 알 수 있다.

후각이 사회생활에 미치는 영향

요리사 안드레아스 레스폰데가 겪어야 했던 것처럼 후각 상실은 사회생활 상실로 이어진다는 사실을 훔멜 교수는 증명한다. 후각이 없는 상태로 태어난 사람들이나 후각을 상실한 사람들은 직업적으로나 개인적으로 큰 제약을 받는다. “겉으로 봐서는 후각 상실 장애를 거의 알아볼 수 없습니다. 하지만 환자로서는 후각 상실이 매우 큰 결손이죠.”

사회생활 분야에서도 그렇다. 예를 들어 냄새를 맡지 못하는 이들은 체취를 거의 맡지 못하거나 아예 맡지 못할 수 있다. 또 자신의 체취도 맡지 못한다. “그들은 아이들에게 어떤 냄새가 나는지, 배우자의 체취가 어떤지 전혀 알지 못합니다. 이는 많은 사람에게 큰 상실감을 주죠.”

두 번째로 큰 결함은 위험을 알아채고 그에 상응해 반응할 수 있는 능력의 결손이라고 한다. “갑자기 더는 경고 신호를 인지할 수 없습니다. 냄새를 맡지 못하는 환자는 식중독에 자주 걸려요. 예를 들어 팩에 든 우유가 이미 상했다는 것을 알지 못하거나 부패한 육류제품을 먹기 때문입니다. 부패한 육류는 먹는 즉시 식중독에 걸릴 수 있습니다. 냄새는 — 과소평가해서는 안 된다 — 일상생활의 음식물 관리에 중요한 역할을 합니다. 또 후각이 없으면 유출되는 가스 냄새를 맡지 못하거나 화재로 발생하는 냄새를 조기에 인지할 수도 없습니다."

결과적으로 후각 감퇴 또는 후각의 완전 상실은 삶의 질적인 면에서 어마어마한 상실을 의미한다고 훔멜 교수는 강조한다. "냄새와 맛이 없으면 우리 삶은 말 그대로 무미건조해집니다. 사과를 베어 물 때 기껏해야 달거나 시다는 맛만 알고 향은 느낄 수 없다면 어떻겠습니까?"

사회관계는 주로 먹거나 마시는 것과 관련되어 있기 때문에 후각을 잃은 사람들은 사회성에 크게 제약을 받을 수밖에 없다. 안드레아스 레스폰데는 "옛날에 내가 아직 냄새를 맡을 수 있었을 때는 외식을 무척 자주 했습니다. 하지만 지금은 다 지나간 일이지요"라고 했다.

후각 장애는 신경퇴행성 질환의 초기 증상일 수도 있다. 파킨슨 증상 환자들의 후각 능력은 운동성 퇴행 증상이 발발하기 4~6년 전에 이미 조금씩 나빠지는 경우가 많다. 한편 치매 환자가 페퍼민트 냄새를 맡지 못한다고 하는 글을 자주 읽게 되는데, 훔멜 교수는 그것을 단연코 부정한다. "그렇게 간단한 게 아닙니다. 한 가지 냄새를 제시해놓고 환자가 그 냄새를 맡지 못한다고 해서 이런저런 병에 걸렸다고 말할 수 없어요. 그것은 그냥 상상일 뿐이고 혹시 진단을 내릴 때 도움이 될 수 있겠지만 실제 생활에서는 들어맞지 않습니다."

치매 질병의 경우 해부학적으로 증명되는, 후각 장애를 악화시키는 건망증이 덧붙여진다고 한다. 훔멜 교수는 말한다. "치매 환자들은 냄새에 대한 정상적 인지능력을 가지고 있을 수 있지만 이름을 대는 게 어려울 수 있어요. 그리고 환자들이 냄새를 느꼈던 옛 기억도 많이 사라집니다."

하지만 일반적으로 후각 제약은 비교적 위해성이 낮은 원인에 기인한다고 한다.

“전염병을 앓던 환자들이 찾아와 아침에 일어났더니 갑자기 냄새를 전혀 맡을 수 없다고 말할 때가 많습니다. 환자들은 냄새를 맡지 못한다는 것을 바로 알아차리고 불편해하죠. 왜냐하면 그들이 사용한 향수, 샴푸, 데오도란트 냄새를 더는 맡을 수 없기 때문입니다. 커피 향도 마찬가지로 느끼지 못하고, 아침에 먹는 시리얼도 갑자기 밀가루죽을 먹는 느낌이 들지요.”

꾀병쟁이를 찾아라

후각 문제의 원인을 쉽게 찾을 수 없을 때 우리 회사가 나선다. 우리는 훔멜 교수와 함께 환자의 후각 능력을 테스트하기 위한 시스템을 개발했다. 여기에는 무엇보다 의료보험사의 의뢰가 있었다. 왜냐하면 환자가 후각 상실을 이유로 보험금 지급을 요구할 때 혹시 꾀병을 부리는 건 아닌지 확인하고 싶기 때문이었다. 어떤 사람이 꾀병을 부리고 있다는 의심이 들면 보험사는 후각 테스트를 받게 한다. 테스트에서 의사는 환자가 어떤 냄새를 어느 정도로 맡을 수 있는지 확정할 수 있을 뿐만 아니라 뇌전류도 측정할 수 있다.

다음의 향들은 우리가 훔멜 교수와 함께 테스트를 위해 개발한 것이다. 커피, 계피, 오렌지, 배, 페퍼민트, 파인애플, 풀, 멜론, 콜라, 초콜릿 향이다. 환자들은 이 각각의 향들이 환자 앞에 있는 기계에서 나온다.

"어떤 사람이 냄새를 맡을 수 있는지 아닌지를 당사자가 아닌 다른 사람은 쉽게 알 수 없습니다." 홈멜 교수는 말한다. 예를 들어 "어떤 환자가 사고를 당하면서 뒤통수를 바닥에 부딪혔어요. 그로 인해 후각을 상실했다고 주장했지요. 보험사는 정보를 받고 재정 조치를 준비했습니다. 그런데 환자의 설명을 듣고 의심이 든 보험사는 보험금을 내주기 전에 꾀병이 아닌지 확인하려 했습니다. 그래서 우리에게 환자를 보내 후각 테스트를 해달라고 했지요."

환자들 대부분은 정직하고, 어떤 일이 있었는지 정확하게 진술한다고 한다. 하지만 몇몇 이들은 거짓 진술을 하기도 한다. "그러면 우리는 거짓을 다시 밝혀낼 수 있습니다." 주로 환자에게 향기 스틱을 맡게 합니다. "우리는 그에게 한 가지 냄새를 코에 대주고 어떤 냄새를 구별할 수 있는지, 특정 냄새들을 인지하고 그것을 표현할 수 있는지 묻습니다."

하지만 이때 어떤 이들은 거짓말을 한다. 그래서 의심이 들 때는 환자의 협조 여부를 떠나 뇌전류를 측정한다. "측정을 위해 특수한 기구로 냄새를 콧속으로 흘려보냅니다. 기구는 매우 정확하고 섬세하게 작동해 공기의 흐름을 타고 냄새가 들어갑니다." 홈멜 교수는 설명한다. "그래야만 전달된 냄새에 뇌가 어떻게 반응하는지 알 수 있습니다. 이 조사 방법으로 다음과 같은 점을 확정할 수 있습니다. 이 사람이 냄새를 맡았는가? 그의 후각 능력이 제한적인가? 또는 후각을 완전히 상실했는가?"

검사를 위해 학자들은 장미 향 같은 꽃향기가 매우 진한 냄새를 사용한다. 그리고 두 번째 냄새로 썩은 달걀 냄새, 즉 황화수소를 사용한다. 두 냄새 모두 매우 특수한 후각 자극이라는 장점이 있다. 초산, 암모니아, 멘톨 같은 냄새는 향 외에도 코에 유난히 남다른 영향을 미친다. 해당 물질은 냄새뿐만 아니라 콧속을 뻥 뚫어주고, 간질거리거나 톡 쏘는 작용을 한다. 후각 연구가 훔멜은 설명한다. "뇌전류 검사를 할 때는 이런 반응을 일으키는 향은 피해야 합니다. 환자는 다른 자극 없이 오직 냄새만 맡아야 하기 때문이죠."

후각 장애 치료

훔멜 교수는 "우리 연구의 목적은 꾀병쟁이 색출이 아니라 고통받는 사람들을 돕는 데 있습니다. 우리는 환자들을 위해 특별한 진료 시간을 제공합니다"라고 설명한다.

후각 진료 시간에 의사들은 내시경으로 환자의 콧속을 들여다보며 진찰하지만 입, 목, 귀도 함께 관찰한다. 이 첫 진찰 후에는 후각 테스트와 미각 테스트를 진행하는데 후각 테스트는 세 부분으로 나뉜다. 첫 번째는 후각 한계치를 관찰한다. 즉 어느 시점부터 환자가 냄새를 인지할 수 있는가? 그런 다음 냄새들을 구별할 수 있는지를 조사하고, 그 다음에는 환자가 냄새를 알 수 있는지 그리고 어떻게 알 수 있는지를 판별한다.

다음 단계에 실시되는 후각 테스트는 입을 통해 향을 들여보낸다. 구강을 통해 코로 흘러 들어간 후 콧속에서 감지된 향을 환자가 어떻게 인지하는지를 알아보는 것이다. 훔멜 교수는 이를 비후방 후각 인지라 일컫는다고 알려준다. "비후방 후각 인지는 휘발성 아로마 화합물이 구강에서 인두를 거쳐 콧속의 수용체에 도달한 후에 일어납니다. 그것은 냄새가 콧구멍을 거쳐 콧속으로 들어오는 전비강 후각 인지와 반대입니다. 이는 주로 커피 또는 카카오 맛으로 테스트하는데, 이때 커피 맛과 같이 커피 향도 쓴맛 성분을 가지고 있다는 것이 특별한 점입니다."

"이 조사에서 관심을 두는 것은 혀에서 느끼는 쓴맛이 아니라 콧속에서 느끼는 커피 향 인지입니다." 훔멜 교수는 말한다. "다음 단계에서 뇌전도로 뇌파를 관찰합니다. 즉 뇌에서 진행되는 향의 자극 처리, 이른바 냄새 인지에 대응하는 뇌의 반응을 살피는 겁니다." 환자가 뇌전도 기계에 연결된 사이 냄새 자극이 반복해 주어진다. 뇌파 곡선을 근거로 특정 향이 뇌에서 어떻게 처리되는지를 정확하게 알 수 있다. 뇌파 검사는 어린이와 노인들 그리고 신빙성이 없어 보이는 환자들이 주요 대상이다. 어린이들을 검사하기 어려운 이유는 아이들은 아직 적확하게 향을 표현하지 못하기 때문이다. 치매나 기타의 다른 인지 저하가 있는 노인들도 마찬가지다. "뇌파는 코로 냄새를 맡으면 어떤 일이 일어나는지, 냄새가 콧속 점막에서 무엇을 야기할 수 있는지, 후각망울이 어떻게 신호를 보내는지, 냄새가 어떻게 처리되는지를 보여줍니다."

환자들이 맡을 향은 무엇을 알아보기 위한 검사인지에 따라 달라진다. 예를 들어 냄새를 인지할 수 있는지를 알아내려는 목적이라면 모든 사람에게 익숙한 냄새인 커피, 카카오, 오렌지 또는 정향을 선택한다. 반면, 냄새를 구별할 수 있는지를 알아보는 것이 목적이라면 비교적 덜 알려져 익숙하지 않은 냄새를 선택한다. 왜냐하면 이때는 환자가 각각 다른 냄새의 특징을 구별해내는 것이 중요하기 때문이다.

후각 능력 향상을 위한 장기 훈련

네 가지 다른 향을 구해 매일 아침저녁으로 집중해서 냄새 맡는다. 이 연습을 적어도 6개월은 실행한다. 네 가지 냄새 표본, 예를 들어 장미, 유칼립투스, 레몬, 정향의 냄새를 매일 맡는 일을 습관으로 삼아야 한다. 이 훈련은 후각을 강화하는 데 도움이 되는데, 흥미롭게도 네 가지 향뿐만 아니라 전반적으로 모든 냄새에 대해 후각이 향상된다. "후각은 유동적입니다. 새로운 냄새를 맡을 때 새로운 후각 세포가 자라는 것 같습니다." 홈멜 교수는 말한다. "그리고 뇌 속에서도 후각과 연관된 구조가 커집니다."

이 훈련에서 중요한 것은 최대한 집중해서 냄새와 향을 맡는 것이다. "유감스럽게도 우리는 후각 훈련에 특히 어떤 냄새들이 더 적합한지 정확히 알지는 못합니다. 그런 이유로 네 가지의 다른 냄새를 추천하죠. 그래야만 각각 다른 수용체 또는 각각 다른 후각 세포가 활성화될 수 있습니다." 6개월, 더 나아가 1년이 지나면 매일 시행한 훈련이 결실을 맺는다. "후각이 좋아졌음을 본인이 스스로 느끼게 될 겁니다. 게다가 입맛까지 좋아집니다. 둘은 동반 관계에 있으니까요."

홈멜은 말한다. "파인애플을 탁자 위에 올려놓지 않은 상태(눈으로 보지 않은 상태)에서 노즐을 통해 향을 주었을 때 그것을 파인애플 향이라고 맞추는 일은 결코 쉽지 않습니다. 우리는 대상자들에게 이른바 '삼각 과제'

를 내줍니다. 세 가지 향 가운데 첫 번째와 두 번째는 비슷한 향이고, 세 번째는 완전히 다른 향으로, 향이 다른 세 번째를 찾아내는 것입니다. 여기서 대상자가 그 향 자체를 알고 있고, 향의 이름을 대는 것은 중요하지 않아요. 중요한 것은 오로지 향을 구별해낼 수 있는냐 하는 것입니다. 이 밖에 다른 과제를 내주고 특정 냄새에 얼마나 예민하게 반응하는지도 관찰합니다. 예를 들어 부탄올 또는 장미 향으로 후각 인지 임계치를 검사합니다. 부탄올은 치즈 냄새와 묵은 양말에서 나는 냄새와 비슷하지요. 어떤 임계치에서 처음으로 냄새가 감지되고 어느 정도의 농도에서 감지될까요?" 의사들은 이런 테스트를 활용해 후각 장애의 진행을 늦추거나 장애의 종류를 확정해 치료한다. 그리고 치료를 통해 개선 효과가 있는지를 검사하기 위해 6개월에서 9개월 후에 테스트를 반복한다.

드레스덴 공과대학의 후각 연구자들은 새로운 연구에서 부비동 수술 후에 후각이 개선되었는지, 수술 후 뇌 구조가 달라졌는지, 그리고 달라졌다면 어떻게 달라졌는지 알아내려고 했다. 훔멜 교수는 말한다. "콧속의 염증 질환 때문에 수술을 받은 환자의 경우, 수술 후 3~4개월 후에 후각망울의 확대를 확인할 수 있습니다." 그리고 학자들은 뇌 속의 부위도 부피가 증가함으로써 향을 더 잘 처리할 수 있게 되었음을 알아냈다. "이는 수술이 후각 장애 치료에 매우 큰 효과를 보이는 경우로, 뇌가 실제로 변함으로써 후각도 달라졌기 때문입니다." 훔멜 교수에 따르면 후각 능력은 유연해서 훈련으로 향상시킬 수 있다고 한다.

질병도 냄새로 알 수 있을까?

의학의 아버지로 불리는 히포크라테스는 냄새로 질병을 진단하라고 가르쳤다. 그는 제자들에게 침, 땀, 오줌, 질 분비물, 상처를 냄새 맡으라고 했다. 감염된 상처에 있는 박테리아가 여러 냄새를 내뿜기 때문이다. 또 중국의 전통 의학을 따르는 민간요법 치료사들도 환자일 가능성이 있는 사람의 숨결에서 나는 냄새로 병을 진단했다.

현대 서양의학도 질병이 냄새 자취를 남긴다는 것을 인정한다. 당뇨병 환자는 당분 공급이 부족할 때 아세톤 냄새를 낼 때가 많다. 아세톤 냄새는 매니큐어 리무버 냄새와 유사하다. 병든 간은 몇몇 신진대사 산물을 더는 분해하지 못하기 때문에 환자에게서 동물의 간 냄새와 흙냄새가 난다. 신장병 환자는 암모니아 냄새가 난다. 그리고 사람이 갓 구운 빵 냄새를 풍긴다면 티푸스에 걸렸다는 암시일 수 있다. 훔멜 교수는 설명한다. “이 현상은 오래전부터 활용되었습니다. 간 질환 환자는 독특한 냄새를 발산해요. 마찬가지로 신장병 환자도 신체의 폐기물을 분해하지 못하는 경우 독특한 냄새를 풍기지요. 그 때문에 특이한 체취를 갖게 됩니다.”

몇 년 전부터는 종양을 조기 발견하기 위한 작업도 진행되고 있다. 종양의 조기 발견에 체취가 얼마나 기여할까? “종양이 있는 사람이 특유의 체취를 발산하는 것을 증명하는 연구들이 있습니다.” 훔멜 교수는 말한다. “그 점을 조기 발견에 사용하면 좋을 겁니다.” 이른바 전자 코, 즉 냄새 측정기술시스템은 아직 신뢰할 만큼 충분히 발전하지 않았다. “하지만 머지않아 경고 시스템이 나올 것이라 예상합니다. 예를 들어 환자가 당뇨병이나 고혈압 냄새를 발산하면 노란불이 켜지는 식이죠."

미국 전문지 《오늘의 심리학Psychology Today》에 자신이 파킨슨병을 냄새로 알 수 있다고 말한 조이라는 여성에 관한 기사가 실렸다. 그녀는 어느 날 남편의 목 부위에서 머스크 향과 비슷한 냄새를 맡았는데, 처음에는 별다른 생각을 하지 않았다고 한다. 그런데 6년 후 남편이 파킨슨 진단을 받았고, 부부는 정기적으로 파킨슨 환자와 가족들 모임에 나갔다. 모임에서 조이는 놀랍게도 다른 환자에게서도 똑같이 머스크 향 비슷한 냄새를 맡게 된다. 그녀가 담당 의사에게 이러한 사실을 이야기한 후 그녀를 대상으로 연구실에서 실험이 진행되었다.

연구책임자는 12명의 대상자를 선발했다. 6명은 건강한 그룹이었고, 6명은 파킨슨병을 앓는 사람이었다. 실험 대상자들에게는 하루 내내 똑같은 디자인의 새 티셔츠를 입고 있게 했다. 그런 다음 조이가 티셔츠의 냄새로 몇 명이 파킨슨병을 앓고 있고, 몇 명이 건강한 사람인지 알아내도록 했다. 그녀는 머스크 향 냄새를 근거로 5명이 건강하고, 7명이 파킨슨병에 걸려 있다고 대답했다. 이때 그녀는 당시 건강한 사람 그룹에 속한 한 사람을 머스크 향이 난다고 파킨슨병 환자 쪽으로 분류했다. 연구원들은 그녀가 실제로 체취를 근거로 실험 대상자 11명을 평가했는지, 우연히 그런 판단을 내린 것인지 증명되지 않는다는 결론을 내렸다. 그런데 놀랍게도 8개월 후에 조이가 파킨슨병 환자 쪽으로 분류했던 건강한 사람 그룹 중 1명이 파킨슨 진단을 받았다. 그렇게 해서 조이의 적중률은 100퍼센트가 되었다. 현재 생리학자들은 인간의 휘발성 유기체

화합물로 파킨슨병을 진단할 수 있는 '전자 코' 개발에 착수하고 있다. 개발이 이루어지면 의사들은 파킨슨병의 첫 징후가 나타나기 몇 해 전에 병을 진단하고 조기에 치료할 수 있게 될 것이다.

우연이든 후각의 능력이든 조이의 이야기는 적어도 한 가지는 알려준다. 인간의 후각은 신경학자와 전문가들이 오랫동안 짐작해왔던 것보다 훨씬 더 예민하다는 사실이다. 미국 럿거스 대학교의 심리학자 존 맥건John McGann은 《사이언스Science》 지를 통해 어쩌면 인간의 후각이 개의 후각과 비교해 지금까지의 예상과는 달리 결코 크게 뒤지지 않을 수도 있다고 발표했다. 맥건은 예전에 포유류 가운데 개와 쥐 같은 동물만 인지할 수 있다고 여긴 매우 다양한 냄새를 인간의 코도 인지할 수 있다고 주장한다. 맥건은 이렇게 말한다. "인간은 냄새의 흔적을 추적할 수 있습니다. 심지어 냄새의 흔적이 방향을 바꾸면 개와 유사한 탐색 태도를 보입니다." 최근 연구에 따르면 비록 후각망울의 크기는 각각 다르게 형성되었다 해도 모든 생물 종이 가지는 후각 신경의 개수는 비교적 같다고 한다.

스웨덴 린셰핑 대학교의 후각 연구가이자 동물학자인 마티아스 라스카Matthias Laska에 따르면 인간은 냄새를 구별하는 것은 훈련할 수 있지만, 냄새에 대한 민감성은 훈련할 수 없다고 한다. 조향사가 여러 해에 걸쳐 수백 가지의 냄새를 구별해 내기 위해 코를 훈련한다 해도 그가 갑자기 포도주 감별사로 일할 수는 없다는 뜻이다. 왜냐하면 포도주의 경우는 완전히 다른 향을 다루기 때문이다. 라스카는 게다가 개와 사람의 후각 비교를 위한 기초연구가 부족하다고 지적한다.

혹시 개의 후각이 암을 발견하는 조기 경고 시스템이 될 수 있지 않을까 하는 의문이 몇 년 전부터 논의되어 연구가 이루어지고 있다. 캘리포니아 샌 알센모의 파인 스트리트 재단 암 연구 전문가들은 훈련받은 개들이 사람의 호흡 표본 냄새를 맡고 그 사람이 유방암이나 폐암을 앓았는지를 알아낼 수 있음을 증명하려 했다. 개가 암 질환 냄새를 맡을 수 있는 것은 — 이 이론을 주장하는 사람에 따르면 — 신진대사 장애로 생성된 화합물에 반응하기 때문일 것이라고 한다.

실제로 셰퍼드는 약 2억2천만 개의 후각 세포를 가지고 있다. 개는 후각이 뛰어난 동물로 대부분 코를 이용해 방향을 찾는다. 그러나 개가 암의 냄새를 맡을 수 있는지 아닌지에 대해서는 연구 결과가 분분하다. 2016년 《호흡 연구 저널Journal of Breath Research》이 발표한 한 연구는 다시금 의혹을 불러일으켰다.

오스트리아와 독일의 학자들이 노련한 수색견과 탐색견 6마리(골든 리트리버, 래브라도, 자이언트 슈나우저, 라지 문스터랜더, 하바나 실크 독, 독일 셰퍼드)를 대상으로 122명의 호흡 표본을 냄새 맡게 했다. 이들 가운데 29명의 실험 대상자가 앞서 폐암 진단을 받았고, 다른 93명은 폐암 증상이 전혀 나타나지 않았다. 수색견은 연구에 투입되기 전 5개월 동안 표본을 제대로 골랐을 때 보상받는 훈련을 했다. 하지만 이렇게 집중적으로 사전 훈련을 받았음에도 실제 상황에 투입되자 성공률이 낮았다. 즉 개들이 암 환자 표본을 냄새로 찾아낸 성공률은 45~74퍼센트의 범위였다. 암 질환이 없는 환자들 표본의 경우에 개의 진단은 그보다 더 부정확하게 나왔다. 이 경우 개들은 단 29~52퍼센트 범위에서 암이 없다고 했다.

우리가 개의 후각을 이용한 암 발견 분야에서 억측을 내놓고 고심할 무렵, 하트 교수와 그의 후각 연구 팀이 암 분야에도 관심을 갖기 시작했다. 이 연구를 통해 앞으로 새로운 치료법과 암 조기 발견이 가능해질 수도 있을 것이다. 향 연구가 하트 교수는 인간의 모든 세포가 후각 수용체를 가지고 있다는 것을 이미 몇 년 전에 알아냈다. 이는 암세포에도 해당한다. 보훔 루르 대학교 학자들이 실시한 간암 세포의 후각수용체와 에센셜 오일의 후각수용체의 관계에 관한 최신 연구가 저널《생화학 및 생물물리학 기록Archives of Biochemistry and Biophysics》에 발표되었다. 에센셜 오일의 특정 성분이 여러 가지 암세포, 예를 들어 간암 세포의 성장을 저지할 수 있다는 사실이 밝혀졌다. 에센셜 오일의 주성분인 테르펜 화합물에 의한 것이다. 간암의 경우 간암 세포에서 검출되는 후각수용체 OR1A2가 결정적 역할을 한다. 암세포는 테르펜과 반응해 성장을 멈춘다. 이와 비슷한 작용을 하는 후각수용체로 트로난(쥐똥나무속 식물)이 대장암의 성장을 저지하고, 베타-이오논(제비꽃)은 전립선암을 저지할 수 있는 것으로 나타났다.

하트 교수는 자신의 연구에 대해 이렇게 설명한다. "우리는 후각수용체가 인체의 세포 내에서 어떤 반응을 일으키는지를 연구했습니다. 여기서 후각수용체라는 이름 때문에 오해를 불러일으킬 수 있는데, 후각수용체는 코 이외의 다양한 신체기관에도 존재하며 코로 냄새를 맡는 것과는 전혀 관계가 없습니다."

하트 교수는 세포의 상태에 영향을 미치기 위해서는 향기 물질을 세포에 집어넣어야 했다고 설명한다. "스프레이를 뿌리거나 크림을 발라서 피부 세포 속에 있는 후각수용체를 활성화할 수 있습니다. 샌들우드 향은 피부세포를 자극해 세포를 증식시킵니다. 다시 말해 이 방식을 이용하면 상처를 빨리 치료할 수 있습니다."

장 세포에도 수많은 후각수용체가 있는데, 하트 교수는 이에 대해 "예를 들어 제가 오렌지를 먹어서 장에 오렌지 향 수용체가 존재하면, 그 향이 장 세포에 영향을 미칩니다"라고 설명한다. 그렇다면 그 결과는? 장운동이 활발해지고 소화가 촉진된다.

"그 밖에도 우리는 폐에서 후각수용체를 발견했습니다. 심장에서도 발견했는데 후각수용체의 활성화에 따라 심장 박동이 빨라지거나 느려집니다. 다시 말하면, 신체의 도처에서 후각수용체를 발견한 것입니다. 게다가 그것은 암세포 내에도 존재했습니다. 따라서 암세포의 후각수용체를 향 물질로 활성화하면 암세포의 성장을 억제할 수 있습니다." 하트 교수는 이 연구가 "어느 날 암 치료에 완전히 새로운 가능성"을 열기를 바란다며 말을 이었다. "이제 시작일 뿐입니다. 우리는 아직 여러 해에 걸친 집약적 연구가 필요합니다."

향을 이용해 두려움을 없애는 방법

대부분의 사람들이 불편함을 느끼는 아주 전형적인 냄새가 바로 병원과 치과 냄새다. 소독제, 약품, 질병이 뒤섞인 냄새에 우리는 두려움을 느낀다. 가슴이 답답하고 불안한 기분이 들고, 이별과 충격을 떠올리기도 한다. 코에서 쉽게 사라지지 않는 냄새다. 하지만 나는 병원 관계자들, 특히 수술실에서 일하는 사람들이 매일 맡아야 하는 냄새의 고충에 대해서는 별로 생각하지 않았다.

그런데 어느 날 대형병원에서 일하는 한 동료가 나를 찾아와 수술 시의 발산물과 냄새가 얼마나 괴로운지에 대해 알려주었다. 특히 복부 부위를 수술할 때 심하다고 했다. 여하튼 고도로 긴장해야 하는 병원의 일상에 더해지는 수술할 때 나는 냄새는 지극한 스트레스 요인이라고 한다. 공기를 개선하기 위해 온갖 방법을 다 써봤지만, 멸균된 공간에 어떤 조처를 하는 것 자체가 쉬운 일이 아니라고 했다.

그래서 우리는 수술 시 나는 냄새 문제를 개선할 목적으로 항균 작용도 하는 에센셜 오일을 베이스로 한 스프레이를 개발했다. 스프레이의 향은 오렌지, 감귤, 마조람 등 여러 가지 허브 향으로 이루어졌다. 수술실에 향기 처리를 한다는 아이디어에 대해 처음 몇몇 동료들은 회의적인 반응을 보였지만, 곧바로 긍정적인 효과가 나타났다. 최근에 한 의사가 찾아와 수술실의 냄새가 많이 좋아졌다며 작은 스프레이가 놀라운 효과를 가져왔다고 알려주었다.

이쯤에서 2004년에 발표된 맨체스터 대학교의 연구를 함께 살펴보는 것도 흥미로울 듯하다. 아로마 테라피에도 사용되는 에센셜 오일에 슈퍼박테리아인 MRSA 병원균과 대장균 박테리아를 죽이는 능력이 있다는 내용이다. 이에 따라 전문가들은 우선 병원에서 일상적으로 사용하는 비누와 샴푸에 해당 에센셜 오일을 첨가하자는 의견을 계속 내놓고 있다.

그럼 이제 환자 쪽을 한번 살펴보자. 환자들이 겪는 불편한 상황을 개선하는 데도 향기가 도움이 될 수 있다. 한 예로 자기공명촬영, 즉 MRI 검사에 도움이 될 수 있다. 이 검사를 받으려면 환자는 관을 연상케 하는 좁은 통 안에 누워야 한다. 게다가 덜커덩대는 기계 소리가 더해져 귀가 먹먹해진다. 폐소공포증이 있는 환자에게는 그야말로 고문이 따로 없다. 방사선과 관계자의 말에 따르면, 환자의 약 15퍼센트에서 진찰하는 동안 문제가 발생한다고 한다. 더 나아가 그 통 안에 들어가는 것조차 도저히 할 수 없는 환자들도 있다. 장치의 문을 닫으면 환자의 30퍼센트가 MRI 촬영을 하는 사이 두려움에 떤다고 한다. 그래서 환자들을 진정시키고 긴장을 풀어줄 목적으로 촬영이 진행되는 동안 긴장 이완에 도움이 되는 옅은 향을 주입하는 시스템이 설치되었다.

우리는 진정 작용이 있고 장미 향을 내는 게라니올과 수천 년 전부터 사용된 약초 라벤더 등 다양한 향과 향을 조합하고 테스트했다. 라벤더 오일은 특히 불안장애 치료에도 사용된다. 어떤 사람들은 라벤더 향을 싫어하는데, 그 향을 맡으면 옛날에 할머니가 좀 방지를 위해 옷장 속에 걸어두었던 라벤더 향주머니가 떠오르기 때문이다. 그래서 우리는 라벤더 향을 바닐라 향이나 오렌지 향과 조향해서 특히 공황발작 전적이 있는 환자들을 중심으로 반응을 관찰했다. 그 결과, 환자들의 흥분과 불안이 줄어들었고, 그로 인해 MRI 촬영 시간도 단축되었다. 그리고 시간 단축으로 인해 더 많은 수의 환자가 검사를 받을 수 있었고, 그것은 다시 비용 절감으로 이어졌다. MRI 기계에 향을 투입한 일은 결국 모든 관련자, 즉 환자와 의사 서로에게 도움이 되었다.

향기를 이용해 불안을 퇴치한 또 다른 예가 있다. 덴마크의 한 병원에서 환자, 방문자, 직원의 감각적 지각에 여유를 주자는 계획을 세웠다. 그래서 모든 진찰실과 대기 공간을 비롯해 복도까지 다채로운 색으로 칠하고 가볍게 향기를 첨가했다. 색과 향기는 서로 조화를 이루어 스트레스를 없애고 전체 환경을 더 아늑하게 만들었다. 복도를 걸으면 자연 속에서 산책하는 기분이 들어 신뢰감이 높아지고 두려움을 가라앉히게 된다고 한다.

양로원이나 요양원에도 감귤류, 그레이프프루트, 베르가못, 꽃 또는 상쾌한 빨래 냄새 같은 향기를 은은하게 주입해 곳곳에 향이 퍼지게 함으로써 긍정적인 분위기를 연출할 수 있다. 우리는 바이에른의 한 요양원에서 아주 좋은 경험을 했다. 그곳에서 지내는 노인들은 물론 방문한 가족들에게도 향기 덕분에 한결 쾌적해졌다는 평을 들었다.

향기를 이용하면 치과 천공기를 무서워하는 환자들의 불안도 줄여줄 수 있다. 독일 사람들의 70퍼센트가 치과에 가기를 두려워하며, 약 10퍼센트가 예방 검진을 하지 않고 이가 아파야 비로소 치과를 찾는다고 한다. 그런데 한 연구에 따르면 치과에서 오렌지 오일과 라벤더 오일 향이 나면 스트레스 수치가 내려간다고 한다. 이 오일들은 진정 작용이 있어 활용도가 높다.

이에 대해서는 빈 대학교의 요한 레르너Johann Lehrner 박사가 연구를 통해 증명해냈다. 22~57세 연령의 치과 환자 72명이 연구에 참여했는데 이들은 대기실에 앉아 일반적인 공기 또는 오렌지 향을 투입한 공기를 맡으며 설문지를 작성했다. 일반적인 공기의 대기실에 있을 비교 그룹은 남성 14명과 여성 23명으로 구성되었고, 향기를 투입한 대기실에 앉은 실험 대상자 그룹은 남성 18명과 여성 17명이었다.

레르너 박사는 말한다. "비교 그룹 환자들과 비교해 오렌지 향이나 라벤더 향에 노출된 환자들이 특수 상황에서 발생하는 불안감 수치가 낮고 긍정적 기분을 느끼며 안정감이 상승하는 수치를 나타낸다는 것을 확인했습니다." 향이 투입된 치과 실내에서는 특히 여성들이 긍정적인 도움을 받았다는 평가가 나왔다. 오렌지 향이 살균제 냄새를 가려 불쾌한 기억과 관련된 기분을 흩어놓는 역할을 했을 수도 있다. 더욱이 오렌지 향은 두려움과 걱정을 잊게 할 수 있는 집중력과도 관계가 있다. 이 연구 내용은 2000년 의학저널《생리와 행동Physiology & Behavior》에 실렸다.

특히 치과의사와 치과 직원들이 향기의 활용에 대해 내게 아주 직접적이고 긍정적인 피드백을 주었다. 그들은 많은 환자가 치과에 오는 것을 전보다 덜 두려워하고 덜 불안해해서 대기실과 진료실 분위기가 많이 편안해졌다고 했다.

MIDDLE NOTE

향기의 역사

"아무런 향기도 느끼지 못한 날은 잃어버린 날이다."

– 이집트 금언

Scent 1

향기의 간략한 역사

: 목적과 쓰임에 따라 변화해온 향기

어떤 자극도 향기처럼 직접적으로 감정을 불러일으킬 수 있는 것은 없다. 그래서 특정 향수는 사람을 더 매혹적으로 만들기도 하고, 거부감이 들게도 한다. 향수의 역사는 인류의 역사만큼이나 오래되었다.

불을 발견함으로써 사람들은 나무나 허브 같은 물질들은 불에 탈 때 좋은 향을 발산한다는 사실을 알게 되었다. '향수Pafüm'의 어원도 이 같은 사실에서 유래했는데, 라틴어 '페르 푸뭄per fumum'은 '연기에 의해'라는 뜻이다.

향과 기분 좋은 향료는 원래 종교적이고 신화적인 의식과 관계되어 있었다. 예전에 향수와 향은 신들과 지배자들의 전유물이었지만 오늘날은 수십억 단위의 사업이자 일상에 없어서는 안 되는 물품이다.

인류의 존재를 보여주는 첫 증거는 2~3백만 년 전으로 거슬러 올라간다. 구석기 시대의 긴 시간 중 어느 때, 약 260만 년에서 기원전 1만2천 년 사이에 인간은 생각할 줄 알게 되고 자기 자신에 대해 인식하기 시작했다. 기원전 약 3만5천 년, 최초의 원시 여성 조각상이 만들어짐으로써 그것은 사람의 형상을 표현한 최초의 조각상이 되었다. 암벽화에는 사람 외에 동물, 물건, 꽃도 나타난다. 역사가들은 선사시대 사람들이 꽃을 최초의 자연 향수로 사용했을 것으로 추측한다. 연구가들은 스페인 알타미라의 인공 동굴과 프랑스 라스코 동굴 벽화의 발생 연대를 기원전 1천5백 년~2만 년 사이로 본다. 이들 동굴 벽화에도 역시 동물 외에 식물이 묘사되어 있는데, 그때에도 이미 식물은 사람들의 치장과 향의 원료로 사용되었을 것이다.

하지만 중석기 시대 기원전 약 1만 년~5천 년, 그리고 신석기 기원전 약 5천 년부터 비로소 허브와 향유를 도기 그릇에 담아 사용했다는 증거가 다수 존재한다. 아로마테라피, 삼투 요법의 창설자 파올로 로베스티 Paolo Rovesti 교수는 1970년대에 파키스탄의 탁실라 박물관에서 토기로 제작된 고대 증류기를 발견했다. 그것은 약 5천 년 전에 살았던 민족이 만든 것으로, 고대에 이미 증류 기술이 널리 쓰였다는 것을 보여준다. 증류기를 이용해 허브에서 에센셜 오일을 추출한 것으로 보이는데 아마도 종교나 의료용, 미용 목적으로 만들었을 것이다. 아로마테라피는 오늘날에도 역사적 선례를 따른다. 즉 질병 완화와 진정 효과를 위해 에센셜 오일을 사용한다.

또 청동기시대의 인더스 문명도 기원전 3천 년 이후 어느 시기에 인도 아대륙에서 증류법을 발견했다. 증류는 단단한 고체 물질에 함유된 휘발성 향 물질을 분리할 수 있는 방법이다. 향 그리고 향이 나는 식물과 식물의 착즙 및 화장품은 사제단과 종교예식의 전유물이었다. 향은 장례식을 비롯해 신들과 접신하는 대화에도 사용되었다.

신들과 미인을 위한 향기

처음에는 식물, 나무, 그 외의 물질을 태우는 것이 개인의 쾌적함을 위해서가 아니라 오로지 종교적 목적 때문이었다. 사람들은 향이 좋은 연기를 타고 자신들의 소원이 신에게 더 빠르게 닿을 것이라 믿었다. 이유가 무엇이든 전체적으로 보면 좋은 부수 효과가 있었는데, 도취성의 연기가 사람들을 종교적 희열에 빠져들게 했던 것이다. 5천 년 전부터 이미 이집트인들은 일출 때는 향이 좋은 꽃과 허브, 수지를 태웠고, 태양이 중천에 뜨면 몰약과 발사나무 수액을 태워 연기를 피웠다. 태양신 라를 경배하기 위해서였다. 이집트 상류층의 부유한 귀족들은 사회에서 자신의 신분을 강조하기 위해 향 물질을 사용했다. 귀한 에센스는 상류층만 구할 수 있었기 때문에 소박한 민중들은 향이 좋은 천연나무나 허브를 태우며 영성에 이르려 했다.

이처럼 전적으로 종교 예식에만 쓰이던 향과 달리 한편에서는 향수가 발명되었다. 향수는 세월과 더불어 상류층의 사치품으로 발전했고 개인적인 용도로 사용하기에 적합하도록 계속 가공되었다.

이집트는 향수의 기원지로 통한다. 당시 부유한 여성들은 로즈메리, 아니스, 레몬을 원료로 한 크림과 포마드를 사용했다. 덜 부유한 사람들은 백리향과 박하를 섞은 피마자기름을 썼다. 아름다움과 사치로 유명한 클레오파트라도 자신의 매력을 한껏 높이기 위해 고급 향유를 사용했다. 어쩌면 그녀는 역사상 최초의 글래머 걸이었는지도 모른다. 여하튼 클레오파트라는 향수의 자극적인 효과를 알고 있었다. 전해오는 이야기에 따르면 그녀는 배의 돛에 향 물질을 발라 그녀의 추종자들과 나일강을 노닐 때 향기로운 향 구름이 주위를 감돌도록 했다고 한다. 그밖에도 클레오파트라는 요일마다 다른 향을 만들도록 했는데 그를 위해 직속 조향사가 있었다. 클레오파트라가 카이사르를 유혹한 데는 미모뿐만 아니라 향기도 한몫했다고 한다.

다른 이집트 왕족 또한 매력적인 향을 사용했다. 투탕카멘의 무덤에서 향이 나는 액체가 든 단지가 발견되었다. 사람들은 향이 망자의 사후 삶을 더 편안하게 해준다고 여겼다.

서아시아와 동아시아에서 시작된 향수는 전 세계를 정복했다. 향수 제조 전문가들과 연금술사들은 새로운 향수를 점점 더 많이 창조했고, 기본 에센스의 제조 방법도 개선되었다. 그리스인들은 이집트인들을 뒤따라 기술을 더 정교하게 개발했다. 더 나아가 신체 부위별로 사용하는 다양한 향을 창조하기도 했다. 해양 민족인 페니키아인들은 향수 에센스를 지중해, 아시아, 아프리카에 퍼뜨렸다.

고대 로마에서 향수 사용은 일상생활의 일부가 되었고 상류층의 넘쳐나는 부를 상징하는 수단이었다. 특히 태워서 향내를 풍기는 향기 스틱 사용이 네로 황제의 통치 때 인기를 끌었다. 네로 황제가 향불을 하도 많이 피운 통에 아랍인들이 생산 물량을 맞추기 어려울 지경이었다고 한다. 말, 개 등의 동물에게도 향을 뿌렸다. 물론 벽과 바닥을 비롯해 온 실내에 향기가 가득했다.

세월이 지나며 향 물질의 조성과 사용이 바뀌었다. 메소포타미아 출신의 화학자 타푸티Taputti는 세계 최초의 조향사로 알려져 있다. 4천 년

이 넘은 고대 향수 제작소의 폐허가 얼마 전에 발견되었다. 페르시아에서 증기 증류법을 발명하면서 향수 제조는 새 시대가 열렸다. 그때부터 꽃에서도 향 오일을 얻을 수 있게 되었다.

중세 시대의 향기

중세 시대의 교회는 오랫동안 향수 사용을 부정한 행위로 죄악시했다. 그러나 교회는 향수의 승승장구를 막을 수 없었다. 십자군이 귀한 엘릭시르elixir(향이 좋고 단맛이 나는 음료로 만든 약제)와 공정 기술을 유럽으로 들여왔다. 그리고 향이 나는 에센스 제조에 대한 지식은 스페인과 프랑스 남부로 퍼졌다. 포도에서 순수 알코올을 증류할 수 있게 되면서 향수 제조의 중요한 기반이 마련되었다. 그때부터 유럽인들도 향수를 제조할 수 있게 되었다.

향은 생활과 생활방식을 바꾸어놓았다. 11~13세기 무렵의 중세 전성기에 사람들은 아름다움을 시와 노래로 찬미하기 시작했는데 그 일도 향기로운 향수의 승승장구에 한몫했다. 1190년 프랑스의 존엄왕 필리프 2세는 장갑과 향수 장인들의 새 길드 형성을 법률로써 승인했다. 이제 향수를 제조하는 직업의 요람이 만들어졌다. 이전까지는 주로 연금술사들과 의사들이 향수를 제조했다.

중세에 수백만 명에 이르는 희생자를 낸 페스트가 창궐하던 시기에 사람들은 좋은 향이 전염병과 질병을 막을 수 있다고 믿었다. 그 믿음이 민중들 사이에 신속하게 퍼졌다. 의사들이 당시 일반적으로 사용하던 욕탕에서 감염의 위험이 매우 높다는 사실을 알게 되었지만, 그들은 물이 병원균을 옮긴다는 그릇된 결론을 내리고 말았다. 그때부터 사람들은 물을 무척 두려워하게 되어 어쩌다 한 번씩 몸을 씻게 되는 바람에 결국 치명적인 위생 상태를 초래했다. 그래서 중세에는 악취가 하늘을 찔렀고, 사람들은 조달할 수 있는 능력껏 향수로 그 악취를 덮으려 했다.

근대 향수의 탄생지, 프랑스

향수의 세계는 카타리나 폰 메디치의 덕을 크게 입었다. 피렌체 여성인 폰 메디치는 후에 프랑스 왕 앙리 2세가 되는 남자와 결혼하기 위해 1533년 이탈리아에서 프랑스로 떠나 그때부터 계속 프랑스에서 살았다. 카다리나는 고급 가죽장갑에 대해 엄청난 애착을 가지고 있었기 때문에 측근 중에 피렌체 출신의 젊은 향수 제조 전문가이자 장갑 제조 장인이 있었다. 카타리나는 늘 가죽장갑을 꼈는데 항상 색을 맞추었을 뿐만 아니라 무두질한 가죽의 고약한 냄새를 향으로 가리고 다녔다고 한다. 카타리나는 주로 네롤리 향과 장미 향을 뿌렸다. 또 그녀는 고향 피렌체의 유향, 라벤더, 몰약, 제비꽃, 파출리의 향 제조법도 가지고 있었다. 가죽장갑에 대한 카타리나의 열정으로 인해 당시 가죽가공의 중심지였던 프로방스의 도시 그라스가 크게 성장할 수 있었다. 메디치 가문의 이 여성은 말하자면 유행을 주도하는 여성이었다. 그때부터 모두가 좋은 향내가 나는 가죽장갑만 끼려 했기 때문이다. 이를 위한 향기 에센스의 수요를 맞추기 위해 그라스 주변에 거대한 꽃 재배지가 생겨났다.

16세기 후반, 파리 상류 사교계의 여성이 향을 뿌린 가죽장갑을 착용하자 그라스의 향수 제조와 가죽 제조가 결합했다. 무두장이가 이제 향수 제조자로 불리게 되었고, 부수입원이던 것이 결국 도시의 주요 수입원이 되었다. 오늘날에도 그라스는 '향수의 세계 중심지'라는 별명을 가지고 있다. 그라스와 더불어 베니스도 차츰차츰 주요 무역중심지로 성장해 동방에서 온 향수를 거래하며 다른 유럽 지역에 동방의 향수를 공급해 주었다.

루이 14세 시대(1643~1715)에는 위생 상태가 좋지 못했다. 당시는 몸을 씻는 것이 꼴사나운 것으로 통했기 때문이다. 위생이라는 개념 자체가 아예 존재하지 않았다. 청결? 낯선 단어였다. 그냥 향수를 뿌리면 되는 것 아닌가……. 베르사유 궁에서 어떤 냄새가 났을지 상상할 수조차 없다. 어쨌든 태양왕 루이 14세의 가신들은 2만 명에 이르렀다. 그들이 사용한 향수가 얼마나 많았는지, 18세기의 루이 15세(1715~1774) 궁정은 '향수의 궁정'이라 불렸다. 왕의 애첩 마담 드 퐁파두르는 매년 약 50만 프랑에 이르는 거금을 오로지 향수와 향이 좋은 향유를 구입하는 데 지출했다. 왕의 총애를 확고히 하기 위해서였다. 이 시기에 최초의 대형 향 시장이 파리에 생겼다.

19세기 초까지 향수는 순수한 천연재료, 즉 머스크, 용연향, 사향 같은 동물의 부산물이나 식물의 일부분을 이용해 제조되었다. 향수 '로 드 루빈L'Edu de Lubin'은 1798년 파리에서 만들어졌다. 레몬, 통카넛, 투베로즈, 벤조인, 바닐라를 첨가한 최초의 근대 향수 가운데 하나였다. 계몽 교육으로 드디어 위생 상태가 개선되었고 향수도 더 가벼워졌다.

프랑스 혁명 후 향수 사용은 우선 다시금 조롱거리가 되었다. 나폴레옹 보나파르트의 부인 조세핀 황녀가 다시 향수를 즐겨 사용하면서 남편 나폴레옹에게도 향수를 쓰게 했다. 나폴레옹은 사랑하는 조세핀에게 정복 출정에서 돌아오기 전까지 부디 몸을 씻지 말고 그대로 있어 달라고 청했다고 한다. 그만큼 그는 조세핀의 자연스러운 체취를 좋아했다.

향수는 완전히 귀족의 전유물이었으나 19세기에 들어 비로소 시민계급에도 널리 퍼졌다. 피에르-프랑수아 파스칼 겔랑Pierre-François Pascal Guerlain은 최초의 스타 조향사 가운데 한 사람이다. 그는 전 유럽의 부유한 사람들에게 향기의 고전이라고 할 '오 임페리얼Eau Impériale' 같은 향수를 만들어 공급했다. 그의 아들 에이메Aimé는 향수 '지키Jicky'를 만들어 향수 역사에 획기적인 이정표를 세웠다. 그리고 손자 자크Jacques도 1925년에 지금까지도 여전히 사랑받는 향 '샬리마르Shalimar'를 만들었다. 코코 샤넬, 크리스찬 라크르와, 크리스찬 디올 등의 패션 디자이너들도 향수 산업에 뛰어들어 자신들의 트랜드를 만들었다.

합성 향으로 새 시대를 열다

방향 물질의 화학적 합성은 현대 향수 제조의 중요한 발전으로 간주된다. 1834년에 계피나무껍질의 오일에서 계피알데하이드를 처음으로 분리해냈다. 1875년에는 화학자 페르디난트 티만Ferdinand Tiemann과 빌헬름 하만Wilhelm Haarmann이 산화 과정을 통해 침엽수 수액에 존재하는 코니페린에서 바닐린을 얻는 데 성공했고, 뒤이어 건초 냄새를 연상시키는 쿠마린의 합성이 이루어졌다. 곧이어 향수 제조는 화학 산업에 의해 열린 새로운 창조적 가능성을 발견했다.

최초의 혁신적인 제품은 앞서 언급한 겔랑의 향수 '지키'(1889)였다. 이 향수는 합성 바닐라를 사용한 최초의 향수였다. 폴 겔랑Paul Guerlain이 말한 바와 같이 '지키'는 더는 자연의 향을 모방하는 게 아니라 "향수병 속에 있는 기분"을 느끼게 한다. 합성 성분을 함유하는 또 다른 향수로는 우비강의 '푸제르 로얄Fougère Royale'(1882), 코티의 '라 로제 자크미노La Rose Jaqueminot'(1904), 겔랑의 '아프레 롱데Apès L'Ondée'(1906), 우비강의 '껠끄 플뢰르Quelques Fleurs'(1912)가 있었다.

1921년에는 유명한 여성 디자이너의 향수가 큰 주목을 받았다. 다름 아닌 코코 샤넬의 향수 '샤넬 No. 5'로, 오늘날까지도 향수의 아이콘으로 통한다. 코코 샤넬은 이 향수의 발매와 동시에 디자이너와 향수라는 새로운 연결고리의 시작을 알렸다. 그런데 코코 샤넬은 예전에는 항상 "여성들이 향수를 쓸 때는 오직 나쁜 냄새를 가리기 위해서"라고 말해왔다고 한다. 다행히 이후에는 자신의 고정관념을 바꾸었다.

크리스찬 디올은 1947년 '미스 디올Miss Dior' 향수로 은방울꽃 향을 만들었고, 입생로랑은 자신의 첫 번째 향에 단순하게 'Y'라는 이름을 붙였다. 그리고 아르마니와 구찌처럼 전통적인 패션 명문에서도 패션과 함께 향수 제품을 출시했다.

향료를 대량으로 합성할 수 있는 가능성으로 향수 제조의 새로운 시대가 열렸다. 이제 향료를 질적인 면과 양적인 면에서 충분히 사용할 수 있었다. 1950년대와 1960년대에 형성된 소비재 시장의 대거 성장도 향료 산업을 거듭 확장시켰다. 오늘날은 다양한 대량 생산자들이 판매하는 갖가지 향들이 존재한다. 수천 개의 경쟁업체가 향수를 시장에 내놓으려 한다. 일부에서는 새 향수 출시를 위한 광고 예산이 어마어마하다. 그런데도 새로 출시된 제품의 극소수만이 성공할 수 있고, 그와 동시에 수많은 제품이 몇 년 이내에 시장에서 사라진다는 사실은 주목할 만하다.

Scent 2

유향

: 클래식의 귀환

"신에게는 유향을, 인간에게는 영광을." 고대 그리스 철학자 피타고라스의 말이다. 향을 피우는 행위는 예부터 늘 종교적인 의미를 가지고 있었다. 고대 인도에서는 향의 연기가 악마를 몰아낸다고 했고, 중세에는 마녀를 몰아낸다고 했다. 고대 종교의식에서는 유향나무 수지를 태워 연기를 피우지 않을 때는 거의 없다시피 했다. 가톨릭교회에서 유향 연기는 기도가 하늘로 올라가는 상징으로 통했다. 유향은 아기 예수의 구유 앞에 놓인 동방박사의 세 가지 예물 가운데 하나이기도 했다.

고대 사람들은 유향 연기에 통증 완화와 치유 효과가 있다는 것을 알았다. 유향은 매우 중요하고 귀한 물건이어서 그 이름을 딴 무역로 '유향 길'이 생겼다. '유향 길'은 아라비아 남부에서 시작해 팔레스타인으로 이어졌다. 3,000킬로미터가 넘는 '유향 길'에 기원전 1천 년에서 기원후 500년 사이에 유향 외에 향신료를 비롯해 인도와 동아프리카에서 생산되는 수많은 물건이 지중해 지역의 주요 무역지로 운반되었다. 바빌론만 해도 매년 유향 2만 6,000킬로그램이 소비되었다. 그리고 헤롯왕의 장례에 수천 명의 노예가 유향 단지를 흔들며 길을 동반했다고 한다.

이미 오래전부터 유향에는 향정신성 작용이 있을 것이라 추정되었다. 미국과 이스라엘 학자들은 유향 연기가 뇌를 자극하고 진정시키는 효과가 있다는 사실을 알아냈다. 그것이 바로 고대 이집트 때부터 신도들이 종교 및 제식 의례에 언어, 노래, 의식, 예술, 건축뿐만이 아니라 약물에 의해서도 몰입하는 분위기에 들었던 이유다.

오늘날은 어떨까? 모두가 유향 냄새를 좋아하는 것은 아니다. 유향의 향은 호불호가 갈린다. 많은 이들이 유향 향에서 오래된 교회의 담벼락을 떠올리고 자신이 다시금 가톨릭 미사에 참석해 있는 것 같은 기분을 느낀다. 또 어떤 사람들은 유향에서 시대에 뒤떨어진, 불쾌한 느낌을 받는다. 나는 유향 냄새를 무척 좋아한다(그 때문에 이 책의 한 챕터를 단독으로 이 특별한 향, 유향에 할애했다).

유향은 지난 몇 년 사이 본격적으로 재등장했다. 수많은 향수 기업들, 그리고 특히 일본 패션 기업 꼼데가르송에서 유향 향수 시리즈를 내놓으며 고전적인 향료를 다시 이용했다. 이탈리아 패션의 아이콘 조르지오 아르마니는 고가 라인인 프리베 컬렉션 가운데 유향 향수 '브와 당쌍Bois d'Encens'의 광고에 일요일 가톨릭 미사를 연상시키는 장면을 적극 활용했다. "나는 어린 시절에 알던 유향 향기를 쓰려고 합니다. 유향 향기는 할머니와 같이 교회에 가던 길을 떠오르게 합니다." 아르마니는 자신의 방에도 오리엔탈 계열의 유향 향기가 나게 했다. 유향 노트를 가진 향수 조향에는 대부분 수지에서 증류한 유향 오일이 사용된다.

유향을 뜻하는 독일어 '바이라우흐Weihrauch'는 고대 고지독일어 단어

'wîhrouch'에서 유래했고, 이는 '성스러운 훈증 향료'를 뜻한다. 이 말은 연기를 피우는 데 사용되는 수지 및 수지를 내는 식물류, 그리고 마지막으로 연기 자체를 가리킨다. 유향은 '올리바눔Olibanum'이라고도 불리는데 유향나무에서 얻는다. 유향나무는 소말리아, 에티오피아, 에리트레아, 수단, 아라비아, 오만 남부, 예멘, 인도 등의 건조 지역에서 자란다. 나무는 약 1.5미터에서 8미터까지 자라며, 수지를 내는 나무의 겉껍질은 종이처럼 벗겨지고, 포도송이 모양으로 형성된 꽃차례는 25센티미터까지 길어진다.

유향을 얻기 위해서는 나무둥치와 가지에 생채기를 낸다. 생채기에서 흘러내리는 끈적거리는 액체를 공기 중에 건조시키는데, 건조되어 남은 게 바로 유향 수지다. 유향의 수확 시기는 3월 말에서 4월 초까지다. 나무 한 그루에서 여러 번 수확되며 수확이 거듭될수록 수지의 질이 점점 좋아진다. 나무의 크기와 나이에 따라 수확물은 3킬로그램에서 최대 10킬로그램까지 얻을 수 있다. 유향의 수확은 수천 년이나 묵은 지식을 기초로 한다. 수확에서 어려운 점은 적절한 나이의 나무에, 적절한 위치에, 적절한 계절에 생채기를 내는 기술과 적절한 도구로 작업해야 한다는 것이다.

보스웰리아속(유향나무속)에 25개 종류의 유향나무가 있다. 하지만 그 가운데 단 4종류만 유향 수확에 적합하다. 즉 보스웰리아 사크라, 보스웰리아 카르테리, 보스웰리아 파피리페라, 보스웰리아 세라타다. 유향나무는 수백 살이 되고 수년이 지난 후에야 비로소 귀한 수지를 내놓는다. 유향나무는 매우 귀하다. 이 나무를 다른 지역에서 재배하려던 모든 시도는 지금까지 실패로 돌아갔다. 어느덧 유향나무는 멸종 위기의 식물에 속하게 되었다. 네덜란드 바헤닝언 대학교의 전문가들에 따르면 중동과 소말리아 반도 주변에 존재하는 유향나무의 수가 앞으로 몇 년 이내에 화재, 해충 피해, 과도한 수확 등의 이유로 90퍼센트 정도 감소할 가능성이 있다고 한다.

이처럼 과거의 수많은 전통과 기억이 가득 깃들어 있는 향기를 가지고 오늘날의 우리 세계에서 작업해 옛 향기를 재발견하는 일은 흥미롭다. 베를린 크로이츠베르크 미테 지역에 성 아그네스 교회가 있다. 1960년대 말에 지어진 이 교회는 건축가 베르너 뒤트만Werner Düttmann의 작품으로 거대한 콘크리트 건물로 지어졌다. 현재 교회는 독일의 유명 갤러리 디렉터 요한 쾨니히가 전시 공간으로 임대하고 있다.

교회 건물이 미술관으로 개조되기 전에 우리는 성 아그네스 교회의 냄새를 채집했다. 교회는 매우 독특한 냄새의 조합으로 이루어져 있었다. 즉 현대적인 동시에 거친 콘크리트 건물의 냄새와 수십 년 동안 신자들이 앉아 무릎을 꿇었던 긴 나무 의자의 오래된 목재 냄새도 섞여 있었다. 모든 곳에 콘크리트(돌) 냄새와 크게 대조를 이루는 유향 냄새가 배경처럼 온통 깔려 있었다. 그런데 교회 건물의 냄새를 어떻게 채집할까? 우리는 최상의 분석 도구를 사용했다. 즉 코를 이용했다. 우리는 조향사 프레드 나라쉬케비츠Fred Naraschkewitz와 함께 온 건물의 냄새를 맡으며 다녔다. 구석구석에 기어들어 벽, 바닥, 나무 벤치의 냄새를 맡고 각각의 냄새 인상을 자세히 기록했다. 그리고 그 기록을 바탕으로 나중에 실험실에서 냄새 물질을 가지고 전체 향을 다시 조합했다.

프레드 나라쉬케비츠와는 이후에도 다른 옛 건물 베른의 미술관 냄새도 같이 재구성했다. 프레드는 한 인터뷰에서 이렇게 말했다. "나는 코를 중심으로 사는 사람이고, 다른 조향사와 마찬가지로 감각적인 인간, 즐기는 인간입니다. 향기는 나의 전 인생에 영향을 미칩니다. 나는 향수를 즐겨 사용하지 않지만, 요리할 때 향을 맡고 맛을 느끼는 것을 좋아합니다."

베를린의 성 아그네스 교회 냄새는 현재 작은 병에 담겨 내 회사의 지하실에 보관되어 있다. 그것은 덴마크 예술가 예페 하인Jeppe Heins의 아이디어였다. 특이한 향을 만드는 것을 좋아하는 그는 어느 날 예술 기획에 사용할 가능성이 있으니 오래된 교회의 향을 보관하자는 생각을 해냈다.

베를린의 박물관 푸에를르 컬렉션에서는 매우 독특하고 매혹적인 유향을 경험할 수 있다. 예술품 수집가 데지레 푸에를르Desiré Feuerle가 소유한 이 박물관은 제2차 세계대전 당시 벙커였던 곳으로 2016년 가을에 문을 열었다. 박물관 지하에 '유향의 방', 즉 향기 룸이 있다. 그곳에서 2천 년의 역사를 가진 중국식 제례가 거행되는데 한 번에 방문자 4명만 참여할 수 있으며 사전에 예약해야 한다. 제례 시 방문객들은 유향나무 한 조각에 불을 붙인 특수한 탁자 주위에 둥글게 앉는다. 푸에를르는 《베를린 신문Berliner Zeitung》과의 인터뷰에서 유향나무에서 나온 기름이 향을 퍼뜨리고, 그 향을 사람들은 매우 좋은 포도주를 나누듯 서로 나눈다고 했다.

제례에 초대받는 것은 "중국에서 사람에게 주어질 수 있는 가장 큰 명예"라고 한다. 제례는 한때 학자, 높은 지위의 승려, 황제, 궁중의 고위관직자만 할 수 있었던 정신 수련의 절정이라고 한다. 중국 철학에 따르면 유향 향은 정신을 살찌운다고 한다. 제례에서는 아주 오래된 유향나무 목재를 태우는데, 이 목재는 무척 고급품으로 매우 고가이기도 하다. 나무 한 조각이 10만 유로가 넘을 때도 있다. 이 같은 사실은 입장료 1,000 유로인 베를린의 향기 룸을 방문하는 것이 쉽지는 않은 고급한 향기 체험임을 말해준다.

Scent 3

쾰른의 향 전쟁

: '오 데 코롱'의 기원

나는 쾰른의 외곽에서 자랐다. 지금도 외곽에 살면서 매일 사무실이 있는 도시 쾰른으로 출근한다. 나는 쾰른 향수의 유명한 숫자 4711과 더불어 이른바 성인이 되었다. 거의 모든 여행자가 쾰른 중앙역에서 기차에 오르내릴 때 거대한 4711 로고를 보게 된다. "마음으로 선물하세요! 그것이 무엇이든, 4711이 항상 함께 있어요." 이 광고문과 함께 쾰른 향수는 1954년에 세상에 등장했다. 쾰른이라고 하면 대성당, 카니발, 4711 향수를 떠올린다. 그런데 사람들이 잘 모르고 있는 사실이 있다. 쾰른에서 수백 년 넘게 향 전쟁으로 시끌벅적했었다는 사실이다. 적수는 유명한 두 조향사였고, 그 둘은 누가 쾰른 향수를 발명했느냐를 놓고 서로 다투었다.

18세기 쾰른에서는 꽤 고약한 냄새가 났다. 다른 모든 도시와 마찬가지로 집에 화장실이 없었고, 사람들은 병에 걸리는 게 두려워 거의 씻지 않았으며, 쓰레기는 그냥 창밖으로 내버렸다. 도시 전체가 똥 오물과 쓰레기 냄새로 넘쳐났다. 이 환경에서 300년 전, 최초의 근대 향수 가운데 하나가 탄생했다. 향수를 창조한 사람의 이름은 조안 마리아 파리나 Johann Maria Farina이다.

파리나는 이탈리아 피에몬테 출신으로 쾰른으로 이주했다. 그는 절대 후각을 가졌다고 전해지는데 소설 『향수』의 주인공 그르누이처럼 각각의 냄새 구성 성분을 구별할 수 있었다. 그 재능으로 직업을 삼았고 그는 가장 매혹적인 향을 찾아 전 세계를 돌아다녔다. 그는 자신만의 향수 제조법을 개발했다. 당시에 일반적으로 쓰이던 묵직한 머스크 에센스를 기초로 한 것이 아니라 베르가모트의 가벼운 향을 기초로 했다. 파리나는 현대 공장제 수공업의 덕택으로 품질을 균질하게 유지할 수 있었던 최초의 조향사였다. 파리나는 조향한 향수를 라인란트의 제2의 고향 쾰른을 기념하는 뜻으로 '오 데 코롱Eau de Cologne(오 드 콜로뉴, 쾰른의 물)'이라 불렀고, 이 이름은 이후 가벼운 향수를 가리키는 보통명사로 쓰인다. '쾰른의 물'은 처음에는 산통, 두통, 치통을 다스리는 치료제로도 쓰였다. 난산의 경우에도 파리나의 향수가 치료 효과를 보였다고 한다.

"내 향수에서는 비가 내린 후의 이탈리아 봄날 아침처럼 오렌지, 자몽, 레몬, 베르가모트, 시트론, 라임 그리고 내 고향의 꽃과 허브 향이 나요." 이렇게 파리나는 자신이 만든 '쾰른의 물'의 특징을 묘사했다. 그리고 1709년에 형제 장-밥티스트Jean-Baptiste에게 보낸 편지에 이렇게 쓴다. "이탈리아 봄날 아침, 소나기가 지나간 뒤의 오렌지꽃 향기를 떠올리게 하는 향기를 만들었다."

탑 노트는 베르가모트, 그린 향이 섞인 라임, 라벤더, 타라곤, 핑크페퍼로 구성되어 있다. 미들 노트는 유향, 인도 재스민, 마테로 이뤄져 있고, 베이스 노트는 파슬리, 오크모스, 머스크로 이루어져 있다.

7년 전쟁 때 프랑스 왕 루이 15세의 군인들이 이 향수를 쾰른에서 프랑스로 가지고 갔고, 그렇게 '쾰른의 물'은 프랑스 궁정에 입성했다. 프랑스어 발음으로 '오 데 코롱'이라는 이름은 곧 향수를 일컫는 보편적 개념이 되었다. 파리나가 만든 오리지널 오 데 코롱은 오랫동안 왕의 향수였다. 때로 향수 한 병의 가격이 관료의 반년치 월급에 이르렀다. 파리나는 전 유럽의 귀족에게 향수를 공급했다. 조금 부유하다는 사람들은 누구나 그의 향수를 주문했다. 나폴레옹도 오 데 코롱을 무척 좋아해서 매달 60리터 이상을 썼다고 하며 그는 자신의 몸에만 뿌린 게 아니라 방과 말에도 뿌렸다고 한다.

파리나는 위대한 향수 제조법을 절대 비밀로 했기 때문에 1811년 나폴레옹은 검사한다는 명목으로 모든 약제의 배합표를 — '쾰른의 물'도 약제로 분류됐다 — 파리로 보내라는 명령을 내렸다. 이때 파리나는 어떻게 했을까? 그는 자신의 발명품을 즉시 향수로 전환하고 더는 약제로 팔지 않았다. 파리나는 비밀 제조법을 1766년 세상을 뜨기 직전에야 후계자에게 넘겨주었다. 그리고 그 제조법에는 조향뿐만 아니라 재배 지역과 각각의 에센스를 얻는 방법에 대한 지식도 포함되어 있었다.

파리나의 덕택으로 쾰른이라는 도시는 향수의 중심지라는 명성을 누렸다. 하지만 성공이 있는 곳에는 경쟁도 있는 법. 쾰른에서 향기 전쟁의 막이 오른다. 쾰른의 젊은 상인 빌헬름 뮐헨스Wilhelm Muelhens는 향기로 많은 돈을 벌 수 있다는 사실을 알아챘다. 뮐헨스는 1799년 이래 계속해서 쾰른 글로켄가세에서 살고 있었다. 창업 역사는 다음과 같은 전설을 기반으로 한다.

프란츠 마리아 파리나라는 이름의 카르투지오 교단의 수도사가 빌헬름 뮐헨스에게 쾰른 향수 비밀 제조법을 결혼식 선물로 주었다는 것이다. 그 이야기가 진실인지는 역사가들의 의견이 분분하다. 아무튼 뮐헨스는 '파리나'라는 이름이 판매를 촉진한다는 사실을 알고 있었기에 이 점을 이용하기 위해 파리나라는 이름을 가진 남자를 채용했다. 물론 채용된 남자는 유명한 조안 마리아 파리나와는 전혀 관계가 없는 사람이었다. 그리고 이후에는 심지어 '우체국 맞은편 글로켄가세 4711번지 프란츠 마리아 파리나'라는 상호로 영업을 했다. 이 덕분에 뮐헨스는 오 데 코롱을 권위 있는 이름 아래 생산할 수 있었다. 게다가 그는 자신이 소유한 파리나에 대한 상호권을 국내외 30개의 다른 회사에 팔았다. 원래의 파리나 회사들이 고소했으나 1881년에 이르러서야 비로소 쾰른 왕실 고등법원은 사업가 페르디난트 뮐헨스에게 '파리나'라는 브랜드의 사용을 금지했다.

1825년, 빌헬름 뮐헨스의 아들 페터 요제프 뮐헨스가 사업을 물려받았다. 아들은 회사의 상징색으로 청색과 금색을 도입하고 글로켄가세에 새 건물을 세웠다. 1873년, 손자 페르디난트 뮐헨스가 가족 사업을 넘겨받았다. 파리나 상호에 대한 권리 다툼 후에 프랑스 시대에서 비롯된 건물 번지수를 따서 향수의 이름을 붙이자는 것은 그의 아이디어였다(이 대목도 어디까지가 전설인지에 대한 의견이 분분하다).

어쨌든 '4711'은 수출 히트 상품이 된다. 19세기 초에 쾰른 향수는 프랑스에서 수많은 구매자를 얻고 더 나아가 많은 나라로 수출되기도 한다. 페르디난트 뮐헨스는 뉴욕과 리가에 지점을 세우고 쾰른 서부에 새로운 생산 공장을 건설하도록 했다. 19세기 말에 그는 '4711 오리지널 오 데 코롱'을 대량 생산하면서 광고에도 많은 돈을 투자해 다시금 인지도를 높였다. 1921년에는 향수 '토스카Tosca'가 출시되었는데 대략 '샤넬 No. 5'가 나온 시기였다. 샤넬 No. 5와 토스카는 당시 전 세계에서 가장 많이 판매되는 향수였다. '토스카'라는 이름은 작곡가 자코모 푸치니와 그의 오페라 〈토스카〉를 기리는 오마주였다.

두 번의 세계대전이 끝난 후 뮐헨스 회사는 향수 4711의 이미지를 개선하고자 했다. 좀 더 젊은 세대가 4711을 대표적인 향수로 사용하도록 노력했다. 뮐헨스의 브랜드는 1994년, 웰라 기업에 매각되었다. 중간에 P&G 기업을 거쳐 현재 4711은 스톨베르크의 모이러&비르츠Mäurer & Wirtz의 수중에 들어갔다.

파리나 회사는 향수를 만든 지 80년이 지난 1789년에 비로소 독일에 상표를 등록했다. 오늘날에도 향수병마다 파리나의 서명이 새겨져 있다. 파리나 기업은 상호권 싸움 때문에 언제나 거듭해 몰락의 위협을 받았고, 이제는 상대에 맞서 방어하는 것이 가문의 전통이 되다시피 했다. 파리나 기업은 300년간의 역사에서 모방품에 대한 수많은 소송을 치렀지만, 결과적으로 현재는 베르가모트 향이 강하게 풍기는 향수 4711이 파리나의 오 데 코롱보다 더 많이 알려져 있을 뿐만 아니라 '쾰른의 물'의 상징으로 여겨진다.

1709년에 나온 파리나의 '오 데 코롱'과 1799년에 나온 '4711 쾰른의 물'은 신화 대 모방일까? 또는 역사를 만들어낸 두 개의 동등한 향수일까? 여하튼 전 세계의 향수 매장과 향수 회사에서 '오 데 코롱'은 오래전부터 널리 쓰이고 있고, 그럼에도 이제 그 용어에서 쾰른 도시와 향수의 개척자들을 떠올리는 사람은 거의 없다.

Scent 4 향수는 어떻게 만들어질까?

: 천연 향부터 방향제까지

우리는 향수 이름에 대해서는 잘 알고 너무나 친숙하다. 향수병을 집어들 때마다 그 이름을 읽기 때문이다. 하지만 향의 배후에 있는 창조적 두뇌를 가진 이들에 대해서는 아는 게 없고, 들어본 적도 없다. 하지만 그들은 자신의 분야에서 손꼽히는 진정한 천재이자 전문가다.

1920년대 초에 코코 샤넬과 함께 향수의 아이콘 '샤넬 No. 5'를 조향한 러시아 황제의 조향사 에르네스트 보Ernest Beaux라는 이름을 혹시 알고 있는가? 왜 향수의 이름이 'No. 5'일까? 샤넬 하우스의 다섯 번째 향수이기 때문일까? 혹시 이렇게 생각하는 사람이 있을지 모르지만 틀렸다. 그 향수는 샤넬 하우스의 첫 번째 향수다. 게다가 향수 이름의 뜻에 대한 답은 참으로 평범하다. 코코 샤넬이 말했다. "나는 컬렉션을 늘 5월 5일에 시작해요. 5가 내게 행운을 주는 것 같아요." 여하튼 No. 5는 수십 년 전부터 제일 많이 팔리는 향수 가운데 하나다. 샤넬 하우스의 언급에 따르면 30초마다 세계 어디에선가 샤넬 No. 5 향수병이 판매대에 오른다고 한다. '샤넬 No. 19' 향수는 1971년에 출시되었고, 오랜 세월

샤넬의 수석 조향사로 있는 앙리 로베르Henri Robert가 만들었다. 향수는 코코 샤넬의 생일 8월 19일을 기념한 것이다.

조향사는 어떤 사람들인가?

조향사가 되기 위한 가장 중요한 전제 조건은 자명하다. 바로 평균 이상의 좋은 후각과 수년간의 직업 경험이 함께해야 한다. 조향사는 예술가인 동시에 수공업자다. 게자 쉰도 조향사다. 나는 수년째 그와 함께 일하고 있다. 우리가 처음 알게 되었을 때부터 이미 떠오른 아이디어가 있는데 지금까지 실행에 옮기지는 못했다. 하지만 아직 완전히 포기한 건 아니다. 우리는 스마트폰에 향기 장치를 설치하려고 한다. 스마트폰에서 새 향수 광고를 볼 때 향도 맡을 수 있는 것이다. 마찬가지로 새 영화의 예고편에 향을 첨가하거나 친구 설정에 프로필 사진이나 개별 벨소리뿐만 아니라 예컨대, 개별적으로 좋아하는 향수의 향을 설정할 수 있을 것이다.

내가 보기에 게자 쉰은 조향사 중에서도 특이한 생각을 아주 많이 하는 사람이다. 그는 완전히 새로운 방법을 사용하며 지극히 미니멀리스트로서 일한다. 그는 향수 '몰리큘 01Molecule 01'라는 획기적인 제품을 만들고 조향사로서 자신의 브랜드를 세웠다. 그런 일은 모든 조향사가 이루는 것은 아니고 소수만 가능하다. 향수의 세계는 좁아서 한눈에 다 볼 수 있다.

베를린에서 프리랜서로 일하는 게자 쇤은 말한다. "전 세계에 조향사들이 약 400명가량 있습니다. 다시 말해 조향사보다 우주비행사가 두 배로 더 많다는 뜻이죠. 그래서 조향사들은 서로 잘 압니다. 언젠가는 조향사로서 특수 분야의 전문가가 되는 시점이 옵니다. 조향사라는 직업은 크게 세 가지 분야로 구분되는데요, 예를 들면 생활용품의 향 제조 분야, 여기에는 세탁 세제, 주방용 세제, 청소용 세제를 비롯한 여러 종류가 있습니다. 화장품 분야에서는 베이비로션, 샴푸, 샤워젤, 데오도란트 같은 신체관리용 제품을 만들어요. 그리고 오드 투왈렛, 향수 등의 알코올 로션에 해당하는 고급 향수 제품을 만드는 분야가 있습니다. 고급 향수 제조는 최고의 분야로서 이 분야에서 일하는 조향사들의 수가 가장 적습니다. 전 세계에 약 80명이나 90명 정도밖에 안 됩니다. 나머지 조향사들은 생활용품과 화장품 분야에서 일하죠. 저도 곧바로 고급 향수 제조 분야에서 일을 시작한 것은 아니에요. 저는 싱가포르에서 유니레버 회사의 비누 향을 개발했는데요, 그 제조에 필요한 향수 오일의 양이 일 년에 30톤에 이르렀습니다. 정말 어마어마한 양이었죠. 이후로 곧 고급 향수 제조 분야로 옮겼습니다. 2005년에 현재 제가 거주하고 작업하는 베를린으로 왔습니다. 오랫동안 바라던 소원을 이루었어요."

게자 쇤은 베를린의 자택에 작업실을 만들었다. 그는 자신이 향을 만드는 아주 작은 방을 악취동굴이라고 부른다. 그는 그곳에 1,000가지의 원료를 보관하고 있는데 그 가운데 자주 사용하는 것은 기껏해야 200~300가지라고 한다.

"다른 원료들은 특별한 효과가 필요할 때만 사용해서 일 년에 몇 번밖에 쓰지 않아요. 내 실험실에는 정말로 원료와 저울밖에 없습니다. 많은 사람의 생각과 달리 향을 창조하는 일은 마법을 부리는 게 아니에요. 조향은 작업 과정입니다. 조향사는 물을 황금으로 만들 수 없어요. 고객들이 나를 찾아와서 그들의 브랜드에 어울리는 향이 필요하다고 말합니다. '우리는 당신이 하는 일이 멋지다고 생각해요. 당신의 '느낌'을 좋아하는데, 우리를 위해 향을 창조해줄 수 있을까요?' 새로운 향을 위한 조향법과 아이디어는 우선 일단 내 머릿속에서 정리를 합니다. 이런저런 향을 무턱대고 섞는 것으로 시작하지 않습니다. 내가 하는 일은 배워서 익힌 구조, 일종의 조화 이론을 기초로 합니다. 머릿속에 방법이 떠올라야 비로소 유리컵과 저울을 이용해 원료를 섞지요."

모든 조향사는 모든 작가나 화가와 마찬가지로 자신의 고유한 '느낌'을 가지고 있다. 게자는 자신이 만든 창작품을 일컬어 상쾌하고 스파이시한 느낌이 있으며 발삼 향과 우드 향이 나는 동물적 느낌의 향수라고 한다. 다른 조향사는 틀림없이 그의 향수를 다른 형용사로 묘사할 것이다.

"나는 기존의 틀을 깨는 것을 중요하게 생각합니다. 무언가를 포기해야 틀을 깰 수 있습니다. 원래는 사용해야 하는 것을 과감히 빼버림으로써 새로운 형태의 놀라운 효과를 꾀하지요. 내가 작업할 수 있고, 작업해도 되고, 또한 그럴 의미도 있다면 나는 최소한으로 작업합니다. 과잉의 단어들로 채워진 것이 아닌 짧고 간결하게 쓴 텍스트가 더 낫지요. 더 나은 음식, 더 나은 책, 더 나은 예술작품이 나오는 것은 너무 복잡하지 않고 너무 뒤죽박죽이지 않을 때입니다. 그것은 향에서도 마찬가집니다. 향은 항상 천연 분자와 화합물 분자의 조합이어야 하죠. 오직 이

것만 또는 오직 저것만, 그렇게 하면 대체로 향이 이상합니다. 향수는 무릇 순수한 천연 원료로만 만들어야 좋다고 생각하는 사람은 뭘 모르는 사람입니다. 모든 것이 복합적으로 작용할 필요가 있지요."

게자는 자신의 코가 다른 사람들보다 뛰어나다고 생각하지는 않는다고 말한다. "우리 사람은 모두 같은 전제 조건을 가지고 있어요. 즉 한 개의 후각망울과 후각으로 사물을 인지하는 능력이지요. 나는 열세 살 때부터 향수 샘플을 모으기 시작했습니다. 시간이 조금 지나자 남자 향수 백 개가 모였어요. 나는 매일 미친 듯이 향수 냄새를 맡았습니다. 학교에서 돌아오면 우선 향수 냄새부터 맡기 시작했죠. 당시 1980년대에는 남자 향수가 지금처럼 많지 않았어요. 모든 상표와 모든 패션 디자이너들이 자신만의 향기를 시장에 내놓으면서 비로소 붐이 일었습니다. 나는 열여섯 살 때 처음으로 독일 니더작센주에 있는 홀츠민덴으로 갔어요. 지금은 심라이즈 회사가 된 세계 최대의 향료 회사 하만 앤드 라이머를 찾아갔지요." 게자는 김나지움을 졸업하고 군 복무를 마친 후 홀츠민덴에 취직했고 2년 후인 1992년 1월에 그곳에서 조향사 직업교육을 받기 시작했다. 그때 아르헨티나인, 프랑스인, 독일인과 함께 교육을 받았다.

"조향사 교육 과정에 들어가면 우선 회사의 모든 제품 냄새를 맡습니다. 제품은 2천 가지였는데 그 가운데 300~400가지가 천연 제품이었지요. 나머지는 합성 향 물질이었습니다. 우리는 몇 주 내내 모든 제품의 냄새 맡는 일만 했어요. 그러고는 가벼운 후각 연습문제를 풀어야 했지요. 예를 들어 천연재료 다섯 가지를 혼합해 예컨대 장미 향 또는 은방울꽃 향 등을 만들어내야 했습니다. 시간이 지나면서 우리는 좀 더 복잡한 혼합물에 대해서도 자신감을 얻게 되었고, 자신의 아이디어를 이리저리 실험해보기도 했지요. 또는 '쿨 워터Cool Water' '샤넬 No. 5' 같은 클래식 향수의 구성을 연구하고 그 향수를 그대로 따라 만들어야 했습니다. 나는 1981년에 출시된 향수 '조르지오 비버리 힐스Giorgio Beverly Hills'를 가지고 아주 오랫동안 시도했는데, 그것은 내가 지금도 대단히 훌륭하다고 생각하는 여성 향수로 인상에 크게 남는 짙은 향이었습니다. 또는 1972년에 출시된 에스티로더의 '알리아주Aliage'를 분석하기도 했지요. 우리는 클래식 향수의 제조법을 연구하고 완벽하게 모방해 향수를 만들어보려 했습니다. 그런 방식으로 훌륭한 향수가 어떻게 구성되었는지 배우기 위해서였지요."

조향사 양성 교육은 여러 해가 걸리며 게자는 총 12년을 홀츠민덴에서 보낸 후 회사에서 나와 독립했다. "저는 모든 코가 할 수 있다고 생각합니다. 그저 모든 사람이 책상을 만들 수 있지만 그렇다고 모두가 책상을 만들지는 않는 것과 같을 뿐이지요. 어떤 이들은 반드시 요리법에 따라서만 음식을 만드는데 어떤 이들은 그냥 좋은 재료를 가지고 와서 마음대로 만들기도 하죠. 후각도 마찬가지입니다. 우리 모두 냄새를 맡을 수 있고 누구나 조향사라는 직업을 가질 수 있습니다. 특별한 재능은 필요치 않아요."

향기의 세 단계 노트

향기는 실제로 무엇으로 이루어져 있을까? 그리고 향기를 만드는 조향 과정은 어떻게 진행될까? 향은 저마다 특징을 가지고 있다. 그리고 향기의 아주 특별한 성질은 세 가지 요소로 구성되어 있다. 향수는 일반적으로 다양한 노트의 150~250가지 성분으로 이루어져 있다. 하지만 최소한의 재료로 제한을 두고 작업하는 게자 쉰 같은 조향사들도 있다. 클래식 향의 구성은 탑 노트, 미들 노트, 베이스 노트라는 향 피라미드 구조에 기초를 둔다. 이 세 가지 노트의 조화로운 상호작용이 향수를 구성하는 데 중요하게 여겨지는 기술이다.

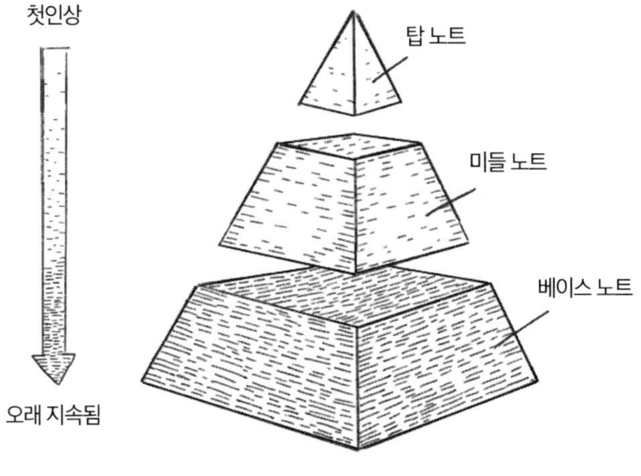

향기의 구성

탑 노트는 향수의 첫인상이다. 빨리 휘발되기 때문에 향의 성격을 반영하지 않는다. 탑 노트는 그 자체가 상쾌한 향으로, 대표적으로 시트러스 노트 계열이다. 따라서 탑 노트는 향수가 마음에 드는지를 판단하는 데 적합하지 않다. 탑 노트는 휘발되면서 미들 노트에 자리를 내준다.

미들 노트는 향이 지닌 좀더 깊은 성격을 나타낸다. 미들 노트는 탑 노트가 사라진 후 10분이 되어야 비로소 복합적인 향기를 퍼뜨린다. 미들 노트는 오랫동안 맡을 수 있고 여러 시간 유지될 수 있다. 미들 노트의 향 에센스는 탑 노트와 베이스 노트 사이에서 섬세하고 조화로운 화음을 이룬다.

베이스 노트는 향의 기반이고 프랑스어로 '퐁Fond'이라고도 한다. 베이스 노트는 향수의 종결부를 형성한다. 향수를 뿌린 사람의 피부와 결합해 비로소 생겨난다. 베이스 노트가 완전히 형성되는 데 한 시간까지 걸릴 수 있다. 같은 향수인데도 사용한 사람에 따라 다르게 느껴지는 현상을 알 것이다. 어떤 사람에게는 잘 어울리는 향수가 어떤 사람에게는 전혀 어울리지 않는다. 이 현상은 바로 베이스 노트 때문에 생긴다. 베이스 노트는 향수를 사용한 사람마다 각각 고유한 향의 분위기를 만들게 한다. 조향사들은 베이스 노트로 파출리, 머스크, 바닐라, 유향, 샌들우드 같은 우드 노트 또는 강한 스파이스 향을 사용한다. 피부가 건조할수록 향의 아로마가 약하게 형성될 수 있다. 피부의 지방질, 이른바 인지질에 향 분자가 피부에 달라붙어 향을 퍼뜨리는 일을 담당하기 때문이다.

천연 향은 어떻게 얻을까?

냉침법은 향 물질을 얻는 가장 오래된 방법으로 통한다. 이 방법은 낭비가 많고 비용이 많이 들어서 매우 드물게 사용된다. 프랑스의 그라스에서 재스민과 투베로즈 향 물질을 얻기 위해 냉침법이 사용된다.

꽃의 향 물질은 지방에 흡수된다. 냉침법을 사용하는 향수 제조는 깨끗하게 정제해 냄새를 제거한 동물성 지방, 예를 들어 돼지기름과 소기름을 2:1의 비율로 섞어 나무테두리를 두른 유리판에 담는다. 그런 후 갓 딴 꽃잎을 기름 위에 놓는다. 몇 시간이 지나 꽃잎이 향을 기름에 다 내놓으면 꽃잎을 걷어내고 새로운 꽃잎을 놓는다. 이 일을 여러 번 반복한다. 기름에 향 물질이 침투된 후 알코올로 기름을 씻어낸다. 이 과정에서 순수하고 값비싼 플로랄 오일, '압솔뤼'가 만들어진다.

냉침법 외에 온침법도 있는데, 이를 '침용(마세라시옹)'이라고도 한다. 깨끗하게 정제한 동물지방, 돼지기름과 소기름을 1:1 비율로 섞어 50도에서 70도까지 가열한다. 꽃잎과 식물 일부를 뜨거운 기름 속에 넣고 여러 시간 동안 푹 끓여야 한다. 그런 다음 처음의 꽃잎을 걸러내고 새 꽃잎을 넣는다. 마지막으로 알코올로 향 물질을 기름에서 분리해 걸러내면 매우 순도 높은 향 추출물, '압솔뤼'가 만들어진다.

증류법에서는 꽃이나 식물 일부를 물과 함께 솥에 넣고 가열한다. 이때 향 물질이 분리되어 뜨거운 수증기와 함께 올라온다. 그 응축액을 모으는 것이다. 이 기술을 위해 아라비아인들이 '알람빅'이라고 하는 투구 모양의 뚜껑인 증류기를 발명했는데, 뚜껑 안쪽에 응축수 채집관이 설치되어 있다. 그곳에 채집되는 응축액은 원료를 함유한 물과 에센셜 오일이다. 응축액이 식으면서 이른바 피렌체 병으로 똑똑 떨어지고, 병 속에서 물과 기름이 분리된다. 이 증류법은 오늘날에도 목재와 약초 가공에 이용된다. 증류를 통해 매우 순도 높고 맑은 에센셜 오일이 만들어진다.

오늘날 천연 원료에서 향 물질을 얻는 가장 중요한 방법은 추출법이다. 에테르 또는 부탄 등의 용매에 의해 꽃에서 향 물질을 추출한다. 이때 최대한 향 물질을 적게 파괴하기 위해 최대한 낮은 온도로 작업한다. 커다란 기구 안에 용매를 펌프질해 천연 원료에 흘려 넣는데, 원료는 돌아가는 원통에 들어 있거나 촘촘한 격자 그물에 층층이 쌓여 있다. 그 과정을 여러 번 반복한 후 포화 상태에 이른 용매는 증류되고 휘발한다. 거기에 남는 잔류물이 '에센스 콩크레테'다. 이 잔류물은 이후 여러 번 정화된다. 이 과정에서 마찬가지로 얻어진 밀랍은 알코올에 의해 분리되면서 이때 순수 플로랄 오일 '압솔뤼'가 만들어진다.

소프택Softact은 순도 높은 추출물을 얻는 방법으로 추출법에서 더 발전한 방법이다. 이 방법은 낮은 온도에서 이산화탄소에 압력을 가해 액체화한다. 이 액상 이산화탄소가 원료에 투입된다. 이때 높은 온도가 필요치 않은 까닭에 부드러운 추출이라고 한다. 이 방법을 거치면 지금껏 가공될 수 없었던 천연 향 함유 물질도 향료 물질을 내놓게 된다.

압착법은 매우 섬세하게 다루는 방법이다. 주로 시트러스 오일과 에센셜 오일을 얻을 때 사용된다. 이 물질들은 증류법을 쓸 경우 열에 의해 변하거나 파괴된다. 압착법은 과일 껍질이 터질 때 나오는 오일을 얻는 방법이다.

승승장구하는 합성 향 분자

오늘날 대부분의 향수는 더는 천연 오일을 사용해 만들지 않는다. 대신 향료 산업은 천연 오일과 동일한 합성 오일을 사용한다. 합성 향수 오일은 천연 물질과 같은 향이 나지만 천연 에센스를 함유하지 않은 물질이다. 19세기에 이미 사람들은 천연 향 소재를 모방해 합성 원료를 만들기 시작했다. 처음에는 주로 막대한 비용이 원인이었다. 왜냐하면 천연 에센스 추출은 시간이 오래 걸리고 비용이 많이 드는 과정이었기 때문이다. 오늘날 합성 원료 사용은 희귀한 식물 보호에도 한몫하고, 농업에서 단종 재배도 피할 수 있다. 순수 장미 오일 1킬로그램을 만드는 데 5톤의 장미꽃이 필요하다. 물론 이에 상응해 값이 비싸다.

향 원료의 지속성 또한 천연 원료 대신 합성 원료로 대체하는 이유 중 하나다. 감귤 향처럼 과일에서 얻는 향 원료는 금방 날아간다. 합성 향 오일은 지속력이 훨씬 더 길고, 동시에 적은 비용으로 제조할 수 있다는 장점이 있다.

동물성 원료가 점차 합성 원료로 대치되는 아주 중요한 이유는 동물종 보호 때문이다. 예를 들어 머스크는 사향사슴의 사향선 분비물, 용연향은 향유고래의 소화기관에서 배출된 물질, 해리향(카스토레움)은 비버의 포비선 분비물이며 또 앞서 언급한 사향 역시 사향고양이의 항문선에서 나온 향료다. 머스크 향 1킬로그램을 얻기 위해 사향사슴 160마리를 죽여야 한다는 사실을 잊어서는 안 된다.

현대 향수 기술은 주로 실험실에서 나온 합성 분자구조를 — 자연에는 존재하지 않는 향 원료 — 위주로 하는데, 합성 원료로 완전히 새로운 향을 만드는 것이 가능하다.

역사를 새로 쓴 향 분자들

조향사는 천연 원료와 합성 원료를 포함해 약 5천 가지 원료를 새로운 향 개발에 사용할 수 있다. 지난 수십 년간 가장 중요한 합성 분자 중 하나는 주유소를 떠올리게 하는 이름을 가지고 있다. 바로 '이소-E-슈퍼Iso-E-Super'다. 미국의 향료 기업인 IFF(플레이버 앤드 프래그런스)의 존 B. 홀John B. Hall과 제임스 M. 샌더스James M. Sanders가 1970년대 초에 새로운 화합물을 발견하고 그것을 '이소-사이클론E Iso-cyclemone E'라는 이름으로 특허를 냈다. 지금까지 자연에서 검출되지 않은 새로운 분자들은 해당 발명자들이 특허를 통해 보호한다.

심라이즈 사는 해마다 2~3개의 새로운 향 분자를 개발한다. 개발 비용이 아주 많이 들어가서 어림잡아 한 분자당 1백만 유로가 투입된다. 심라이즈, IFF, 지보단 등의 기업은 대개 8년간 특허권을 가진다. 2년 동안은 발명자가 단독으로 특허권을 사용하고 그 시기가 지나면 기업들이 개발품을 팔기 시작해서 특허권이 만료된 후에는 시장에서 자유롭게 사용할 수 있다. 우리가 프로젝트를 위해 향 분자를 사려면 단 하나의 향 분자로 이루어진 향 오일 형태의 가격이 극히 천차만별일 수 있다. 아주 저렴할 경우에는 1킬로그램당 10유로나 20유로에서 시작하지만, 1만

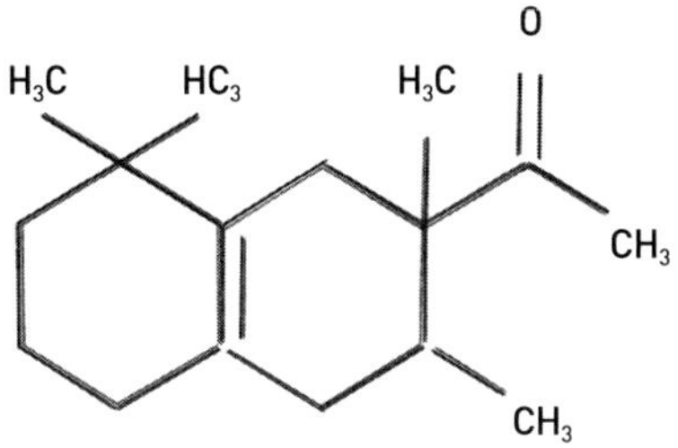

이소-E-슈퍼의 분자 화학식

유로를 훌쩍 넘을 수도 있다. 분자의 가격은 제작비용이 얼마나 많이 들었는지에 따라 결정되고, 더불어 원료의 가용성에 따라서도 결정된다.

이제 이소-E-슈퍼로 돌아가자. 홀과 샌더스가 만든 새로운 화합물은 발견된 후 곧 다시 한번 최적화되어 현재의 이름을 얻었고, 이후 이 이름으로 향기의 세계에서 유명해졌다. 물론 우리가 인터넷에서 분자 화학식을 찾아볼 수도 있다. 이소-E-슈퍼는 오늘날 수많은 향수, 세탁 및 청소용 세제, 데오도란트, 알코올성 로션, 비누에 들어 있다. 이소-E-슈퍼는 처음에 생활용품에 사용되었고, 1975년 패션 하우스 할스톤이 새 여성용 향수에 그 분자를 조금 섞었다. 1980년대의 중요한 향수 가운데 이 기적의 분자를 성분으로 사용한 것은 크리스찬 디올의 '파렌하이트Fahrenheit'와 캘빈 클라인의 '이터니티Eternity'가 있다. 오늘날에도 이소-E-슈퍼는 수많은 향수의 베이스로 쓰인다. 왜냐하면 분자가 무척 잘 섞여 드는 성질을 가지고 있어 다른 향 분자들과 조화를 이루기 때문이다.

그런데 이 분자의 향이 가진 특이점은 무엇일까? 이소-E-슈퍼 분자는 연하고 벨벳처럼 부드럽고 무척 맑다. 그리고 이 분자는 주변 환경에 더없이 긍정적인 작용을 한다고 한스 하트 교수는 말한다. 이 분자는 원래 히말라야 삼나무 향이 나게 만들려고 한 것인데 사람의 살냄새도 약간 풍긴다. 하트 교수는 이렇게 묘사한다. "부드럽고 연하고 사람 냄새가 나는 향, 꿈이 만들어지는 향입니다." 이소-E-슈퍼 분자는 페로몬 수용체를 활성화하고 무척 끌리는 분위기를 만든다. 다시 말해 이소-E-슈퍼 향 분자를 향수로 사용한 사람의 매력을 배가시킨다.

조향사 게자 쇤은 단 한 가지 원료, 이소-E-슈퍼 분자를 100퍼센트로 한 향수로 유명해졌다. 향수의 이름은 특이하게도 '몰리큘 01'이다. 그리고 그 향수는 정말로 새로운 제품이었다. 향수의 형태로는 지금껏 한 번도 존재하지 않았던 것이다. 향수는 일반적으로 수많은 성분이 조합된 것임에 비해 '몰리큘 01'은 단 하나의 분자만으로 이루어졌기 때문이다.

게자 쇤은 말한다. "우리는 그 향수를 2005년 가을에 출시했습니다. 그저 향료를 본래 상태 그대로 병에 집어넣었어요. 향수는 당시 향기의 세계 전체를 혼란에 빠뜨리는 데 충분했습니다. 향수를 최소화하고 향수를 깨부수는, 그것은 향료에 바치는 오마주였습니다. 몰리큘 01의 성공은 우리가 옳았다는 것을 보여주었지요."

이소-E-슈퍼는 또한 다른 특이한 향의 구성 성분이기도 하다. 즉 향기가 사람을 더욱 매력적으로 보이게 할 뿐만 아니라 더 지적으로 보일 수도 있다는 것을 증명하기 위해 우리는 게자 쇤 그리고 하트 교수와 그의 보훔 루르 대학교 연구팀과 함께 '지식'을 뜻하는 '날리지Knowledge'라는 향수를 개발했다. 이 향수는 대략 40가지 성분을 가지고 있는데 이소-E-

슈퍼 분자 외에도 매그놀리아꽃의 부드러운 향이 나는 헤디온Hedion도 함유되어 있다. 헤디온은 대학 연구자들이 2015년에 인간 페로몬 수용체의 첫 바인딩 파트너임을 밝혔다. 그 외에 각성 작용으로 생기를 주는 효과를 가진 시네올Cineol, 그리고 수많은 에센셜 오일의 구성성분으로 무엇보다 특히 고수, 월계수, 머스캣, 장미, 제라늄에 존재하는 게라니올도 들어 있다. 게라니올은 시네올과 결합해 능률을 높이는 작용을 한다. 향수 '날리지'는 실내 방향제로도 쓰일 수 있으며, 예컨대 시험 스트레스를 받을 때 사용하면 더없이 좋다. 하지만 보훔 루르 대학교의 학생들이 이 향수 덕에 더 집중해 공부할 수 있었는지는 모르겠다.

학습에 관련된 주제에 언급할 만한 것으로 《사이언스》지에 발표된 뤼벡 대학교의 연구가 있다. 뤼벡 대학교가 실행한 수많은 실험 중 한 실험에서 다음의 사실을 알아냈다. 즉 학습한 내용이 특정 향과 결합될 때 기억하기가 더 수월하다는 것이다. 실험에서 낮에 학습하는 내내 장미 향을 투입했고, 밤에는 그룹 일부에게 깊은 수면을 하는 동안에 다시금 장미 향을 투입했다. 다음 날, 밤에도 장미 향에 노출된 그룹이 학습 내용의 97퍼센트를 기억했고, 비교 그룹은 85퍼센트만을 기억했다. 연구는 향기가 기억력 활성화를 위한 훌륭한 매개체임을 분명하게 증명했다.

몸에 뿌리는 향수와 방향제는 어떻게 다를까?

우리 몸에 사용하는 향수와 실내 공간을 위한 방향제에 대한 요구사

향은 매우 뚜렷한 차이가 있다. 우리가 향수에 해당하는 것으로 알고 있는 것과 같이 변화무쌍한 3화음, 향의 피라미드인 금방 날아가는 탑 노트, 지속적인 미들 노트, 오래 남아 있는 개인적인 베이스 노트는 실내 공간을 위한 방향제의 기능은 하지 못한다. 집, 회사 또는 특정 브랜드만을 위한 방향제는 어떤 형태든 — 자동차 내부이거나 호텔 건물 전체일 수도 있다 — 실내에 처음부터 균일하면서 지속해서 변함없이 향을 느낄 수 있어야 한다. 그렇지 않으면 텔레콤 회사에 처음에는 감귤류의 향이 났다가 나중에는 나무 향만 나거나 또는 자동차 내부에서 처음에는 상쾌한 공기 같은 향이 나더니 조금 지나자 오직 나무 향만 나는 식이 될 것이다.

방향제는 향의 특징을 정확하게 정의함으로써 모든 성분이 반영되어 사람들이 실현하려는 아이디어를 향기로 옮겨놓아야 한다. 예컨대 향이 신뢰와 친밀함 등의 감정을 전달해야 하는가? 또는 기업의 혁신력과 투명성을 강조해야 하는가? 브랜드와 기업은 무엇을 대변하는가? 금융기관은 신뢰와 투명성을 전달해야 하는 한편, 철도회사는 품질과 안전을 전달해야 한다. 전자기기 대기업의 경우는 혁신과 현대성 개념에 초점을 맞출 것이다. 패션 회사는 젊음과 현대적 감각을 강조할 것이니 따라서 복합적이고 고급스러운 향이 적합하다. 향은 불안정한 창조물인 까닭에 다른 의사소통 도구들과 마찬가지로 농도와 특성을 섬세하게 조율해서 다루어야 한다. 세계 최고의 조향사들과 협력이 필요한 까닭이다.

Scent 5

새로운 향기를 찾아서

: 향의 미래와 트렌드

프랑스 남동부 프로방스 지역에 있는 그라스는 오랫동안 향수 산업의 중심지로 통했다. 16세기 말부터 온 유럽 사람들이 그라스로 모여들어 향수 제조업에 종사했다. 사람들은 그라스 주변의 들판에 라벤더, 장미, 재스민 외에도 투베로즈, 미모사, 카네이션, 제비꽃 등 수많은 꽃과 허브를 심었다. 오늘날에도 그라스에서는 많은 이들이 향 오일 제조에 종사한다.

물론 현재 천연 원료는 주로 재배 비용이 더 적게 드는 이집트, 러시아, 파키스탄 같은 나라에서 수입되고 있다. 앞서 말한 것처럼 수많은 원료는 인공으로 만들어진다. 예를 들어 바닐라 향은 오늘날 대부분 화학적으로 합성된다. 진짜 바닐라는 난초류로 무척 고가다. 마다가스카르, 레위니옹, 코모로 제도에서 재배된 '부르봉 바닐라'는 가격 폭등을 겪기도 했는데, 2017년 초에 흑갈색 바닐라 꼬투리 1킬로그램의 가격이 은보다 비쌌다.

새로운 향기를 창조하기 위한 영감은 어디서 얻을까? 누가 새로운 향기에 대한 영향력을 가지고 있으며 향수 시장은 어떤 방향으로 발전할까? 예전의 주체는 그라스 또는 피렌체의 향수 제조업체였다. 피렌체는 또 하나의 중요한 향수 중심지였다. 하지만 오늘날 향수의 중심지는 대기업의 실험실이다. 실험실에서도 늘 새로운 원료를 얻기 위한 연구가 이뤄지고 있다. 단, 예전에는 자연에서 구했던 것을 이제는 시험관에서 구한다. 지금까지 알려지지 않은 새로운 천연 원료의 발견은 향수 및 향료 제조자들이 글로벌 시장의 선두에 합류하는 데 매우 중요하다.

하지만 실험실에서 이뤄지는 작업이 아무리 완벽하다 해도 350억 년에 걸친 창의적 진화와 경쟁할 수는 없다. 지구상 어디에서도 파푸아뉴기니, 마다가스카르 그리고 특히 아마존 분지처럼 동식물군집의 어마어마한 다양성이 나타나는 지역은 없다. 아마존 열대우림은 지금껏 보존된 지구 열대우림 전체 면적의 거의 40퍼센트에 이르는 곳이며 우리에게 알려진 모든 식물종 4분의 1의 원산지다. 아마존에 존재하는 향과 아로마의 풍부함은 영감을 얻기 위한 귀중한 원천이다. 후각적 특징이 알려진 9천여 종의 식물 가운데 단 400여 종만이 향료 제조에 활용된다.

향 원료 제조 회사는 화학적 합성 성분을 포함해 수천 가지의 천연 향료를 지구의 구석구석에서 사들인다. 머나먼 벽지를 찾아가는 일도 허다하다. 원료를 찾는 일은 몹시 까다로우며 때로 싸움이 일기도 한다. 왜냐하면 건강이나 소득을 위해 오래전부터 그 원료를 이용해온 지역 주민들과 갈등을 빚을 때가 많기 때문이다. 천연 원료에 대한 소비자들의 수요가 증가하는 추세여서 대기업 향료 제조사는 향료 식물을 재배하는 소작농에게 사들이는 구매율을 더 높이고 있지만, 재배지와 자원은 한정적일 수밖에 없다.

기업들은 아직 발견되지 않아 파헤쳐지지 않은 지역, 즉 밀림의 나무 꼭대기 층과 나뭇잎으로 그늘을 만드는 활엽수에 큰 기대를 건다. 50미터에 이르는 거대한 둥치를 가진 나무는 꼭대기 층에서 비와 태양의 에너지를 받아 저장한다. 자연은 나무의 이 부분에 있는 과일, 꽃, 잎, 씨앗에 진정한 보물, 즉 새로운 향을 숨겨둔다. 하지만 인간이 이 나무 꼭대기까지 다다르는 것은 무척 어려운 일이다. 이 탐색은 매우 복잡해서 전문가들에게도 매우 큰 과제다.

이 분야의 전문가는 세계적으로도 몇 명밖에 없는데, 그들 가운데 한 사람이 스위스의 향수 화학자 로만 카이저Roman Kaiser다. 그는 스위스의 글로벌 향료 기업 지보단Givaudan의 위탁으로 수년간 자연에 존재하는 새로운 향을 찾아 세계를 두루 다니고 있다. 뛰어난 코와 최신 분석 장비를 갖추고 말이다. 카이저는 '헤드-스페이스 기술'이라는 방법을 공동 개발했는데, 이 기술을 이용하면 식물을 훼손하지 않고 향을 채집할 수 있다. 카이저는 스위스 소비자 상담 잡지 《관찰자Beobachter》와 진행한 2013년 6월 인터뷰에서 자신이 하는 일이 무엇인지 알려주었다.

"나는 식물을 해치지 않고 향을 채집하려 합니다. 그 방식으로 식물이 발산하는 진짜 향을 얻지요. 에센셜 오일을 추출하는 고전적인 방식은 화학적 변형이 일어날 수 있습니다. 어떤 향료의 경우 꽃이나 나무의 일부를 물로 증류하거나 용매로 추출하는 그 순간이, 말 그대로 폭력을 가하는 것입니다. 우리는 그러지 않으려고 해요. 헤드-스페이스 기술이 가진 또 하나의 장점은 멸종 위기의 식물을 땅에서 뽑지 않고도 특징적인

열기구 비행선을 활용한 향 채집

향을 얻을 수 있다는 것입니다." 카이저는 열대우림의 소관목류와 활엽수에서 지금까지 발견되지 않은 향기를 찾는 일도 한다. 그가 주안점을 두는 것은 멸종 위기에 있는 식물의 향을 재구성하는 것에 있다.

그런데 몇 미터나 높은 나무 꼭대기에 있는 향의 세계를 어떻게 연구할까? 대기업 지보단은 연구를 목적으로 조종할 수 있는 소형 비행선을 제작했다. 전문가들이 일종의 열기구 비행선으로 밀림 속 나무 꼭대기 바로 위로 유연하게 활공할 수 있게 한 것이다. 비행선 하단부에 부착된 가벼운 플랫폼을 나무 꼭대기 가까이 내려뜨려 향의 표본을 얻는데 그러기 위해 열기구 조종사는 15분가량 한곳에 가만히 머물러 있어야 한다. 꽃, 나뭇잎, 나무 냄새를 작은 저장기구로 채집한 다음, 실험실에서 냄새를 똑같이 만들어내기 위해 유기화합물 혼합체 분석기로 성분을 분석한다.

이런 원정을 거쳐 발견한 것 중 하나가 티놉시스 안통길리엔시스Tinopsis Antongiliensis의 열매다. 이 열매는 녹갈색의 개암나무 열매 크기이고 산딸기와 티베리 비슷한 향이 났다. 식물은 무환자나무과에 속하는데, 티놉시스 안통길리엔시스라는 이름은 그때까지 식물의 표본이 발견된 유일한 곳 마다가스카라의 안통길 만Antongil Bay을 따서 붙였다. 또 탐험자들은 감람나무과 중 하나인 카나리움 마다가스카리엔세Canarium Madagascariense의 열매도 발견했다. 열매를 긁으면 유향, 수지, 잘 익은 레몬 향이 강하게 퍼진다. 새롭고 현대적인 남성용 향기를 조향하기 위한 흥미로운 향이다.

하지만 새로운 향은 나무 꼭대기뿐만 아니라 소관목류에서도 발견된다. 학자들은 아마존 지역 주민들이 '피리 피리Piri Piri'라고도 부르는 프리프리오카Priprioca 뿌리식물을 향료로도 사용하는 것을 관찰했다. 그 식물의 뿌리에서는 스파이시한 꽃향기나 나무, 뿌리 등을 조합한 향이 났다. 지보단 회사의 전문가 카이저는 사업보고서에 마다가스카르 북부 우림지역에서 실시한 단 한 번의 탐사에서 꽃, 과실과 열매, 나무, 잎, 수지 등에서 나오는 80가지의 새로운 향을 발견했다고 썼다. 발견된 새로운 향들로 이후 실험실에서 재구성해 새 방향 물질과 아로마를 만들 수 있다. 지보단처럼 향기 산업계의 다른 대기업들도 새로운 성분을 찾아 아마존 탐험을 떠난다.

향기에도 유행이 있을까?

어떤 유행이 대세일까? 대중의 향기 취향은 어디로 향할까? 조향사 게자 쉰은 현대 방향 산업계에는 진정한 새로움을 감행하는 용기가 결여되었다고 신랄하게 비판한다.

"세상에는 엄청나게 많은 향이 존재하는데도 오늘날 새로 출시되는 향수 제품들은 거의 모든 향이 비슷합니다. 말 그대로 획일화 문화가 지배하죠. 생산자들은 위험수를 두지 않으려 하고, 새로운 향으로 재빨리 고객을 끌고자 합니다. 생산자들은 고객에게 익숙한 향을 제공할 때 가장 성공할 수 있다고 생각하죠. 그들은 오로지 훌륭한 마케팅 스토리를 만드는 데에만 공을 들이고, 성분의 함량이나 포장, 향수병 모양을 이렇게 저렇게 조금 바꿀 뿐입니다. 그 때문에 대부분의 오드투왈렛 또는 퍼퓸의 혁신성이 그토록 낮은 것입니다. 그리고 절대적 확실성을 얻고 싶은 생산자는 표본 집단 테스트를 합니다. 즉 5천 명에게 새로운 향이 마음에 드는지 묻는 것입니다. 이런 시장조사에서 혁신적인 향은 결코 승자가 되지 못합니다. 왜냐하면 항상 주류인 향이 전면에서 자리를 차지할 수밖에 없기 때문입니다."

패션의 취향이 바뀌듯이 선호하는 향기도 바뀐다. 사회 발전, 사람들의 인생관과 식습관도 우리가 좋아하는 향에 큰 영향을 미친다. 여름철에 선호하는 향과 겨울철에 선호하는 향은 다르다. 나라와 문화마다 다른 특징의 향과 냄새를 좋아한다. 프랑스인들은 라벤더 향에서 여름철과 프로방스를 떠올리지만, 독일인들은 라벤더 향을 구식이라고 여긴다.

향의 역사에서 가장 전설적인 몇 가지 향은 20세기 초, 여성해방운동을 벌이던 시기에 생겨났다. 1960년대와 1970년대 히피 시대에는 연기를 피우는 향 스틱과 머스크 향이 인기가 많았고, 가벼운 꽃향기도 유행했다. 1980년대에는 좀 더 개인성을 중시하는 욕구가 커져 향수 또한 도발적이고 자의식이 강하면서도 감각적인 향이 강조되었다. 1980년대의 남성 향수는 무척 힘차고 남성적이었다.

게자 쇤은 말한다. "1970년대는 특히 오리엔탈 향이 두드러졌습니다. 동방의 세계가 열렸지요. 아랍국가, 인도와 아시아에서 계피와 정향의 무척 달콤하고 쌉쌀한 아로마가 들어왔습니다. 그 시대의 향은 달고 묵직했지요. 1980년대에 향은 다시 얼마간 상쾌해졌고, 1990년대에는 맑은 향이 전면에 나섰습니다. 즉 상쾌하고 푸른 느낌의 과일과 나무 향기가 살짝 날 수는 있지만, 향이 너무 진하면 안 됐습니다." 이러한 흐름은 패션, 영화, 문학, 예술을 아우르는 문화생활 영역에서 동시에 나타났다.

그런데 아무리 늦게 잡아도 2000년대로 바뀌면서부터 뚜렷한 경향이 더는 나타나지 않는다. "2000년대부터는 '모든 게 다 된다! 금기는 없다'가 되었습니다." 게자 쇤이 말한다. 이 관념이 향수 제조 분야에도 영향을 미쳤다. 쇤은 침향나무의 수지에서 나오는 향료, 오드 향에 대한 갑작스러운 과장 광고가 가장 최근의 경향이라 할 수 있다고 했다. 그런데 이 특수한 에센셜 오일은 침향나무가 특정 사상균에 의해 공격을 받은 후에야 생겨나는 것으로, 사상균 공격의 방어 물질로 생산되는 것이다. 오드는 아주 고가라 향료 1킬로그램이 10만 유로를 넘는다.

"그런데 냄새가 엄청나게 고약해요." 적어도 게자 쇤의 느낌은 그렇다. 아랍 세계에서는 오드 향이 매우 인기 있어 널리 퍼져 있다고 하지만, 유럽에는 전혀 어울리지 않는 향인 것 같다고 한다. 그런데도 요즘 거의 모든 향수 회사에서 오드 향을 생산한다.

어느덧 오드 향의 붐은 다시 가라앉고 있다. 오드 향료의 매혹적인 점은 피부에 남는 잔류 향이 믿을 수 없을 만큼 오래간다는 것이다. 내가 두바이에 갔을 때 오드 향을 팔에 아주 조금 떨어뜨렸던 적이 있다. 독일로 돌아온 지 일주일이 지났고 자주 씻었는데도 여전히 향을 확연히 느낄 수 있었다. 오드 향을 좋아하든 싫어하든, 어쨌든 엄청나게 비싸고 오래가는 향인 것만큼은 틀림없다.

Scent 6

자신에게 어울리는 향은?

: 향의 종류와 선택 기준

2016년, 전 세계에 2천 가지가 넘는 새 향수 제품이 출시되었다. 일 년 후 시장에서 살아남은 것은 그중 5퍼센트뿐이었다. 이처럼 시장에 엄청나게 많이 쏟아지는 향수 중에 내게 어울리는 향수를 어떻게 찾을 수 있을까? 대답은 간단하면서 복잡하다. 향은 사용하는 사람의 개성과 어울려야 한다. 하지만 각자의 개성과 스타일을 정의하고 표현하는 게 쉬운 일은 아니다.

나는 클래식한 유형일까? 또는 감성이 풍부한 유형? 모험을 즐기는 유형일까? 스포츠를 즐기는 유형일까? 나는 도대체 어떤 향을 좋아할까? 플로랄 향 또는 우드 향? 가볍고 투명한 향 또는 볼륨감 있고 따뜻한 느낌의 향? 영국의 향 전문가이자 작가 마이클 에드워즈Michael Edwards는 자신의 책 『세계의 향수』에서 향기 원형 도표를 만들어 각자가 선호하는 향을 찾을 수 있게 했다. 도표는 향의 계열을 보여주며 향들이 서로 어떤 관계에 있는지 알려준다.

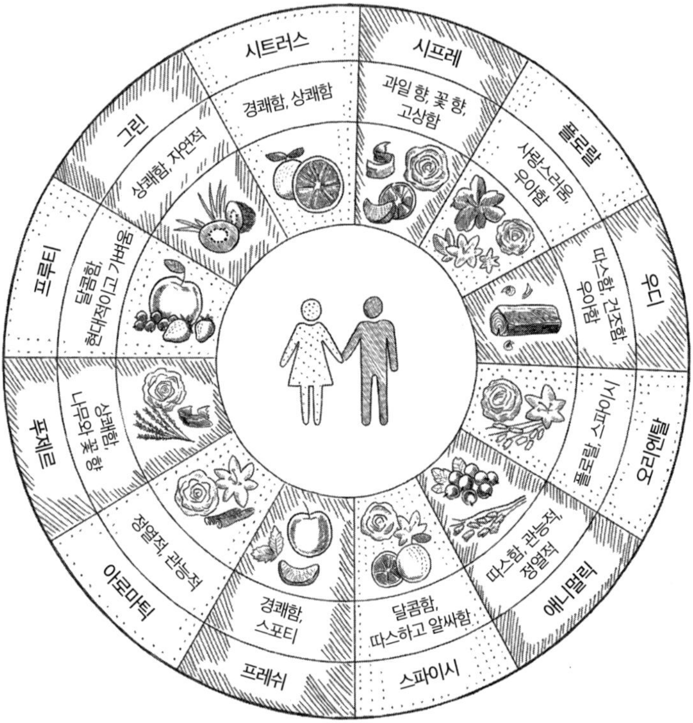
시트러스
경쾌함, 상쾌함
시프레
과일 향, 꽃 향, 고상함
플로랄
사랑스러움, 우아함
우디
따스함, 건조함, 우아함
오리엔탈
플로랄, 스파이시
애니멀릭
따스함, 관능적, 정열적
스파이시
달콤함, 따스하고 알싸함
프레쉬
경쾌함, 스포티
아로마틱
정열적, 관능적
푸제르
상쾌함, 나무와 꽃 향
프루티
달콤함, 현대적이고 가벼움
그린
상쾌함, 자연적

12가지 향의 계열

향수는 여러 가지 향 계열로 나뉜다. 오리엔탈 향은 관능적이고 화려하다. 그리고 정향, 바닐라, 계피, 고급 목재, 이국적인 꽃과 같은 향기로운 아로마를 지니고 있다. 이 계열의 클래식으로 입생로랑의 향수 '오피움Opium'이 있다. 1977년에 출시된 오피움 향수는 몇 년 전에 업데이트되었다. 한편 플로랄 향은 이름에서 이미 알 수 있듯이 아이리스, 장미, 재스민, 치자 등의 꽃향기가 포함된다. 이 향은 관능적인 느낌에서 우아한 느낌에 이르기까지 다양한 느낌을 가질 수 있다. 감귤류인 시트러스 향 계열은 사시사철 내내 여름과 태양의 느낌을 준다. 감귤류에는 귤, 레몬, 오렌지오일 등이 있다. 진정한 클래식은 시프레 향 계열이다. 이 향은 상쾌함과 꽃향기의 느낌을 살짝 띠는 은은하고 우아한 향이다. 푸제르 계열은 씁쓸한 느낌을 띄는 허브 향이 매혹적이다. 푸제르 향은 라벤더, 오크모스, 쿠마린의 향을 베이스로 한다. 이 성분들은 주로 남성용 향수에 사용되며 때로 유니섹스 향수에도 사용된다.

어떤 향이 자신에게 어울리는지를 찾는 데는 계절도 하나의 기준이 될 수 있다. 여름에는 프레쉬 계열과 플로랄 계열의 향수를 많이 사용한다. 겨울에는 머스크와 파출리 향이 매우 좋다. 그 때문에 몇몇 향수 제조사는 한 가지 향수 제품을 여름용과 겨울용으로 따로 출시하기도 한다. 향수는 또한 특별한 동기에 어울리는 것으로 선택할 수도 있다. 즉 밤 외출에 사용하는 것과 낮에 사무실에서 사용하는 향수는 각각 다르다.

만약 새로운 향을 찾는다면, 나는 전적으로 클래식 향수를 다시 사용해볼 것을 추천한다. 훌륭하지만 안타깝게 잊히기도 한 클래식 향수들이다. 클래식 향수는 다른 향들과 전혀 혼동되지 않는 고유의 향으로, 역사와 수많은 성격 특징을 가지고 있다. 클래식 향수는 단순히 하나의 향이 아니라, 그 이상의 의미를 갖는다.

뉴욕 아트와 디자인 박물관의 '향의 종류, 1889~2012' 전시를 위해 큐레이터이자 《뉴욕 타임스》, 《뉴요커》의 향수 비평가인 챈들러 버Chandler Burr가 향수 조향의 역사에서 획기적인 12가지 향을 선정했다. 전시회를 찾은 사람들에게 순수 후각 인지를 통해 그 향과 향의 제조자를 더 가까이할 수 있도록 하려는 것이었다. 사람이 가까이 다가가면 감지기가 작동해 벽에 있던 타원형 통에서 향이 나온다. 그리고 사람이 감지기에서 멀어지는 즉시 다시 향이 사라짐으로써 일회적으로 향을 체험할 수 있게 했다.

12개의 향수 가운데 하나를 창조한 사람은 바로 생존하는 가장 유명한 조향사 장 끌로드 엘레나ean-Claude Ellena이며, 그는 에르메스에서 조향사로 일하고 있다. "향수를 창조함으로써 우리는 우리 자신의 일부를 드러낸다." 그의 신조다.

지키, 1889

향수 하우스 겔랑은 1828년에 피에르-프랑수와 파스칼 겔랑이 파리에 세운 회사다. 아이메 겔랑Aimé Guerlain(1834~1910)이 1889년 오리엔탈 계열의 푸제르 향수 '지키Jicky'의 향을 만들었다. '지키'가 향수 세계에 태어난 같은 해에 에펠탑이 완성되었다. '지키'는 최초의 근대 향수로 당시 유니섹스 향으로 구상되었는데 현재는 여성용 향수로 사용된다. '지키'는 겔랑의 조카 애칭이기도 하고, 아이메 겔랑이 영국에서 대학교에 다닐 때 사랑에 빠졌던 젊은 여성의 이름이라고도 한다.

샤넬 No. 5, 1921

이 클래식 향수는 예전 러시아 황실의 조향사였던 에르네스트 보Ernest Beaux(1881~1961)가 만들었다. 플로랄 향에 파우더리한 향은 플로랄 알데하이드 계열에 속한다. '샤넬 No. 5Chanel No. 5'는 향수의 기준을 세우며 오래전에 인기와 스타일의 아이콘이 되었다. 마릴린 먼로가 밤에 잘 때 '샤넬 No. 5' 몇 방울 외에 아무것도 입지 않는다고 한 말은 전설이 되었다. 그 외에 유명배우 카트린 드뇌브, 로렌 허튼, 오드리 토투 등이 이 향수 광고 모델이었다. 여성용 향수 '샤넬 No. 5' 광고에 자신의 얼굴을 내놓은 최초의 남자 모델은 브래드 피트다.

랑떼르디, 1957

이 향수 역시 플로랄 알데하이드 계열로 프란시스 파브론Francis Fabron(1913~2005)이 지방시를 위해 만든 향수다. 위베르 지방시가 애초에 오드리 헵번을 위해 의뢰한 향수라고 한다. 오드리 헵번은 지방시 패션 하우스와 매우 가까운 사이로 수년 동안 지방시 의상을 입었다. 영화 〈티파

니에서 아침을〉에 나오는 유명한 의상이 바로 지방시가 만든 것이다. 헵번이 그 영화를 촬영하면서 '랑떼르디L'Interdit'를 뿌렸을 것이라 충분히 짐작할 수 있다.

아로마틱스 엘릭서, 1971

스킨케어 회사 크리니크가 1970년대 초에 최초로 출시한 향수다. 이 향수를 만든 사람은 버나드 챈트Bernard Chant(1927~1987)이고, 여성용 향수의 계열은 시프레 플로랄 계열에 속한다. 크리니크는 1968년에 예전 《보그》 편집장 캐럴 필립스와 에스티 로더가 설립한 회사다. 필립스는 '드라마티컬리 디퍼런트 모이스처라이징 로션' 그리고 '턴어라운드 크림' 같은 제품 이름을 창안했을 뿐만 아니라 아로마테라피 효과가 있는 최초의 향수 '아로마틱스 엘릭서Aromatics Elixir' 개발도 그녀의 제안에 따른 것이었다.

드라카르 느와르, 1982

아로마틱 푸제르 계열의 기라로쉬 남성용 클래식 향수는 조향사 피에르 바르니Pierre Wargnye(1947~)가 구상했다. 1985년 '드라카르 느와르Drakkar Noir'는 향수 재단에서 수여하는 향수업계의 오스카상, 피피어워드Fifi Awards에서 '가장 성공적인 남성 향수(한정판)' 수상작으로 선정되었다. 검은색 향수병은 손에 딱 잡히도록 디자인되었는데, '드라카르'는 바이킹의 긴 배를 뜻한다.

엔젤, 1992

티에리 뮈글러의 향수 '엔젤Angel'은 오리엔탈 향 계열에 속한다. 1955년생인 조향사 올리비에 크레스프Olivier Cresp는 조향사 직업이 천직이었다. 왜냐하면 그는 그라스 출신이었기 때문이다. 그의 누이도 조향사다. 파리의 향수 박물관 '그랑 뮤제 뒤 퍼퓸Grand Musée du Parfum' 은 '엔젤'의 탄생 25주년을 기념하는 자체 전시회를 열었다. '엔젤' 향수병은 매우 독특해서 비대칭으로 갈라진 별 모양의 각진 형태다. 미국 모델 제리 홀Jerry Hall이 1995년 '엔젤' 향수의 광고 모델이었고, 그로부터 거의 20년 후 그녀의 딸 조지아 메이 홀Georgia May Hall이 향수의 모델이 되었다.

로디세이, 1992

이세이 미야케 하우스의 자크 카발리에Jacques Cavallier(1962~)가 창조한 향수로, 플로랄 아쿠아 계열에 속한다. '로디세이L'Eau d'Issey'는 일본 패션 디자이너 미야케의 첫 향수다. '로디세이'는 처음 여성용 향수로 구상되었고, 남성을 위한 향수는 1994년에 출시되었다. 갸름한 원뿔형의 광택이 나는 단순한 향수병은 새롭게 인식해야 할 만큼 가치가 크다. 미야케는 그의 향기로 시간을 초월해 현대적인 느낌을 주는 향기를 만들고 싶다고 말한다.

플레저, 1998

플로랄 향 계열인 에스티로더의 향수 '플레저Pleasures'는 애니 부잔티안Annie Buzantian(1949~)과 알베르토 모릴라스Alberto Morillas(1950~)가 만들었다. 이 향수는 1990년대 중반에 청량하고 공기처럼 가벼운 향기를 유행시켰다.

오스망뜨 윈난, 2001

에르메스 하우스의 이 향수는 남녀를 위한 향이다. 플로랄 푸르티 계열에 들어간다. 조향사 장 끌로드 엘레나(1947~)는 자신의 창작품 '오스망뜨 윈난Osmanthe Yunnan'에 대해 이렇게 말한다. "내가 베이징의 '금지된 도시', 자금성을 방문했을 때 멋진 향에 이끌려 황궁까지 갔어요. 황궁은 오스만투스 꽃 관목으로 둘러싸여 있었는데, 11월에 그 작은 꽃에서 진한 살구와 프리지어 향기가 뿜어져 나왔습니다. 그 꽃향기와 중국의 가장 아름다운 지역 윈난에서 나온 차 향을 결합하는 상상을 하자 이 향수의 아이디어가 떠올랐어요."

라이트 블루, 2001

조향사 올리비에 크레스프는 '엔젤'을 만든 지 거의 20년이 지난 후 돌체 앤드 가바나를 위한 작업에 들어가 여름용 향수 '라이트 블루Light Blue'를 만들었다. 이 여성용 향수는 플로랄 계열에 속한다. 태양, 여름, 바다의 즐거움을 느끼게 한다.

프라다 앰버, 2004

프라다 브랜드는 1913년에 만들어졌지만, 첫 여성용 향수 출시는 2004년에 비로소 이루어졌다. 이어 2년 후에 남성용 향수도 나왔다. '프라다 앰버Prada Amber'는 오리엔탈 계열에 들어간다. 이 향을 만드는 데 3명의 조향사가 작업했다. 카를로스 베나임Carlos Benaïm(1944~), 클레망 가바리Clément Gavarry(1977~), 막스 가바리Max Gavarry(1937~)다.

언타이틀드, 2010

몇 년 전 패션 기업 메종 마틴 마르지엘라의 향수 '언타이틀드Untitled'가 시장에 나와서 내 클래식 향수 목록에 가장 최근의 창조물로 이름을 올렸다. 이름이 붙여지지 않은 이 향수는 플로랄 우디 머스크 계열이며 남녀가 사용할 수 있다. 이 향수는 다니엘라 앤드리어Daniela Andrier(1964~)가 조향했다.

누가 더 어울리는 향수를 잘 선택할까?

2016년 소비 행동에 관한 시장-미디어 연구에 따르면, 소비자들은 향수를 살 때 가격(34.5퍼센트)보다 상표(51.4퍼센트)에 더 주목한다. 그리고 여성의 22.2퍼센트가 매일 향수 또는 오 데 코롱을 사용한다. 하지만 여성들이 그 향수를 반드시 자신이 직접 사는 것은 아니다. 설문에 응한 여성의 29.8퍼센트가 향수를 선물로 받았다고 했다. 여성이 자기 지갑을 열어야 할 경우에는 약 30~40유로를 쓴다. 남성의 세계에서는 거의 절반(42.3퍼센트)에 가까운 남자들이 향수를 한 번도 쓴 적이 없다고 대답했다. 34.9퍼센트는 혹시 선물을 받는다면 모를까 자신이 직접 향수를 사는 일은 결코 없을 것이라고 답했다.

홍미롭게도 해당 남성에게 어울리는 향을 가장 잘 골라줄 수 있는 사람이 반드시 그의 배우자는 아니다. 프라하의 칼스 대학 연구팀은 남성에게 어울리는 향기를 골라주는 데 적합한 사람이 배우자인지 그의 누이들인지에 관한 홍미로운 연구를 진행했다. 연구팀은 우선 24개의 남성용 향수를 대상으로 그중 오리엔탈 시트러스 노트를 가진 6개의 범주와 오리엔탈 우드 노트를 가진 4개의 하위 범주로 분류했다. 그런 후 남성 16명과 12명으로 구성된 각각의 두 그룹을 만들었다. 이때 첫 번째 그룹은 자신의 여성 파트너와 동행했고, 두 번째 그룹은 여자 형제를 데려왔다.

맨 먼저 남성들이 상위 범주의 향수 향을 맡아보고 이어서 여성 파트너 또는 누이들이 향을 맡았다. 그런 다음 남성들은 자신이 마음에 드는 2가지 향기를 선택했고, 여성들은 각자 자신의 배우자나 남자 형제에게 가장 어울린다고 생각하는 향기를 1개씩 선택했다. 그다음 2단계에서 하위 범주에 있는 향수를 맡아보고 다시 모든 이들이 1개의 향기를 선택했다. 저녁에 남성들은 실험실에서 향이 없는 비누로 겨드랑이를 씻고 한쪽 겨드랑이에는 자신이 선택한 향수를 뿌리고 다른 쪽 겨드랑이에는 여성 배우자가 선택한 향수를 뿌렸다. 이어 연구자들은 향수를 뿌린 그들의 겨드랑이에 탈지면 패드를 붙였다.

다음 날 아침, 이 패드의 냄새를 20명의 또 다른 여성들이 평가했다. 그 결과 그녀들은 남성들이 직접 선택한 향수보다 여성 배우자들이 선택해준 향수를 더 좋게 평가했다. 하지만 누이들의 향수 선택은 그 결과를 훨씬 더 뛰어넘었다. 즉 냄새를 맡은 20명의 여성들은 남성의 누이들이 선택해주었던 향기를 가장 매력적이라고 느낀 것이다. 이 결과에 근거해 프라하의 연구자들은 진화의 관점에서 여자 형제는 다른 여성들에게 자기의 남자 형제를 아주 매력적으로 보이도록 한다고 생각했다. 왜냐하면 남자 형제들이 자손을 낳으면 여자 형제인 자신들의 유전자도 함께 이어지기 때문이다.

좋은 향수의 비밀은 어쩌면 타인이 그 향수를 뿌린 사람에게 끌린다는 데 있는지도 모른다. 이때 중요한 것은 향수를 은은하게 조금만 사용하는 것이다. 향수를 1미터 주위에서 감지할 수 있다면 정말 충분하다. 많은 사람이 냄새에 민감하므로 강한 향기는 지독해서 바로 불쾌하게 느낄 수 있다.

그렇다면 향수는 어디에 뿌리는 것이 가장 좋을까? 향은 피부가 얇고 맥박이 뛰는 곳, 다시 말해 목이나 손목에 뿌리는 것이 가장 좋다. 또 목덜미 부분도 향기를 잘 퍼뜨릴 수 있다. 또 하나의 가능성은 머리카락이나 옷에 뿌리는 것이다. 향수 성분에 민감하게 반응하는 사람이라면 이 방법을 사용하는 것이 좋다.

Scent 7

냄새의 언어

: 냄새를 묘사하는 어휘들

그림, 색채, 음색을 수많은 어휘로 묘사할 수 있는 한편, 냄새를 어휘로 묘사하기는 쉽지 않다. 우리는 향이 우리에게 미치는 영향을 은유를 이용해 돌려서 표현해야만 한다.

반면에 빨강, 초록, 노랑 같은 색은 우리가 빨간 물체, 초록 물체, 노란 물체를 굳이 예로 들 필요 없이 일컬을 수 있다. 색과 관련해서는 수많은 언어권에서 많은 어휘를 가지고 있다. 전문가들의 의견에 따르면, 냄새를 위한 추상적 이름의 결여는 우리가 그만큼 후각을 등한시했다는 사실, 냄새를 이름으로 부를 능력이 없다는 증거가 된다.

이 문제를 와인을 마시는 사람들, 와인 판매자, 와인 생산자들은 매우 잘 알고 있다. 이들에게는 와인을 시음할 때 표현할 적절한 어휘가 턱없이 부족하다. 이들은 시음할 때 드는 인상을 묘사함으로써 냄새에 이름이 없는 문제를 해결한다. 1995년 독일 와인 제조 전문가 연합이 와인의 아로마 등급을 67개 향 노트로 분류해 소개했다. 노트의 범위는 수지부터 좀약까지에 이른다. 그 분류가 와인 향을 어휘로 표현하는 데에도 도움이 된다고 한다.

모든 서구 국가들은 냄새 사전이 빈약하다. 그런데 향을 묘사하는 매우 복잡한 언어를 가지고 있는 원시 민족들이 있다. 예를 들어 북부 말레이시아 열대우림에 채집과 사냥을 주로 하는 유목민 자하이 족이 있다. 네덜란드 네이메헌의 막스 플랑크 연구소 심리언어학 분야의 언어학자 아시파 마지드Asifa Majid와 연구팀은 다음과 같은 사실을 밝혀냈다. 자하이 족의 언어는 아주 상이한 사물, 식물, 생물에서 나는 냄새 사이에 공통점을 지정할 수 있는 수십 가지의 추상적인 냄새 개념을 담고 있었다.

마지드는 이렇게 보고한다. "나는 자하이 족에 대해 무척 놀랐습니다. 왜냐하면 그들은 오직 냄새만 지칭하는 고유한 어휘를 가지고 있기 때문이죠." 단어 '잇피트Itpit'는 사향고양이과 동물인 빈투롱, 두리안 나무, 꽃과 비누에서 나는 냄새를 일컫는다. 그들에게 '푸스pus'라는 개념은 묵은쌀, 삶은 양배추, 버섯, 코뿔새의 냄새를 일컫는다.

"물론 모든 사물 또는 동물이 고유하고 특징적인 냄새를 지닙니다. 그러나 자하이 족은 이들 냄새에 뭔가 공통점이 있음을 알고 있었지요. 그 때문에 같은 개념의 어휘로 대상을 일컫습니다." 언어학자인 마지드는 이렇게 설명한다. "자하이 족 같은 공동체에게 냄새는 일상과 생존에 속하는 것이에요." 아마 열대우림에서는 냄새로 식물을 더 수월하게 식별할 수 있을 것이다. 더욱이 습도가 높을 때는 냄새를 인지하기가 아주 쉽기 때문에 자하이 족은 '플렝pl'eng'이라는 개념으로 신선한 피, 날고기, 진흙과 두꺼비를 표현한다는 언어학자 마지드의 보고는 전문지《뉴

사이언스New Science》에서 계속 이어진다.

“우리에게는 자하이 족처럼 적확하게 냄새를 묘사하는 어휘가 없다.” 시사하는 바가 매우 큰 테스트를 한 후 마지드가 내놓은 의견이다. 그녀는 텍사스에서 영어를 모국어로 쓰는 그룹과 자하이 족 그룹에게 똑같은 향 표본을 주고 냄새를 맡은 후 묘사하라고 했다. 이때 제시된 표본은 벤진, 초콜릿, 계피 향이었다. 자하이 족보다 서구의 실험 대상자들에게 훨씬 더 익숙한 냄새들이었다. 그런데도 미국인들은 냄새를 충분히 표현하지 못한 반면, 자하이 족은 냄새를 매우 구체적으로 표현할 수 있었다.

자하이 족이 냄새를 칭하는 어휘를 가진 유일한 부족은 아니다. 마니크 족은 태국 남부에 사는 소수민족으로, 2000년에 인구가 겨우 약 300명밖에 안 된다고 추정되었다. 그들도 역시 채집과 사냥을 하는 사람들이다. 아시파 마지드는 이 부족 또한 연구했고, 동료 에벨리나 눅Ewelina Wnuk과 함께 냄새와 감정이 밀접하게 연결되어 있음을 예증하는 향 개념 15가지를 발견했다. 눅은 연구를 위해 수많은 마니크 사람에게 어떤 대상물을 여러 냄새 개념으로 제일 잘 묘사할 수 있는지 물었다. 그리고 그들의 대답을 정리해 리스트로 작성했다. 이어 마니크 족에게 정리한 개념들을 분류해 달라고 청했다.

이렇게 해서 두 개의 카테고리를 만들 수 있었다. 한 카테고리는 좋은 냄새와 나쁜 냄새를 나타내는 어휘군이고, 다른 카테고리는 위험한 사물과 위험하지 않은 사물의 냄새를 나타내는 어휘군이었다. 그런데 그 표현들은 단일 품사에 속하지는 않았고 상태동사에 가까웠다. 즉 “× 같은 냄새가 난다"로 옮길 수 있다. 예를 들면 "X는 버섯, 오래된 지하실, 썩은 나무 같은 냄새가 난다"는 식이다. 이 냄새 표현 어휘들은 우리가 감정을 표현할 때 사용하는 어휘와 유사하다. 마니크 족이 낡은 오두막에서 나는 냄새를 나타내는 개념은 버섯 냄새, 죽은 동물의 털가죽 냄새 또는 대나무 통으로 마실 때 코에 들어오는 냄새를 표현하는 개념과 동일하다. 태양의 냄새를 나타내는 단어도 존재하며 이 단어도 역시 비누와 옷의 냄새를 나타내는 단어와 동일하다. '미에퉁Miätung'은 마니크 족에게 '식물즙, 잎, 마늘, 땅, 숲 냄새가 난다'는 뜻의 단어다. '카네Cane'는 '덩이뿌리, 끓인 음식, 쌀, 고기 냄새가 난다'를 뜻한다.

자하이 족과 마찬가지로 마니크 족에게도 그들의 환경에서는 냄새가 생존을 위해 중요했다. 그 때문에라도 냄새에 집중하는 것이 문화 전체에서 이어져 왔을 것이다. 그들은 사냥할 때 코를 이용해 포획할 동물을 가려내는 것처럼 위험한 상황도 냄새로 알아차린다. 원시민족의 의술은 냄새가 강한 약초를 사용한다. 그들은 약초의 냄새가 인간의 몸에 들어가 질병을 몰아낼 수 있다고 믿는다.

지구의 다른 쪽 반구 그린란드, 북미 북극 지대, 알래스카에 이누이트 족이 산다. 이누이트족 하면 코 인사 또는 냄새 인사를 자주 떠올린다. 얼핏 생각하면 혹한의 기온에서 두건으로 얼굴을 완전히 가리고 지내는 그들이 상대방에게 친근함을 보이려 할 때 코끝만 서로 비벼서 서로가 얼지 않게 하려는 행동이라 생각하기 쉽다. 하지만 이 설명은 타당하지 않다. 왜냐하면 피부 표면을 보드랍게 유지하기 위해 진피 속의 피지선이 지질을 생산하기 때문이다. 지질은 땀구멍을 통해 상피층에 이르는 지방이다. 그렇게 해서 상피에 달라붙은 물이 제거되고 지방에 의해 피부가 어는 것을 방지한다. 그러므로 코 인사는 다른 근원을 가진다.

코 인사 의례에서는 인사를 위해 이마와 코를 서로 조심스럽게 붙인다. 두 얼굴 사이의 가까운 거리가 친근감을 준다. 이때 사람들은 "키아오라Kia Ora"고 말하는데, "건강을 바란다"는 뜻이다. 또한 코 인사는 키스가 이교도 식으로 변화한 것도 아니다. 그보다 코 인사는 서로 냄새를 맡는 의례에서 생겨났다. 이와 비슷한 의례가 뉴질랜드의 마오리 족에게 있다.

마오리 족은 코 인사를 '홍기Hongi'라고 일컫는다. '냄새 맡다'라고 번역될 수 있는 개념인 '홍기'는 뉴질랜드 원주민의 전통 인사법이다. 이 인사법은 다양한 형태가 있으나 기능은 모두 같다. 즉 인사하는 사람들이 서로 코를 오랫동안 붙이고 상대방의 숨결을 느끼고 숨을 들이마신다. 이 관습은 인간에게 입김을 불어넣었다는 새와 숲의 신, 타네Tane에게서 비롯된 것이라 추정된다.

Scent 8

향기 비즈니스

: 시간, 장소, 상황마다 어울리는 향이 필요하다

냄새, 향수, 아로마 시장은 거대하며 향은 중요한 경제 요인이다. 이 분야에서 향 제품에만 세계적으로 매년 350억 유로가 투자된다. 그 가운데 20퍼센트가 오로지 강림절에 소비되지만 새로운 향료의 발견과 새로운 향 분자 개발에 매년 수백만 유로를 투자하는 큰 손, 거대 기업들의 수만 보아도 향의 세계가 매우 크다는 것을 한눈에 알 수 있다. 이 거대 기업들이 바로 자신들의 향수 제품으로 미래의 트렌드를 제시한다. 하지만 향 원료와 아로마 생산을 주도하는 기업들의 이름을 아는 이들은 극히 적다. 지보단과 피미니시Firmenich는 본사가 스위스에 있다. IFF는 뉴욕에 본사가 있다. 그리고 심라이즈Symrise 향료 회사는 독일 니더작센주의 홀츠민덴에 본사가 있다.

시장 점유율이 19퍼센트 이상인 지보단이 시장을 주도하는 기업이다. 세계 제2위 기업인 피미니시는 시장 점유율이 14퍼센트에 이른다. 3위는 IFF다. 독일의 거대기업이자 세계 제4위의 원료 생산업체인 심라이즈는 2003년 홀츠민덴의 향료 회사 드라고코 게버링Dragoco Gerbering 사와 하만 앤드 라이머Haarmann & Reimer 사를 합병해 설립한 회사다. 그리고 향수를 판매하는 향 기업도 존재한다. 명품 향수 판매의 최대 공급 회사들은 LVMH 그룹(디오르, 겐조, 지방시), 코티Coty(대표적으로 다비도프를 생산하는 랑카스터와 같이), 프록터 앤드 갬블 프리스티지Procter & Gamble Prestige(구찌, 돌체 앤드 가바나, 보스, 에스까다), 로레알(입생로랑, 랑콤, 아르마니), 특히 자체 브랜드 향수, 예를 들어 로더, 도나 카란, 키톤, 마이클 코어스를 소유한 에스티로더 회사가 있다. 로레알은 세계 최대의 화장품 대기업으로 전 세계 향수 판매의 약 9퍼센트에 이르는 금액을 벌어들인다. 로레알 회사도 경쟁사와 마찬가지로 인수에 의존하고 있으며, 최근 고급 향수 제조사 아틀리에 코롱Atelier Cologne을 인계받았다. 유로모니터 인터내셔널에 따르면, 향수 판매는 매년 4퍼센트 이상 증가한다고 한다.

고객이 향수를 사기 위해 계산대에서 지갑을 열기까지 수많은 관련 업계가 향기로 돈을 번다. 예컨대 향료 제조사, 디자이너 그리고 판매 및 무역 관련업, 향수 매장 또는 드러그스토어 시장 등이다. 그리고 향수병 제작 생산자도 돈을 번다. 향수는 담을 용기가 필요하다. 모양이 특이한 향수병일수록 더욱더 유리한 이유가 진열대에 놓인 수많은 제품 중에 두드러져 보이기 때문이다.

그리고 향수 외에도 세제, 다용도 세제, 화장실용 세제, 섬유유연제, 세탁비누 등의 제품도 항상 새로운 향으로 만들어진다. 독일 가정에서는 갓 빨래한 옷에서 나는 냄새를 가장 좋아하는 냄새로 꼽는다. 독일인들은 연간 70억 대의 세탁기를 돌린다. 가장 많이 사용되는 세탁제는 여전히 퍼실Persil 제품으로 5명 중 1명이 쓴다. 퍼실은 1959년, 유럽에서 처음으로 향을 첨가한 세탁제다. 물론 옷을 깨끗하게 하는 용도는 말할 것도 없지만 선호하는 세탁제가 된 비결이다.

세탁기에서 젖은 상태로 나온 세탁물에서는 어떤 냄새가 나고, 세탁물이 마른 후에는 어떤 냄새가 나는가? 또 옷장에 넣어 놓아도 세탁물에서 계속 좋은 향이 나는가? 헨켈 회사의 조향사 가운데 한 사람인 랄프 분Ralf Bunn이 일간신문 《쥐트도이체 차이퉁》에 보고한 바에 따르면 독일 퍼실 제품은 이집트, 대한민국, 미국에서도 거의 같은 향이 난다고 한다. 하지만 예외도 있다고 하는데, 아무래도 전 세계의 향의 선호도가 큰 차이를 보이기 때문이다.

우리와 함께 영화 〈향수〉를 위한 향기를 개발한 조향사 크리스토프 로다미엘은 예전에 생활용품의 향 제조 분야에서 일했다. 그는 일간지 《프라이탁Der Freitag》에서 세제에 대한 요구 사항이 매우 까다롭다고 밝힌 바 있다. 식기용 세제는 깨끗하게 씻는 기능과 동시에 사용 시 상쾌함을 자아내야 하지만 향은 즉시 날아가야 한다는 것이다. 다시 말해 접시에 세제의 흔적이 남아서는 안 된다는 뜻이다. 로다미엘은 말한다.

"식사하면서 세제의 레몬 향이 조금이라도 나는 것을 원하는 사람은 아무도 없어요. 그러나 세탁 세제의 경우는 그 반대죠. 향기가 은은하게 남아 있어야 합니다. 빨래를 헹군 후에도 옷에 은은한 향이 남아 있어서 빨래가 마른 후에 꿉꿉한 냄새가 나지 않는 걸 원합니다. 이는 기술적으로 전혀 다른 두 가지 접근법이에요. 이에 비해 향의 구성은 단순해서 한눈에 알 수 있는 편입니다."

공기에도 디자인이 필요하다

모든 공간, 모든 주변이 고유한 향을 지닌다. 물건, 건축물 그리고 사람도 고유한 향을 발산한다. 공간 구성에는 건축, 인테리어 디자인, 색, 빛, 소리, 촉각 외에 공간의 냄새도 항상 관계한다. 후각 디자인의 영향을 무시하면 안 된다. 왜냐하면 냄새가 없는 공간은 존재하지 않고, 우연히 존재하는 냄새들, 예컨대 건축자재나 물건, 사람 등에 의해 형성된 냄새들은 다른 디자인 요소 및 건축을 통해 전달하려고 하는 것과 서로 어울리지 않을 수도 있기 때문이다. 빛이나 색채는 공간에 들어서는 순간 즉시 분위기를 조성하고 특정한 감정을 불러일으키는 디자인 도구에 해당한다. 하지만 공기는 은은하게 퍼져 지속적으로 영향력을 미친다. 눈에 보이지 않아도 매우 중요한 디자인 요소다.

따라서 집에서 풍기는 향은 유행 이상의 것이다. 수년 전부터 인테리어 디자인 구상과 창조에 향기의 조성이 중요한 역할을 하고 있다. 히피적 감성을 자아내기 위해 파출리 향 스틱을 피우거나, 실내에서 서서히 마르는 포푸리가 기껏해야 먼지만 더 날리게 했던 시절은 지나갔다. 오늘날 우리는 무궁무진한 선택으로 가정에 좋은 향기를 채울 수 있다. 예를 들어 양초, 디퓨저, 스프레이뿐만 아니라 더 나아가 콘센트에서 향이 조절되어 나오는 장치도 있다.

스웨덴 가구 회사 이케아의 '라이프 앳 홈-리포트Life at Home-Report'는 연구를 위해 전 세계의 12개 도시에 거주하는 1만2천 명에게 자신의 집에서 가장 해결하고 싶은 문제가 무엇인지를 조사했다. 그리고 설문 조사 내용을 공간, 장소, 인간관계, 물건의 차원에서 분석했다. 설문에 응한 사람들의 다수, 즉 40퍼센트의 사람들이 자신의 집에 특정한 내음이 나는데 그 내음을 맡자마자 내 집이라는 편안한 느낌이 든다고 답했다. 이때 어떤 이들은 집에서 난다는 내음을 잘 묘사할 수 있었지만, 어떤 이들은 거의 묘사하지 못했다.

독일어권 사회에서 실내 방향을 위해 들이는 비용이 얼마나 되는지 구체적인 액수를 계산하기는 어렵다. 인테리어 향기는 화장품 브랜드, 화학 산업, 장식업체 들의 틈새 분야이기 때문에 명확한 구분은 거의 불가능하다. 하지만 분명한 것은 액수가 급격하게 치솟는다는 사실이다.

클래식 향수, 그리고 천연 원료로 만들어 극소수의 취향을 만족시키는 프리미엄 향수인 니치 향수와 오 데 코롱을 만드는 전통적 수공업체들만 실내나 옷장용 고급 향으로 포트폴리오를 확장하는 게 아니다. 슈퍼마켓이나 드러그 스토어에서 구매할 수 있는 화장품과 가재도구 업체에서 내놓는 다양한 제품들 또한 점점 더 큰 시장을 형성하고 있다.

필리포와 미르코 미칼레프 형제는 에이전트와 함께 수년 전부터 주택과 아파트의 향 조성 사업을 하고 있다. 그들의 생각은 이렇다. 실내 공간의 냄새를 우연에 내맡겨도 잘될 수 있지만, 반드시 잘 되는 것은 아니라는 것이다. 미르코 미칼레프는 말한다. "실내 공간의 향은 중요한 마무리예요."

이미 고대의 로마인과 이집트인들은 실내에 향을 조성했다. 미르코의 말에 따르면 "그들은 몸에 향을 바르기 시작한 이래로 실내에도 향을 사용했어요." 예전에 실내에 향을 뿌리는 것은 작은 영역에만 한정되어 있어 욕실에 발향 물질을 숨겨두는 정도였지 장식의 의미는 아니었다고 한다. 1960년대에는 향을 피우는 스틱이 있었다. 1970년대에 공장에서 생산한 방향 스프레이가 시장을 지배했는데, 주로 나쁜 냄새를 덮기 위한 목적으로 사용되었다. 하지만 오늘날은 개인 생활 영역에서 향초, 디퓨저, 촉매작용 램프, 아로마 램프 등의 형태가 방향제에 속한다.

일반적으로는 항상 고급 방향제만 사용해야 한다. 향초의 경우도 마찬가지다. 직접적으로 인체에 영향을 미치기 때문이다. 또한 집에서 향초에 불을 붙이는 것은 참으로 근사한 일이지만 향초를 집에서 너무 자주 태워서는 안 된다. 왜냐하면 향초가 타면서 생기는 그을음이 공기 중에 머물다 사람의 기도로 들어가기 때문이다. 따라서 향초는 항상 적절하게 사용해야지 과다하게 사용하면 안 된다.

실내 공간에는 어떤 향이 어울릴까?

그런데 우리가 실내 공간에 어떤 향을 부여하느냐는 어떤 기능을 하기 위한 공간인지에 따라 좌우되기도 한다. 실내에서 편안하게 긴장을 풀고 싶은가? 또는 활력을 얻을 수 있는 실내의 향이 필요한가? 업무의 효율을 높이고 싶은가? 여하튼 모든 실내 향에 통용되는 사항이 있다. 즉 방향 제품이 너무 강한 것이어서는 안 된다. 그리고 향기가 건축과 인테리어 디자인 구상과 어울려야 한다. 만일 과장된 디자인이라면 매우 강렬한 향과 잘 어울릴 수도 있다. 하지만 기본적으로, 우리는 좋은 냄새를 종종 부지불식간에 인지한다. 분위기 전체에서 편안함을 느낄 때 기분이 좋다. 향이 너무 지독하거나 분위기에 어울리지 않으면 편안하지 않다. 그럼 어떤 향이 어떤 실내에 잘 어울릴까?

사적 공간이나 공적 공간 또는 반쯤 공적인 공간도 첫인상이 결정적이다. 아파트나 주택에서의 첫인상은 입구에서 결정된다. 복도나 현관에서는 항상 좋은 냄새가 나야 한다. 사람들 대부분이 거실에서 제일 오래 머문다. 거실에 모여 앉아 텔레비전을 보거나 한다. 그러니 거실에는 편안한 향, 지속해서 쾌적함을 주는 향이 제일 좋다. 예컨대 시트러스 노트의 향기가 활기와 의사소통을 원활하게 해줄 것이다. 욕실도 편안함이 중요하게 여겨지는 곳이다. 물론 모든 공간이 다 그렇겠지만. 그런데 욕실은 좋지 않은 냄새를 감소시키는 것도 중요하다. 그러기 위해 우리가 상쾌한 공기와 청결을 떠올리게 하는 신선한 공기 느낌의 상쾌한 향이 가장 효과적이다. 많은 사람에게 주방은 가정의 중심지다. 주방은 음식과 식품을 다루는 곳이다. 음식을 조리하는 냄새에 마음이 편안해질 수도 있지만, 항상 그렇지는 않다. 어떤 냄새는 썩 좋지 않고 빨리 없어지지도 않는다. 식품 산업에서 가장 기본이 되는 향기로운 향인 바닐라 향이야말로 주방과 썩 잘 어울린다. 한편 침실에는 고요와 안정이 중요한데, 재스민 향과 오렌지 향은 잠을 잘 오게 하고 좋은 꿈을 꾸게 한다. 여기서 주의할 것은 어린이 방에는 향을 사용하면 안 된다.

물론 다음과 같이 향 조성을 할 수 있는 간편한 방법도 있다. 매우 상쾌하고 맑은 냄새를 좋아하는 사람은 오렌지 또는 감귤류 껍질로 그런 향을 만들 수 있다. 가장 간단한 방법으로는 감귤류 껍질을 난방시설 위에 올려놓으면 끝이다. 또는 오렌지를 사용할 수 있다. 오렌지에 정향을 꽂아 두기만 해도 따뜻한 느낌을 주는 향이 퍼지는데 이 방법은 해충을 쫓는 데도 도움이 된다.

BASE NOTE

향기의 영향력

"식물의 향은 우리의 감각에 음악과 같다."

– 페르시아 속담

Scent 1 향기는 우리 삶을 어떻게 바꿔놓을까?
: 오감을 모두 활용하라

당신도 냄새를 즐겨 맡는 사람에 속하는가? 다시 말해 후각을 중요하게 여기며 생활하는 사람인가? 사적인 생활공간의 냄새를 찬찬히 맡아본 적이 있는가? 가끔 향초를 켜거나 방향제를 뿌리고 디퓨저를 놓아두는가? 또는 바람이 불 때 신선한 공기로 환기되는 것만으로 충분한가? 이 모든 게 취향의 문제다.

아무튼 집 밖에 나서는 즉시 우리는 갖가지 냄새에 노출되지만 그 상황을 어떻게 할 방법은 거의 없다. 왜냐하면 냄새가 나지 않는 공간은 존재하지 않기 때문이다. 냄새가 없는 곳은 정말이지 어디에도 없다. 우리가 아무 냄새도 나지 않는다고 여기는 곳에서조차 냄새 분자가 돌아다닌다. 그리고 실내에 조금만 향기의 변화가 생겨도 분위기 전체가 달라진다. 향기는 우리 삶에 어떤 역할을 할까? 향기는 어떤 식으로 유용하게 쓰일 수 있을까?

몇몇 향 분자는 사람의 신체에 직접 영향을 미친다. 향은 정신을 맑게 하고 집중도를 높이는데, 대표적으로 라벤더 향에는 진정 효과가 있다.

주방에서 고추 꼬투리를 딸 때 눈과 코가 따가운 적이 있을 것이다. 고추 냄새를 맡는 것만으로도 뇌의 영역이 활성화되어 톡 쏘는 느낌의 매운 것을 대하는 기분이 든다. 우리는 한 실험 대상자들에게 인공 고추 향의 냄새를 맡게 했는데, 실제로는 그럴 리가 없지만 코가 맵고 톡 쏘는 느낌이 든다고 묘사했다. 후추와 생강 냄새도 비슷한 현상을 유발한다.

더욱이 고추는 냄새만으로도 뜨거운 느낌이 들게 하는 특성이 있다. 실제로는 전혀 그렇지 않은데도 말이다. 고추 냄새는 (우리의 느낌상으로) 30도 정도의 뜨거움을 느끼게 한다. 고추가 땀이 나게 만든다는 것은 매운 음식을 즐겨 먹는 사람이면 다들 아는 사실이다.

페퍼민트 냄새는 우리 몸에 고추와 반대 작용을 일으킨다. 페퍼민트 냄새를 맡으면 우리는 약 15도 정도의 온도를 느낀다. 페퍼민트가 콧속의 냉기수용체를 활성화하기 때문이다. 페퍼민트 사탕이 시원하게 하는 작용은 누구나 알고 있을 것이다. 사탕을 빨면 코에 공기가 들어가며 청량감을 퍼뜨린다. 그럴 때 코가 뻥 뚫리는 느낌이 든다. 실제로 콧구멍은 조금도 커지지 않지만, 공기에 민감해져서 코가 시원하게 뚫린 것 같은 기분이 든다. 그리고 삼차신경을 자극하지 않는 보통 공기에 비하면 냉기까지 느껴진다.

고추와 페퍼민트에 대한 이 같은 지식을 일상에 어떻게 활용할 수 있을까? 대형 쇼핑몰을 운영하는 기업이 냄새의 효과에 주목하더니, 우리를 찾아와 특이한 과제를 내주었다. 그들은 거대한 건물에 난방과 에어컨 가동으로 들어가는 막대한 에너지 비용을 절감하고 싶어했다. 우리는 먼저 실험한 후에 해당 쇼핑몰에 향 투입 장치를 설치했고 겨울에는 고추 향, 여름에는 페퍼민트 향이 실내에 고루 퍼지게 했다. 향은 아주 적게 사용해 사람들이 거의 느낄 수 없을 정도였다. 그런데도 향 투입은 효과가 있었다. 여름에 페퍼민트 향을 투입하자 쇼핑몰의 실내가 실제 온도보다 평균 2~3도 정도 더 시원하게 느껴졌다. 그 차이만큼 건물에서 에어컨 온도를 더 낮춰서 가동할 필요가 없었다. 겨울에는 고추 향을 투입해 같은 효과를 보았다. 즉 체감 온도가 올라간 것이다. 이는 에너지 비용 감소라는 환경보호 측면에서 볼 때도 확실히 흥미로운 결과다.

라스베이거스를 속속들이 냄새 맡다

적절하고 우아한 향기를 조성하는 것은 라스베이거스를 더 이상 악취의 악몽으로 기억하지 않도록 하는 데도 도움이 될 것이다. 라스베이거스는 향기로 어떻게 도시를 과대포장할 수 있는지를 보여주는 가장 좋은 예다. 고급스러운 향을 충분히 사용하지 않은 데다 원활한 향 조절 기능 불가능 또는 열악한 향 조절 시스템이 설치된 곳이라면 더 그렇다.

호텔에 들어서면 로비부터 향이 난다. 바로 옆에 위치한 카지노, 또 그 옆에 쇼핑몰 그리고 몰 내부에 있는 모든 매장들, 전 공간에서 각각의 고유한 향을 풍긴다. 모든 매장이 저마다 다른 매장의 향기를 덮고 존재감을 드러내려 애쓴다. 나는 라스베이거스 방문이 후각의 측면에서는 그다지 좋은 경험이 아니라고 생각한다. 그런데도 매년 약 4천만 명의 방문자가 그곳을 찾고, 방문자 가운데 90퍼센트에 이르는 이들이 적어도 한 번은 카지노에서 도박을 한다.

신경학자 알란 허쉬Alan Hirsch 박사는 카지노 방문자들이 카지노에서 머무는 시간과 돈을 쓸 의향이 향기의 조성을 통해 촉진될 수 있는지 알아보려 했다. 박사는 1995년 어느 주말에 하라스 호텔 카지노의 슬롯머신 세 군데에 각각의 향을 조성하게 했다. 두 군데에는 향기가 좋은 두 종류의 각각 다른 아로마를 뿌리고, 한 군데는 향 처리를 하지 않았다. 이어 실험 기간 동안 세 곳의 슬롯머신 매출, 그리고 주말에 향을 투입하지 않은 머신의 매출을 비교했다. 결과는 향이 투입되지 않은 곳과 향이 투입된 한 곳의 매출은 거의 달라지지 않은 한편, 향을 투입한 두 번째 장소의 매출 상승은 45퍼센트에 이르렀다. 이제 궁금한 점은, 어떤 향이 돈을 잘 쓰게 만드느냐는 것이다. 여기서 나는 여러분에게 실망을 안겨줄 수밖에 없다. 허쉬 박사가 비밀을 알려주지 않았기 때문이다.

1989년, 스티브 윈Steve Wynn이 라스베이거스에 호텔 '더 미라주'를 개업했다. 호텔 관련 전문지 《호텔과 숙박소 신문》은 미라주 호텔의 성공 요인 중 하나가 특별한 향기라는 기사를 냈다. 미라주 호텔의 향기 디자인 책임자 마크 펠티에Mark Peltier의 말에 따르면, 수많은 대형 호텔을 소유한 스티브 윈이 도박을 하도록 사람을 부추기는 향을 발견했다고 한다. 그는 이어 말한다. "스티브 윈은 자외선 차단 로션의 향기를 원했습니다." 왜냐하면 코코넛오일 향이 야자수와 휴가를 연상시키기 때문이다. 오늘날에도 미라주 호텔에서는 여전히 환풍기를 통해 코코넛오일 향이 퍼지고 있다.

꽃향기에 묻혀 이루는 편안한 잠

향의 세계에서 비롯된 수많은 발견으로 오늘날 생활이 편리해진다. 한 예로 재스민 향이 있다. 재스민 향은 수면장애에 시달리는 사람들에게 도움이 될 수 있다. 현재 수면장애에 시달리는 사람들이 점점 더 늘어나는 추세에 있는데, DAK 건강보고서에 따르면 35~65세 직장인들의 수면장애가 2010년부터 현재까지 66퍼센트 증가했다. 또한 직장인의 80퍼센트가 수면 문제를 겪는데, 이는 대략 3천4백만 명에 이르는 사람들이다. 특히 10명 중 1명이 중증 수면장애에 해당하는 불면증을 앓고 있다. 이는 약 60퍼센트가 넘는 사람들이다. 건강보고서에 따르면 수면장애에 시달리는 2명 중 1명이 처방전이 필요 없는 약을 그냥 약국에서 사서 먹는다고 한다. 나머지 절반은 규칙적인 수면을 위해 의사의 처방을 받는다.

이럴 때 치자 향이 수면제와 항우울제 대신 사용될 수 있다. 이는 한스 하트 교수가 올가 세게바Olga Segeeva 박사, 그리고 하인리히 하이네 뒤셀도르프 대학교의 헬무트 하스Helmut Hass 교수와의 공동 작업으로 몇 년 전에 밝혀낸 사실이다. 보훔 루르 대학교 웹사이트의 내용을 보면, 치자에 함유된 향 물질 가르데니아-아세탈Gardenia-Acetal과 그것의 합성 대체물 베르타세탈-쾨어Vertacetal-Coeur는 분자의 작용 기제가 같고, 자주 처방되는 신경안정제 바르비투르산염과 똑같이 강력한 효과가 있다고 한다. 치자 향 물질은 재스민 향과 비슷하다.

대학 웹사이트의 내용을 좀더 보자. "치자 향 물질은 진정 작용을 해

불안을 없애고 잠이 오게 한다. 보훔 루르 대학교의 동물생리학 교수 뤼베르트의 실험실에서 쥐를 대상으로 한 행동 테스트는 향이 가진 진정제 효과에 대한 마지막 의심을 없애준다. 향 물질이 주입되거나 흡입되면 진정 효과를 퍼뜨린다. 즉 아크릴 우리 속에서 향의 농도가 높은 공기 중에 있는 쥐는 모든 활동을 멈추고 구석에 가만히 있는다. 향 분자는 호흡을 통해 폐에서 혈액에 이르고 혈액을 통해 뇌로 운반된다. 이 작용으로 불안을 잠재우고, 안정시키고, 흥분과 공격성을 억누르거나 수면장애 치료를 고려할 수 있다. 연구 결과는 아로마테라피의 학문적 근거에 대한 증명으로 볼 수 있다."

하트 교수는 그것이 "아직 연구할 게 많은" 새로운 복합체라고 설명한다. 라벤더에서 추출되는 리날로올Linalool도 치자의 향 물질과 유사한 작용을 한다. 리날로올을 그대로 또는 캡슐로 만들어 먹을 수 있다고 하는데, 캡슐이 장에서 녹으면서 향 분자가 장을 거쳐 혈액에 이르고 혈액은 다시 향 분자를 뇌로 전달한다.

청결의 냄새

특정 냄새가 아주 조금 느껴지는 것만으로도 이미 인간의 행동은 영향을 받는다. 사람들이 그 냄새를 전혀 인지하지 못한다 해도 말이다. 독일 사람들 대부분은 레몬 향에서 청결, 위생, 상쾌함을 연상한다. 향 하나만으로도 누군가를 청소하도록 부추길 수 있을까? 이 문제를 다양한 국제 연구에서 파고들어 다음과 같은 결과를 얻었다. 전형적인 세제 냄새는 실험 대상자들을 정리 정돈에 신경 쓰게 만든다. 세제의 레몬 향을 맡은 사람은 무의식적으로 주변 청결에 신경을 쓴다.

네덜란드 동부 네이메헌의 라드바우드 대학교 심리학자 롭 홀란드Rob Holland는 128명의 실험 대상자에게 가벼운 과제를 주는 실험을 했다. 남녀가 단어 찾기 게임을 하는 것인데 컴퓨터 화면에서 특정 개념을 최대한 빨리 찾아내는 게임이었다. 그러고 나서 실험 대상자들은 내일 어떤 일을 하려고 계획하고 있는지 기술하고, 마지막으로 무척 잘 부스러지는 비스킷을 먹어야 했다. 실험 대상자들은 두 그룹으로 나뉘었다. 한 그룹은 비교 그룹으로 아무런 영향을 가하지 않은 공간에서 과제를 풀었다. 다른 그룹은 물 양동이에 다용도 세제를 풀어 캐비닛 뒤에 숨겨둔 방에 있었다. 나중에 실험 대상자들에게 물어보니 세제 레몬 향을 조금이라도 느낀 사람은 몇 명밖에 되지 않았다.

그런데 이 실험은 놀라운 결과를 보여줬다. 향이 투입된 방에 있던 실험 대상자들은 청결 또는 청소가 연상되는 단어를 비교 그룹보다 훨씬 더 빨리 찾아냈다. 게다가 그들은 비교 그룹보다 세 배나 더 많은 수가 내일 할 일로 청소 또는 집 정리를 적었다. 향이 나지 않는 방 실험자들은 11퍼센트가 다음 날 청소를 한다고 했고, 향기가 나게 한 방 실험자들의 경우는 36퍼센트였다. 그리고 그들은 비교 그룹과 비교해 훨씬 더 많은 사람이 방을 깨끗이 해놓고 나왔다. 레몬 향에 노출된 실험 참가자들은 비교 그룹보다 세 배나 더 자주 탁자에 떨어진 비스킷 부스러기를 치웠다.

롭 홀란드 박사는 이 연구 결과를 《심리 과학Psychological Science》에 발표했다. 연구자들은 레몬 향이 청결 개념에 이르는 과정을 수월하게 만든 것이라 설명한다. 뇌가 그 생각에 상응하는 행동, 즉 비스킷 부스러기를 모으는 행동을 무의식적으로 끌어낸다는 것이다. 따라서 냄새는 시각 자극만큼이나 행동에 강한 영향을 미친다는 것이 홀란드 박사의 요약이다. 그러면 그 결과를 일상에 어떻게 적용할 수 있을까? 청소할 생각이 들지 않을 때 간단하게 집에 레몬 향을 뿌린다. 물론 그렇게 해서 집이 저절로 깨끗해지는 것은 아니지만, 빠르게 청소에 착수할 수 있다!

네이메헌 대학교의 실험에서도 이와 유사한 결과가 나왔다. 실험을 위해 기차 두 칸에 세제가 담긴 여러 개의 용기를 두어 레몬 향이 나게 했다. 기차는 약 두 시간 동안 네덜란드의 아메르스포르트에서 엥크호이젠까지 달렸다. 기차가 종착역에 도착할 때마다 향기를 투입한 두 대의 차량과 레몬 향이 나지 않는 비교 차량 두 대의 쓰레기통을 조사했다. 여행자들이 버린 쓰레기를 모아 무게를 달았는데, 레몬 향이 나는 차량의 승객들이 쓰레기를 현저히 덜 버렸다.

또 유타주 프로보에 있는 브리검영 대학교 매리엇 경영대학원의 케이티 릴리젠퀴스트Katie Liljenquist도 '미덕의 냄새'라는 제목의 연구를 실행했다. 이 연구에서 레몬 향이 결정적인 역할을 했다. 사람들이 청결한 냄새가 나는 공간에서 더 예의 바르고 더 관대하고 더 공정하게 행동하는가? 향기 조성에 의한 윤리 의식은 과연 가능할 것인가? 릴리젠퀴스트와 그녀의 동료 첸-보 종Chen-Bo Zhong, 애덤 갤린스키Adam Galinsky는 다음과 같은 실험을 구성했다.

연구자들은 우선 실험 참가자들을 두 그룹으로 나누었다. 이 실험에서도 한 장소에는 일반적인 유리창용 세제의 레몬 향을 뿌리고, 비교 그룹을 위한 다른 장소에는 향을 투입하지 않았다. 연구자들은 후속 질문을 통해 우선 실험 대상자들이 레몬 향을 의식하거나 인지하지 않았음을 확인했다. 학자들이 던진 첫 의문은, 신체적 청결과 도덕적 청결 사이에 상관관계가 존재하느냐는 것이었다. 도덕은 청결, 그리고 어쩌면 깨끗한 냄새에서도 연상될 것이라는 가설이었다. 반대로 비도덕적인 태도는 더러움과 고약한 냄새에서 연상될 것이다.

실험의 1부는 실험 대상자들의 공정함이 초점이었다. 실험 대상자들은 옆방에서 익명의 게임 파트너로부터 12달러를 받았고, 그 액수에서 얼마만큼의 돈을 분배하는 게 정당한가를 자신의 재량에 따라 결정하도록 했다. 레몬 향 스프레이를 뿌린 방의 실험 대상자들은 비교 그룹이 겨우 2.81달러를 내놓은 것에 비해 평균 5.33달러 이상의 돈을 내놓았다. 향을 뿌린 방의 실험 대상자들이 더 관대하고 더 공정하게 행동한 것이다.

실험의 2부에서는 공익을 위한 행동의 자발성을 알아보았다. 실험 대상자들에게 열악한 주거지 생활자들을 보호하는 단체에 후원하겠냐는 질문을 했다. 향을 뿌린 방의 실험 대상자들이 봉사활동에 훨씬 더 큰 관심을 보였고, 그들 가운데 22퍼센트가 단체에 후원하겠다고 답했다. 비교 그룹에서는 단 6퍼센트만 자금 후원을 약속했다. 이 결과를 통해 케이티 릴리젠퀴스트는 청결을 연상시키는 향을 뿌리는 것이 "도덕적 행동을 고취하기 위한 간단하고 비강제적인 방법"이라 여겼다.

레몬 향을 조금 뿌리는 것으로 세상을 더 나은 곳으로 만든다. 과연 그렇게 간단할까? 나는 좀 의심스럽다. 사실은 이렇다. 만일 스페인에서 레몬 향을 뿌린 조건 아래 청결에 관한 연구를 했다면 다른 결과가 나왔을 수 있다. 왜냐하면 독일은 레몬의 나라이기 때문이다. 독일 사람들은 레몬 향에서 깨끗함을 연상하지만, 스페인 사람들은 — 그리고 그리스 사람들도 — 염소Cl 냄새에서 위생과 상쾌함을 떠올린다. 그런 이유로 스페인에서는 수많은 세제에서 염소 냄새가 난다. 한편 이집트에서는 — 미국도 마찬가지다 — 대부분의 세제에서 묵직한 재스민 꽃향기가 난다. 따라서 이 경우도 결국 각인의 문제다. 즉 사람들이 향기를 어떻게 인지하고 기억에 저장했는가? 독일 사람들은 실내 수영장 물에서 톡 쏘는 염소 냄새가 난다는 것을 기억한다. 그들에게 염소 냄새는 오히려 건강에 나쁘다는 연상과 맞물려 있다.

향기로 선한 행동을 유발하다

로렌 대학의 록산 생-보젤Roxane Saint-Bauzel과 발레리 포인티아Valérie Fointiat는 일상에서 향이 사회적 관계에 어느 정도 영향을 미치는지 밝히려 했다. 그들의 실험 주제는 다음과 같다. 거리에서 특수한 상황에 처해 도움을 청하는 사람이 풍기는 냄새에 따라 어떤 반응을 보이냐는 것이었다. 실험을 위해 젊은 여성이 서류뭉치를 들고 걷다가 길을 잃은 척하며 지나가는 사람에게 길을 묻는다는 설정을 했다. 사람들 대부분은 기꺼이 길을 알려주려 했다. 여기서 더 나아가 이번에는 서류뭉치를 떨어뜨렸다. 이제 길을 알려주던 사람이 이번에도 재차 도와줄지를 관찰했다. 그녀에게 길을 알려준 사람이 두 번째도 도움을 줄까? 이 실험은 총 세 번 실행되었는데, 첫 번째 실험에서는 바닐라 향을 뿌리고, 두 번째에는 유칼립투스 향과 비슷한 톡 쏘는 느낌의 캠퍼(장뇌) 향을 뿌렸다. 세 번째에서는 여성이 길을 묻지 않고 곧장 서류뭉치를 떨어뜨렸다.

여성의 향기는 행인이 내미는 도움의 손길에 두드러진 영향력을 미쳤다. 기대한 바와 같이 여성에게 길을 알려주었던 보행자들은 서류뭉치를 떨어뜨렸을 때에도 세 번째 실험인 여성이 길을 물어보지 않고 곧바로 서류를 떨어뜨린 경우의 사람들보다 더 빈번하게 도와주었다. 그런데 이 경우는 다만 실험 여성에게서 바닐라 향을 풍길 때에 한했다. 바닐라 향이 날 때는 앞서 길을 알려주었던 사람의 70퍼센트가 여성을 도와주었다. 여성이 캠퍼 향을 풍길 때는 10퍼센트만 도와주어서 세 번째 실험의 대상자들에 비해 그다지 나을 게 없었다. 결과로 볼 때 도움을 청하는 사람의 특성이 중요한 역할을 하는 것으로 보인다. 우리가 타인의 도움을 받을 때 냄새가 도움이 될 수 있다고 하는 2012년의 테스트 결과는 전문학술지 《사회적 행동 및 인성Social Behavior and Personality》에 실렸다.

오렌지 향이 다양한 영향을 행사한다는 것은 이미 언급했다. 하지만 미국 교도소에는 무슨 목적으로 오렌지 향을 뿌릴까? 실제로 미국에서 교도소 수감자들의 공동생활에 오렌지 아로마가 어떤 영향을 미치는지 조사한 연구가 있다. 환기구를 통해 교도소의 공동 사용 공간에 오렌지 향을 뿌리고 난 후 수감자들이 더 차분해지고 공격적 반응이 감소해 진정제 사용이 줄어들었음을 확인했다. 로테르담의 경찰서도 이와 비슷한 경험을 했다. 네덜란드의 실험자들은 4주의 테스트 기간에 걸쳐 오렌지향에 노출되었고, 교도소 내 폭력이 현저히 감소했다.

이 경험에서 우리는 다음과 같은 고려를 하게 된다. 다른 생활 영역, 즉 우리 일상생활에서 향기의 영향력을 어떻게 활용할 수 있을까? 예를 들어 전철의 경우는 어떻게 될까? 매일 아침저녁으로 전철을 이용해 직장에 갔다가 다시 집으로 돌아가는 사람들은 붐비는 시간에 차량 내부가 지극히 불쾌하다 못해 공격적이기까지 하다는 사실을 말하지 않아도 잘 알 것이다. 객차 안은 사람들로 옴짝달싹할 수 없고, 어느 때는 너무 춥고 어느 때는 너무 덥다. 승객들에게서 풍기는 냄새 역시 항상 좋지만은 않다. 사람들은 신경질이 나고 스트레스가 쌓여 기분 나쁜 상태로 사무실에 도착한다. 당신도 잘 알지 않는가? 지옥철에 온 것을 환영한다!

독일 철도는 뮌헨의 루드비히 막시밀리안 대학교와 협력해 독일의 알프스 지역인 알고이 구간에서 승객들의 쾌적함에 향이 미치는 영향을 테스트했다. 실험은 3개월에 걸쳐 아우구스부르크와 부흐로에 구간을 운행하는 크나이프 레히펠트 기차의 차량 내에서 이루어졌다. 두 개의 차량 중에 한 차량에는 향이 투입되었고, 다른 한 차량에는 향을 넣지 않았다. 우리는 진정 작용이 익히 알려진 재스민, 제비꽃, 모과, 머스크 노트를 가진 매우 은은한 향을 하나 선택했다.

두 차량에 탄 승객들은 여행을 마친 후 설문에 답했다. 승객 총 280명이 설문지를 작성해 돌려주었다. 승객들은 15~79세 사이의 연령층에 여성 49.8퍼센트와 남성 50.2퍼센트로 구성되었다. 승객 280명의 임의 추출 견본에는 정기 승객을 비롯해 가끔 기차를 타는 사람들이 포함되었다. 설문에 응한 승객들의 진술은 다음과 같이 분명했다. 여행 체험, 여행의 질, 가격 대비 성능, 그리고 철도 회사에 대해 향을 첨가한 차량의 승객들이 향이 없는 차량의 승객들보다 훨씬 좋게 평가했다. 그들은 무엇보다 목적지까지 스트레스 없이 편안하게 도착했다고 진술했다.

우리는 이 실험을 이후에 서부 독일방송(WDR)의 한 TV 프로그램을 위해 다시 한번 실시했고, 이때는 그보다 짧은 기간 내에 진행했다. 뮌헨 대학교의 안나 지라Anna Girard와 공동 실험으로 다시금 알고이 구간 운행 기차 내부의 에어컨을 통해 스트레스를 없애는 조합의 향기를 은은하게 내보냈다. 이번에도 향이 나는 차량에 탄 승객들의 만족도가 더 높았다. 승객들은 질문을 받았을 때야 비로소 향이 투입되었다는 사실을 알게 되었다. 많은 이들이 객차에서 항상 그처럼 상쾌하고 쾌적한 향기가 나야 한다는 의견을 주었다. 어떤 이들은 회의적이라는 의견을 내놓았다. 한 여성 승객의 진술에 따르면, 자신은 자연스러운 향이 나는 환경을 선호한다며 오히려 땀 냄새와 남성 승객의 향수가 더 낫다고 했다. 물론, 취향은 사람마다 다 다르기 마련이다.

내가 기차 실험에 대해 보고할 때마다 항상 전부 조작이라는 비판을 듣곤 한다. 차량 내부의 향기에 의해 승객들이 느긋해진다면 그것 때문에 일어날지도 모를 못마땅한 지각이나 다른 종류의 불만 상황을 감수해야 할 것이라는 주장이 나온다. 내가 확신하는 것은, 우리는 그처럼 간단히 조작에 넘어가지 않으며 속지 않는다는 것이다. 향기가 긴장을 이완시키고 스트레스를 해소한다는 이유만으로 우리가 생각이 없는 존재이자 미성숙한 시민이 되는 것은 결코 아니다. 그리고 나는 다시 한번 강조하고 싶다. 우리는 후각을 조작이 가능한 감각으로만 이해하는 것이 아니다. 조작이라는 의미는 "개인이나 단체의 경험과 행동에 대해 의도적으로 은폐한 영향"을 말한다. 그러나 우리가 의식적으로 냄새를 맡으며 생활하면 향은 우리를 조작할 수 없다. 우리 모두, 오감의 주인이 되자!

Scent 2

오감을 위한 영화관

: 영화에 향기를 입히다

"향기를 발산하는 방향 오르간이 참으로 상쾌한 허브 향의 카프리치오-아르페지오 선율을 연주한다. 백리향과 라벤더, 로즈마리, 바질, 미르테(도금양), 덩굴풀 향의 잔물결 치는 선율에 이어 향신료 종류로 용연향까지 대담하게 변주된다. 샌들우드, 캠퍼(장뇌), 히말라야삼나무와 갓 베어낸 건초 냄새(이따금 은근한 불협화음이 간간이 끼어드는데, 양배추 절임 사우어크라우트의 새콤한 냄새와 말똥 냄새가 스치듯 감돌았다) 등을 거쳐 다시 처음 시작했던 소박한 향의 선율로 돌아가 서서히 가라앉는다."

오감을 위한 영화관, 다시 말해 후각으로도 즐길 수 있는 영화관을 영국 작가 올더스 헉슬리가 1932년, 미래를 예언한 소설 『멋진 신세계』에서 이렇게 묘사했다. 헉슬리는 2540년의 디스토피아 사회를 그렸다.

움직이는 그림에 향을 첨가하려던 무척 단순한 첫 시도는 백 년도 더 전에, 심지어 유성영화의 탄생보다 몇 년 더 일찍 있었다. 향 투입의 선구자 중 한 사람은 무성영화 흥행자 새무얼 록시 로타펠Samuel Rox Rothafel이었다. 그는 패서디나에 있는 자신의 영화관에 장미 향기를 활용해서 스포츠뉴스에 활기를 불어넣으려고 했다. 그는 장미 에센스를 적신 면을 환풍기 위에 걸쳐놓았다. 향기의 효과는 예상대로 아주 잠시였고, 향은 금세 다 날아갔다. 실망한 로타펠은 향 투입을 그만두었다.

향을 투입하려던 또 다른 시도들 역시 잠깐의 덧없는 성공으로 밝혀졌다. 예를 들어 1913년 독일 무성영화 〈황금 침대〉가 베를린의 마모르 잘에서 상영될 때 영화의 분위기를 특수한 향으로 강조했다. 1920년대 말 게리 쿠퍼가 출연하는 전쟁로맨스 무성영화 〈라일락 타임〉을 상영할 때는 영화관의 송풍기를 통해 라일락 향을 퍼뜨렸다. 1929년 최초의 뮤지컬 영화 〈브로드웨이 멜로디〉의 첫 상영 때는 천장에서 오렌지 향수를 뿌려 향을 퍼지게 했다.

그러나 그 후로 향을 더한 최초의 장편 극영화를 스크린에 옮기는 데 성공한 사람은 할리우드의 영화제작자들이 아니라 스위스의 한스 E. 라우베Hans E. Laube였다. 그는 이른바 움직이고 말하는 화면 처리 방식 Operated-Talking-Pictures; O.T.P을 개발했는데, 그 기술로 스크린 장면에 맞춰 자동차 배기가스에서부터 라벤더 향뿐만 아니라 유향 등 4,000개까지의 다양한 향을 내보낼 수 있었다고 한다. O.T.P 시스템을 이용한 최초의 향 영화는 1940년에 첫 상영을 했다. 영화 제목은 당시 매우 인기 있었던 향수의 이름을 딴 〈마이 드림〉이었다. 영화는 뉴욕에서 열린 세계박람회 스위스 전시관에서 개봉되었다. 그러나 향기가 나는 영화 상영으로 말미암은 스위스인들의 기쁨은 오래가지 못했다. 특허권 다툼으로 첫 상영 이후 O.T.P. 기술도, 영화도 경찰에 압류되었다.

향기 기술 처리 방식들은 생겼다 사라지기를 거듭하며 이름도 계속 바뀌었다. 한번은 센소라마Sensorama라고 했다가 한번은 아로마라마Aromarama라고 불렀다. 아로마라마 기법은 1960년 중국 만리장성 다큐멘터리에 사용되었다. 스멜-O-비전Smell-O-Vision 처리 방식도 마찬가지로 1960년에 특수 제작된 영화관 홀에 도입되었다. 오도라마Odorama 처리 방식은 향이 발린 카드를 문지르는 것으로, 영화를 보는 사람들이 스크린에 나타나는 지시에 따라 장면에 어울리는 냄새를 맡기 위해 손가락으로 카드를 문질렀다.

컬트영화 감독 존 워터스John Waters는 1981년 디바인이 주인공으로 출연한 풍자영화 〈폴리에스터〉에 문지르는 향 카드를 사용했다. 워터스 감독을 아는 사람은 그의 향 선택에 대해 놀라지 않았고, 고약한 냄새가 하늘을 찌를 것도 잘 알았다. 문지르는 향 카드에는 장미, 가스제거제, 접착제, 피자, 휘발유, 스컹크, 가스, 자동차 내부, 더러운 신발에서 나는 냄새, 또 실내용 방향제도 섞여 있었다.

워터스는 오스트리아 일간지 《슈탄다르트》와의 인터뷰에서 향을 개발하는 일에도 직접 참여했느냐는 질문에 이렇게 답했다. "맞습니다. 제가 향을 생각해냈어요. 그 시절에는 냄새 카드를 제작하는 회사가 딱 한 곳 있었어요. 바로 3M 회사로 꽤 큰 기업이었지요. 당시 영화 〈헤어스프레이〉는 아직 제작하지 않았던 때였고 그래서 저는 회사와 접촉한 사람이 누구인지 회사 측에서 반드시 알 필요가 있다고 생각지 않았지요. 저는 3M 회사가 냄새 라이브러리를 가지고 있다는 것을 알고 있었습니다. 물론 '방귀 냄새 백만 개를 만들어주시오'라고 할 수 없었기 때문에 썩은 달걀 냄새 백만 개를 주문했어요. 저는 그 분야와 관련해 아이디어가 풍부했습니다. 그리고 완성된 냄새 카드를 전부 받았습니다. 나는 영화관에 앉은 관람객들이 냄새 카드를 문지른다는 아이디어가 마음에 들었습니다. 지금도 카드의 원본을 차고에 보관하고 있는데요, 왜냐하면 아직도 냄새가 나기 때문이죠. 냄새 카드에는 유효기간이 없는 것 같습니다."

문지르는 향 카드는 1999년과 2011년 영화 페스티벌에서 〈폴리에스터〉 상영 시에 다시 한번 등장했다. 그리 오래되지 않은 과거의 몇 안 되는 영화 가운데 문지르는 향 카드 방식으로 향을 조성한 영화는 액션 코미디물 〈스파이 키즈 4: 올 더 타임 인 더 월드〉였다. 영화감독 로버트 로드리게스Robert Rodriguez는 팬들에게 '특별한 선물'을 주고 싶은 마음에 긁는 칸이 8개 있는 아로마 스코프 카드를 나누어 주었다.

"신호 코드에 의한 향기 영화의 아킬레스건은 향의 기술적 확산과 제거(송풍기, 에어컨디셔너, 특수 캔) 및 원하는 향이 발산될 타이밍이다. 이 문제는 여전히 해결되지 않았다." 향기 영화관의 발생과 현재에 이르기까지의 발전에 대한 킬 대학교『영화 개념사전』저자들의 요약이다. 그리고 실제로 바로 그 부분에 큰 도전이 존재한다. 기술적 문제 외에 사람들의 선입견과도 싸워야 한다. 유성영화도 도입되던 당시에는 그다지 인기를 끌지 못했다. 도대체 왜 소리가 필요한가? 그림만으로 충분하다는 게 여러 의견 중 하나였다. 이와 비슷한 일을 현재 향기 영화관도 겪고 있다. 모든 냄새를 맡아야 하는가? 음향과 영상으로 충분하지 않은가?

이런 이유로 우리는 전형적인 일반 영화관의 향 조성보다 특별 이벤트에 집중한다. 대표적인 예가 포드나 폭스바겐에서 새 자동차 모델을 선보이려 할 때 같은 경우다. 우리는 자동차 박람회장에 영상관을 설치하고 이미지나 광고영화를 보여줄 때 향을 첨가했다. 폭스바겐의 차 카브리오스를 소개하는 광고영화에서 들판과 숲 그리고 바다를 따라 아름다운 풍경 속을 달리는 차를 보게 된다. 우리는 영상이 나타날 때 그에 어울리는 향을 퍼뜨렸다. 마지막 장면에서는 카메라가 위쪽에서 차의 내부로 이동한다. 그리고 그 순간, 관람객들은 고급 가죽 냄새를 맡게 된다.

2008년 애니메이션 영화 〈라따뚜이〉가 상영되었다. 픽사 디즈니의 의뢰로 우리는 20분짜리 영화 예고편에 향을 넣어야 했다. 그 목적을 위해 구상된 소규모 이동식 향기 영화관과 더불어 유럽의 대도시를 순회했다. 이동식 영화관은 공공장소에 설치되었고, 세 번째 의자마다 그 아래에 냄새를 퍼뜨리는 조향 시스템을 두었다. 〈라따뚜이〉 줄거리 가운데 어느 날 파리의 한 레스토랑에서 요리사가 된 레미라는 이름의 쥐가 나온다. 후각적 측면에서 볼 때 영화는 우리 조향사들에게 훌륭한 가능성을 제공했다. 요리와 냄새, 그것은 당연히 완벽한 조합이다. 〈라따뚜이〉 영화에서 삶은 채소, 가지, 호박, 양파, 마늘, 싱싱한 허브 등 기가 막힌 냄새가 났다. 그 냄새들은 코를 통해서도 관람객들을 레미의 부엌으로 옮겨놓았다.

향기 영화관은 첫 시도가 있은 지 백 년이 지나면서 기술적으로는 혁신을 이루었으나 경제적인 이유로 여전히 이벤트의 성격을 띠며, 대중적으로 보편화되지 못했다. 나는 향기 영화에 미래가 있다고 확신하는데도 우리는 '가상 및 증강 현실'에서 생겨나는 기회만 생각한다. VR, 즉 가상현실은 새로운 컴퓨터 세대의 시작을 알리는 기술이다. 사용자가 VR 안경을 쓰면 디스플레이가 사라지면서 자신이 영화의 사건에 들어가 있는 것으로 인지하게 된다. 관람객은 자신을 360도로 에워싸고 있는 사건 진행의 목격자가 된다. 이 매체에 존재하는 유일무이한 점이 바로 가상세계로 '뛰어드는 것'이다. 잘 만들어진 VR 영화에서 사용자들은 자신이 다른 장소에 있는 것 같은 기분을 느낀다.

완전히 다른 세계로 뛰어들기 위한 실제 VR 체험에 냄새도 포함된다. 의도한 각각의 냄새가 퍼지는 기술은 어느새 매우 발전해 향기가 나게 했다가 즉시 다시 없앨 수도 있다. VR 사용자가 고개를 숙이고 땅을 보면 땅에서 풀냄새를 맡는다. 몸을 돌려 바다를 보면 바다 냄새만 맡는다. 이어 그가 고개를 들고 하늘을 쳐다보면 신선한 공기 내음을 맡는다. 이때 다른 냄새는 전혀 나지 않는다. 요즘 우리는 마이크로 테크놀로지 작업으로 조향 시스템을 최소 크기로 만든다. 그렇게 만들어진 조향 시스템은 USB와 비슷하게 생겼다. 그것을 이미지가 나오는 VR 안경에 연결만 하면 된다.

2017년, 뉴욕에서 개최된 트라이베카 영화제에서 굉장한 VR 영화를 시연했다. 영화 제목은 〈나무〉다. 영화 속에서 관람객은 자신이 주인공이 된다. 다시 말해 열대우림의 한가운데에 서 있는 거대한 나무가 되는 것이다. 관람객이 영화를 나무의 시점으로 체험하는 것은 매혹적인 동시에 경악스럽다. 영화 마지막에 나무가 불에 타서 소실되기 때문이다. 관객은 그 모든 과정을 강렬하게, 거의 온몸으로 느낀다. 치명적인 불이 서서히 다가와 나무에 불이 붙기 시작하는 것을 눈으로 보고 듣는 것을 넘어 작열하는 화염과 뜨거운 열기와 나무가 탄 숯 냄새도 맡는다. 완전히 새로운 체험이다.

한편 〈나무〉는 심각한 배경과 중요한 사안을 가지고 있다. 영화는 열대우림 자연에서 무분별한 훼손을 하고 수백만 그루의 나무를 벌목해 콩 재배 경작지를 조성하고 있다고 고발한다. 우리는 프로덕션 회사 뉴리얼리티의 의뢰로 향을 개발했고, 이른바 '향기 조절기Scentcontroller'라는 기술을 공급했다. 그 기술로 영화의 해당 장면에서 연출에 맞춰 석탄, 나무, 원시림, 화재의 냄새를 매우 강조한 냄새를 퍼뜨렸다.

Scent 3

내가 아는 최악의 향

: 영화 〈향수〉와 '파리 1738'

내가 아는 향 중에 최악의 향은 꽤 아름다운 이름을 가지고 있다. 바로 '파리 1738'이다. 동료들에게 지금까지 만들어낸 향 가운데 가장 불쾌한 향이 무엇이냐고 물으면 다들 나와 마찬가지로 총알처럼 빠르게 대답한다. "파리 1738!"

이 향은 우리가 몇 년 전에 향을 투입했던 유명한 영화 〈향수〉에서 나온 것이다. 파트리크 쥐스킨트의 동명 소설을 토대로 한 영화로, '파리 1738'은 주인공 장 바티스트 그르누이의 전설적인 탄생 장면에 냄새 배경효과로 사용됐다. 그 향은 우리를 1738년 7월 17일, 파리의 생선 시장 한복판으로 이끈다. 지독한 냄새가 난다. 생선 비린내, 썩는 냄새, 쓰레기 냄새, 똥오줌 냄새. 이런 환경의 시장 가판대 아래에서 그르누이가 태어난다. 생선장수인 어머니는 갓 태어난 아기를 돌보기는커녕 오히려 사산한 줄 알고 옷도 입히지 않은 채 알몸 그대로 바닥에 내버려 둔다. 그런데 갑자기 아이가 자지러지게 울기 시작한다. 주변의 냄새를 맡고 깨어난 것이다. 그렇게 완벽한 향수를 찾는 살인자의 이야기가 시작된다.

우리는 영화가 아직 촬영 중이던 때에 콘스탄틴 영화사의 의뢰를 받았다. 그들은 선별된 영화관 상영과 시사회의 향 작업을 위해 15가지의 다양한 향을 사용하려 했다. 각각의 향은 영화의 주요 장면과 어울려야 한다는 조건이 붙었다. 우리는 그때 뉴욕에 거주하면서 일하고 있던 조향사 크리스토프 로다미엘Christophe Laudamiel과 함께 작업에 들어갔다. 그는 P&G 향수 학교에서 조향사 교육을 받았다. 1990년대 말에 섬유유연제 향인 '레노아 체리블라썸'을 개발했고, 향수 분야로 전환한 뒤에는 타미힐피거의 '쿨 스프레이 썸머Cool Spray Summer', 랄프 로렌의 '폴로 블루 포 맨Polo Blue for Men' 또는 아베크롬비 앤드 피치의 '피어스Fierce' 같은 유명 향수 제작에 참여했다. 크리스토프는 한 인터뷰에서 영화 〈향수〉를 위한 향기 제작 작업에 대해 이렇게 말했다. "파트리크 쥐스킨트는 엄청난 전문 지식을 가지고 있습니다. 그가 향수 제조 과정을 적확하게 알고 그대로 묘사한 것이 정말 놀랍습니다."

〈향수〉를 위해 크리스토프가 창조한 향들은 무척 함축적이고 독특했다. 무엇보다 앞서 언급한 생선 시장 냄새가 인상적이긴 하지만, 아기 냄새 또는 살구 파는 아가씨 냄새, 이런저런 향수를 만들기 위해 수많은 향 원료가 섞인 장 바티스트의 지하실 냄새도 있었다. 영화에 등장하는 마지막 향은 그야말로 최대의 도전이었다. 왜냐하면 그것은 그르누이가 마침내 발견한 궁극의 향, 완벽한 향수에 상응해야 했기 때문이다. 그르누이는 살인을 저지른 끝에 처형되어야 한다. 그는 매혹적인 향을 얻기 위해 젊은 여성들을 죽였다. 처형식 날, 수많은 군중이 그르누이의 처형을 보기 위해 모여 있다. 증오에 찬 많은 이들이 그를 어서 죽이라고 외쳐댄다. 하지만 일순간 분위기가 바뀐다. 갑자기 군중이 살인자 그르누이를 증오가 아닌 사랑과 욕망의 눈길로 바라본다. 그르누이가 희생자들에게서 얻은 향으로 제조한 '완벽한 향수'를 사용했기 때문이다. 이 향은 사람들을 매혹시키고 사건을 잊게 만든다. 이로써 그르누이는 처형을 모면하고 영화는 대중들의 난음 장면으로 끝난다.

〈향수〉는 런던, 파리, 도쿄, 상파울로, 뉴욕, 로스앤젤레스, 서울, 모스크바 시사회에서 향기 영화로 상영되었다. 그와 동시에 프랑스의 유명 디자이너 티어리 뮈글러Thierry Mugler도 당시 〈향수〉 영화에서 등장하는 냄새를 향수 세트로 제작했다. '베이비Baby', '파리 1738Paris 1738', '아틀리에 그리말Atelier Grimal', '버진 넘버 원Virgin Number One', '부띠끄 발디니Boutique Baldini', '아모르 앤드 프시케Amor & Psyche', '누이 나폴리테느Nuit Napolitaine', '에르미Ermite', '살롱 루즈Salon Rouge', '휴먼 이그지스턴스Human Existence', '압솔뤼 재스민Absolu Jasmin', '시, 노블레스Sea, Noblesse', '오르기에Orgie', 그리고 궁극의 향 '아우라Aura'였다.

이제 누구나 영화에 나오는 1738년 파리의 생선 시장에서 나는 냄새를 맡을 수 있었다. 과연 누가 그 냄새를 기꺼이 맡으려 할까? 아무도 없을 거다. 하지만 우리가 잘못 생각했다. 실제로 그 향수 애호가들이 있었다! 그들 가운데 한 사람이 바로 앞에서도 이야기했던 이 시대 가장 유명한 현대 예술가 피에르 위그다. 그리고 그의 스튜디오 매니저인 안느도 그 향을 맡고 무척 황홀해했다. 두 사람은 '파리 1738'의 향을 맡아보더니, 가장 사랑하는 향으로 뽑았다. 당시 그들은 내게 지금 시대에 딱 어울리는 향수로 파리의 전위 예술이 좋아할 향이라고 했다. 물론 안

느와 피에르가 과감하게 자신들의 몸에도 그 생선 시장 냄새의 향수를 뿌렸는지, 그들의 열렬한 애정이 얼마나 오래갔는지는 알 수 없다.

향유고래가 만들어내는 최고의 향

'파리 1738' 향수의 베이스는 사향고양이의 항문선에서 나온 분비물인 성호르몬이었다. 이 물질은 오늘날 향수 제작에서 합성 대체 원료만 사용된다. 사향고양이의 분비물은 가공하지 않은 순수한 상태에서는 지독히 불쾌한 냄새가 난다. 하지만 원료를 희석하면 사향, 가죽, 흙 느낌의 아로마를 얻을 수 있다. 이처럼 지독한 배설물 냄새가 나더라도 이 원료는 적당한 양(아주 조금)을 사용하면, 대단히 훌륭하고 복합적인 향의 베이스가 되는 경우가 많다. 사향고양이 항문선에서 나오는 분비물 채취는 다행히 얼마 전부터 금지되었다. 예전에는 사람들이 분비물을 얻기 위해 사향고양이를 죽이는 짓도 서슴지 않았기 때문이다.

또 다른 원료들도 이제 더는 자연에서 채취하지 않는다. 예컨대 희귀해서 값비싼 물질인 용연향은 거의 전적으로 열대지역의 바다에서 발견되며 향수 제조에 사용된다. 용연향은 처음에는 불쾌한 향을 발산하지만 얼마간 공기 중에 머물면 그 향이 달라진다. 용연향은 향유고래의 위에서 생성되는 것으로 소화되지 않고 남은 잔류물이 밀랍과 유사한 물질에 싸여 있다가 토하거나 항문을 통해 배출된 것이다. 용연향의 향은 여러 가지다. 때로는 약한 흙냄새, 사향과 비슷한 냄새, 아주 달콤한 냄새가 날 때가 많다. 향수 제조사들은 용연향 1온스를 사는 데 거액을 들인다. 값비싼 자연산을 합성 에센스로 대치할 수 있게 된 후로 향유고래 분비물 거래는 거의 사라졌다. 오늘날 용연향은 몇몇 소수의 향수 제조사들만 사용한다. 용연향은 플로랄 향과 달콤한 향, 숲 향이나 바닐라 향과 섞여 세련된 향을 만든다.

용연향은 고대부터 이미 전설적인 이름을 자랑했고 약제나 최음제로도 쓰였다. 희귀한 회색 용연향은 황금과 맞먹을 만큼 귀한 것으로 통했다. 용연향은 향수 제조 과정에서 이른바 향료 정착액으로 쓰여 쉽게 날아가는 식물계 에센셜 오일의 발산을 더디게 하는 역할을 한다.

옛날 사람들은 파도에 실려 해안가로 밀려온 향내 나는 회색 돌을 보고 바다 괴물이 내놓은 것이라 여겼는데, 이 수수께끼는 19세기 초에 비로소 풀리게 된다. 고래잡이들이 향유고래의 내장에서 용연향을 발견한 것이다. 향유고래는 주로 오징어와 문어를 먹고 사는데 향유고래가 문어의 날카로운 턱을 소화하는 과정에서 용연향이 형성되는 것으로 추측한다. 향유고래가 배출한 덩어리는 바다 수면을 떠다니며 햇빛과 산소에 화학적으로 반응해 향기가 좋은 용연향이 만들어진다. 반면 향유고래의 장에서 직접 꺼낸 용연향은 무척 불쾌한 냄새가 나서 향수 제조에 쓰일 수 없다. 원료는 미세 분말로 가공해 알코올에 섞는다. 그 용액을 향수와 혼합할 수 있으려면 여러 달 동안 숙성해야 한다. 특히 1920년대 프랑스 향수는 용연향을 내는 게 유행이었다.

미국 작가 허먼 멜빌은 이미 1851년에 자신의 소설 『모비 딕』에 에이해브 선장이 모비 딕이라는 향유고래에 집착해 추적하는 이야기를 썼다. "더없이 세련된 신사 숙녀들이 기분 전환을 한답시고 냄새를 맡아대는 그 좋은 향이라는 게 병든 향유고래의 하찮은 내장에서 꺼낸 것이라 누가 상상이나 하겠나! 하지만 그게 사실이야. 그 회색의 용연향에 대해 어떤 이들은 그것이 고래가 가끔 소화불량에 시달리는 원인이라 하고, 또 다른 이들은 소화불량의 결과로 생긴 것이라고 하더군."

여기서 한 가지 더 짚고 넘어가면, 언어학적으로 용연향Ambra과 호박Amber을 혼동하는 경우가 많다. 두 단어가 동의어로 자주 사용되기도 하지만 둘은 전혀 다른 물질이자 향 노트도 다르다. 호박은 주로 열대와 아열대 식물에서 나오는 묽은 수지를 말한다. 목재와 나무의 수지가 탈 때 수지-아로마 향이 퍼지며, 진정 작용을 한다. 향유고래의 분비물인 용연향은 흙냄새 같고 달콤하며 동물적이고 최음제 효과가 있으며 사향 냄새가 난다.

동물계에서 가장 잘 알려진 향은 바로 머스크 향이다. 애초에는 아시아 붉은 사슴의 사향주머니에서 향 물질을 얻었는데, 원하는 원료를 얻기 위해 수컷 사슴의 생식기에 딸린 사향선을 떼어내 말렸다. 이 외에 또 하나의 인기 있는 향 물질은 해리향(카스토레움Castoreum)이다. 이것은 비버의 포피선에서 나온 것으로 비버가 영역을 표시할 때 사용하는 갈색 물질이며, 최음제 작용을 한다고 한다. 해리향은 요즘 대부분 화학적 합성으로 생산하지만 그 외에 사육 농장에서 비버가 향 물질을 묻혀놓은 통에서도 얻는다.

Scent 4

감각의 슈퍼마켓

: 냄새가 지갑을 열게 한다

우리 생활에서 무척 중요한 영역, 사실 냄새 체험을 가장 잘 할 수 있을 이상적인 장소에서 후각은 오히려 아무런 역할을 하지 못한다. 슈퍼마켓이나 할인점에 있는 식품들은 최대한 유통기한을 길게 만들고자 대개 진공, 코팅, 냉동 포장이 되어 있기 때문이다. 이 때문에 감각적으로 냄새 맡는 것은 아예 불가능하다. 그렇다면 우리가 식품의 냄새를 있는 그대로 맡을 수 있는 곳은 도대체 어디일까?

독일에서 남부 지방으로 휴가를 다녀왔던 사람은 틀림없이 그곳의 재래시장을 둘러볼 수 있었을 것이다. 시장에 나온 사람들과 가축, 과일, 채소, 고기와 생선으로 북적이는 곳 말이다. 참으로 다양한 색깔과 냄새의 대향연이다. 무엇보다 향신료에서 풍겨 나오던 아로마는 잊히지 않는다. 나는 그 냄새를 맡을 때마다 매번 침이 고였다. 반사적으로 침이 나오게 하려면 맛있는 음식을 보거나 냄새를 맡거나 생각하기만 하면 된다. 침이 흐르는 것은 귀밑샘, 혀밑샘, 턱밑샘, 이 세 가지 샘의 역할이다. 그런데 당신이 할인점이나 식품점에서 향신료 진열 선반 앞에 서 있을 때도 침이 고이던가? 아마 그렇지 않을 것이다.

나는 2016년 11월에 방송된 아에르디 방송국의 TV 다큐멘터리를 위해 요리사 팀 맬저Tim Mälzer와 함께 함부르크 슈퍼마켓에서 실험을 했고 이때 남녀 손님들의 반응을 몰래카메라로 촬영했다. 그곳에도 갖가지 향신료가 쭉 늘어선 일반적인 진열대가 있었는데 모든 향신료는 작은 플라스틱 통과 플라스틱 봉지에 진공 포장되어 있었다. 진열대 주변은 거의 아무 냄새도 나지 않았다. 혹시 다른 냄새가 났을지도 모르지만 어쨌든 유혹적인 냄새는 없었다. 손님들 가운데 진열대 앞에서 오래 머무는 사람은 아무도 없었고, 지나가던 사람이 발길을 멈추지도 않았다. 팀 맬저는 내게 식품의 품질을 가늠하기 위해 오감으로 식품을 느끼는 것이 얼마나 중요한지를 설명했다. 눈으로 보기, 만져보기 그리고 냄새 맡기. 맬저는 슈퍼마켓에서 식품을 감각적으로 체험할 수 없게 된 걸 안타까워했다.

다시 실험으로 돌아가보자. 우리는 향신료 진열 선반 상부에 카레 향을 주변에 살짝 퍼뜨리는 냄새 장치를 설치했다. 카레 가루(커민, 고수, 강황, 생강, 카다멈, 카옌 수많은 첨가물의 혼합), 그리고 흑후추, 백미후추, 파프리카, 계피 같은 것들은 대부분의 사람이 무척 매력적이고 이국적인 냄새로 느끼는 향신료다. 냄새는 어떤 이에게 인도 음식을 먹고 싶다는 생각을 하게 하고, 또 다른 사람에게는 당장 그릴에 불을 붙이고 싶은 생각을 불러일으킨다.

우리는 향을 투입함으로써 손님들의 행동이 달라지는지, 만일 달라진다면 어떻게 달라지는지를 관찰했다. 결과를 오래 기다릴 필요도 없었다. 갑자기 손님들이 향신료 앞에 서더니 주위를 둘러보고 향신료를 하나씩 집어 들었다. 비록 모든 사람이 향신료를 구매한 것은 아니지만 그래도 손님 몇 명은 샀다. 카레 향은 마법처럼 사람들을 끌어들였다. 한 여자 손님이 말하기를, 카레 향을 맡자 저녁에 고기를 요리하고 싶다는 생각이 문득 들어 향신료 진열대에서 곧장 고기 파는 코너로 갔다고 했다.

카레 냄새 실험에서 아주 좋은 결과를 얻은 후 우리는 실험에 변화를 주어 향을 바꾸었다. 향 분사기는 강렬한 카레 향 대신 이번에는 상쾌하고 활력을 주는 멘톨 향을 퍼뜨렸다. 그리고 결과는 다음과 같았다. 지난번 실험에서는 잘 되었던 것이 이번에는 완전히 실패로 돌아갔다. 사우나와 웰빙 건강을 연상시키는 냄새와 향신료의 결합은 서로 상충하는 작용을 했다. 진열대를 지나는 손님들이 어리둥절한 눈으로 쳐다보았다. 심지어 진열대에 머물지 않고 다른 물건을 향해 멀찍이 멀어져 갔다. "여기서 나는 멘톨 냄새가 진짜 스트레스를 받게 하네요." 팀 맬저도 말했다.

향기와 공간 그리고 시각적 인상, 이 요소들은 서로 조율되어야 한다는 사실이 이 시도에서 거듭 드러났다. 원래는 좋은 향이지만 어울리지 않는 환경에 투입하면 의도한 것과 다른 작용이 일어날 수 있다. 향신료 코너에 향을 투입하는 것은 손님들에게 무슨 의미가 있을까? 감각의 조작일까? 또는 한 제품에 대한 복합적 표현일까? 팀 맬저로서는 대답이 분명했다. 그의 생각에 향기는 물건 사는 낙을 증대시켜줄 가능성이다.

이런 테스트를 통해 알아낸 사실을 대기업 식품 생산자들도 물론 잘 알고 있다. 그 때문에 그들도 이제 제품과 매점과 진열대의 향 투입 문제를 심사숙고한다.

한 번 더 감각의 슈퍼마켓 입구로 되돌아가자. 대부분 입구에는 식품 코너 빵집이 위치한다. 왜 하필 빵집을 입구에 두었을까? 슈퍼마켓의 모든 장소와 구역에 갓 구운 빵을 진열해놓을 수도 있을 텐데 왜 하필 그 자리에서 크루아상과 모닝 빵을 구울까? 실용적인 이유에서 그렇게 하는 것일 수도 있다. 아침에 먹을 빵을 사려고 나온 사람이 쓸데없이 멀리까지 가지 않아도 되기 때문이다. 하지만 이유는 그뿐만이 아니다. 관리자들이 갓 구운 고소한 빵 냄새로 매출을 올릴 수 있다는 걸 알기 때문이다. 이 지식은 새로운 게 아니다. 수백 년 전부터 이미 영리한 빵집 주인들은 빵 가게의 배기관을 입구 쪽에 두어 갓 구운 빵 냄새가 거리에 가득 풍기게 했다.

빵집에서 나는 냄새는 손님들의 입맛을 자극한다. 그래서 배고픈 상태에서 장을 보러 가면 메모지에 적어간 물품보다 더 많은 물건을 사게 된다. 많은 사람이 잘 알고 있는 현상이다. 광고 심리학자 프란츠 레이벨Franz Liebel이 인터넷 신문 《비즈니스 인사이더Business Insider》에 보고하기를, 앞서 빵집 코너를 지나온 손님들은 평상시보다 더, 심지어 2배나 더 많이 물건을 산다고 한다.

"빵집은 이미 입구에서부터 무의식적으로 손님들의 걷는 속도를 늦추게 합니다. 배후의 속임수는 뻔하죠. 느긋하게 쇼핑하면서 살 물품을 적은 메모지를 재차 꼼꼼히 읽지 않는 사람들은 근본적으로 진열대에 놓인 물건을 더 많이 쳐다봅니다." 하지만 레이벨은 구매를 자극하는 것은 향기만이 아니라고 말한다. 입구에 있는 빵을 보는 것만으로도 사람들은 먹고 싶다는 생각을 한다. "코에 좋은 냄새와 귀에 좋은 음악이 들리는 것으로 사람들은 이미 계획했던 것보다 더 많은 돈을 지출하는 지름길로 들어선 셈입니다. 대형 슈퍼마켓의 빵집에서는 손님들의 구매욕을 높이기 위해 다른 것도 같이 굽는 게 다반사죠. 예를 들어 미국에서는 갓 구운 빵 냄새를 한층 강화하기 위해 인위적으로 빵을 태워 냄새를 내보내는 경우가 빈번합니다."

어떤 이들은 싫어할지 모르지만 나는 빵집에서 풍기는 냄새가 좋다. 슈퍼마켓뿐만이 아니라 대형 백화점 체인 카슈타트도 건물 입구에 향을 조성하려는 아이디어를 채택했다. 백화점의 향수 및 화장품 코너가 3층에 있지 않고 입구로 들어서면 바로 있는 것은 우연이 아니다. 아름다운 향기로 손님들을 끌어들일 수 있기 때문이다. 미국의 블루밍데일스 백화점이나 프랑스의 갤러리 라파예트 백화점 같은 세계적으로 럭셔리한 소비의 전당들은 고유의 브랜드 향을 개발하게 함으로써 전 세계 모든 매장이 화장품 판매 코너의 마구 뒤섞인 여러 향이 아닌 고유하고 독특한 향기를 지니도록 했다.

이제 감각적인 슈퍼마켓의 길을 계속 가자. 우리는 자극의 홍수가 한계치에 이른 일상의 상황을 잘 안다. 항상 제품 정보와 품질 표시를 기재한 새로운 디자인의 포장, 사치스러운 디스플레이, 조명디자인, 음악으로 쾅쾅대는 실내, 이 모든 게 소비자들의 소비 태도에 영향을 미친다. 사람들은 이성을 갖춘 소비자로서 구매할 품목을 적은 쪽지를 가지고 지나치게 현혹되지 않으려고 노력한다. 하지만 과연 성공할 수 있을까? 우리는 슈퍼마켓의 통로를 이리저리 다니다가 갑자기 이성을 잃는다. 기가 막히게 좋은 페스토 소스 냄새가 풍기기 때문이다. 사람들은 당장 그 제품을 집어든다. 이때 카트에 소스만 담기는 게 아니다. 신선한 파스타도 함께 담는다. 2009년 이탈리아 슈퍼마켓 체인 노르디코나드의 연구에 따르면, 식료품 진열대에서 페스토 소스 냄새가 풍기자 페스토 소스의 판매율이 746퍼센트라는 전설적인 상승률을 보였다. 마법과 같은 냄새의 영향력은 나이와 교육 정도와 상관없이 다양한 모든 대상 그룹에 균등하게 나타났다.

테스트는 3단계로 실시되었다. 1단계는 향을 투입하지 않고 가격 변동이 없는 상태에서 상품을 판매했다. 이어 2단계에서는 진열대에서 향이 나오게 했고, 3단계에서는 다시금 향을 없앴지만 그 대신 가격을 약 40퍼센트 낮추었다. 2단계에서 설치한 향 시스템은 동작 감지기로 조절되는 것으로, 진열대의 한곳에서 페스토 소스 냄새가 은은하게 나오고, 다른 한 곳의 과자류 진열대에서는 밀카(독일 초콜릿 브랜드)의 초콜릿 냄새가 나오게 했다.

테스트를 실시한 슈퍼마켓에서 페스토 소스의 평균 판매량은 앞서 언급한 것처럼 첫 단계에 비해 746퍼센트로 상승했다. 파스타 면의 판매량도 소스 구매의 증가에 상응해 역시 138퍼센트로 올랐다. 초콜릿 판매량은 118퍼센트가 상승했다. 향을 내보내는 기간에 초콜릿은 가격이 크게 올랐음에도 오른 가격은 판매량에 부정적인 영향을 미치지 않았다. 놀라운 것은 3단계 실험의 결과였다. 즉 향이 나오던 기간에 비해 판매량이 다시 감소했다. 이때 제품의 가격을 크게 할인했는데도 말이다. 이로써 판매 성과 측면에서 가격을 많이 할인하는 것보다 향을 투입하는 것이 영향력이 더 강력하다는 것이 나타났다. 그밖에 슈퍼마켓 한쪽에서 페스토 요리를 만들어 시식하게 하는 것도 향을 투입하는 것에 비해서는 판매를 촉진하는 효과가 크지 않았다.

또 다른 슈퍼마켓 체인에서도 훈제 소시지의 천연향으로 비슷한 테스트를 했다. 훈제 소시지는 밀폐 포장되어 셀프서비스 진열대에 놓아두었다. 여기서도 동작 감지기가 지나가는 손님을 감지하면 훈제 소시지 냄새를 은은하게 풍겼다. 그러자 판매가 340퍼센트 상승했다. 네슬레 회사도 슈퍼마켓에서 테스트를 했다. 이 테스트는 유리병에 든 즉석 파스타 소스 제품이 대상이었다. 향을 투입함으로써 역시 식품의 판매율은 200퍼센트 이상 상승했다.

과일 판매대조차 과일 향으로 마무리했다. 그런데 과일 판매대의 경우는 판매 상승률이 그다지 높지 않다는 결과가 나왔다. 그 이유로는 캔과 플라스틱에 든 식품과는 달리 과일은 자체의 고유한 향으로 손님을 끌어들이는 효과가 이미 있었기 때문이다. 어쨌든 판매대에 향을 투입함으로써 사과는 20퍼센트, 딸기는 45퍼센트 더 많이 팔렸다.

슈퍼마켓에 온 손님들이 향기의 영향을 어떻게 물리칠 수 있을까? 사실 전혀 방법이 없다. 그리고 꼭 그래야 할 필요도 없다. 향을 투입하는 추세는 계속된다. 우리는 지금 겨우 개발 시작 단계에 서 있다. 손님 입장에서 우리는 의식해서 냄새를 맡으며 슈퍼마켓의 통로를 다니며 어디서 나는 냄새인지 알아채야 한다. 그러면 냄새가 진열된 상품에서 나오는 것인지, 또는 실내에 첨가해 퍼뜨리는 냄새인지 곧바로 알아낼 수 있다. 냄새가 진열대에 있는 상품과는 전혀 관계없는 냄새인가? 또는 냄새

향신료의 냄새를 맡아보자

카레 가루의 향이 어떤 냄새인지 대부분은 안다. 코로 냄새 맡는 것만으로 어떤 양념을 사용했는지 알 수 있을까? 커벨(미나릿과의 풀), 마요라나(꿀풀과의 약용식물), 쑥, 로즈마리의 경우는 어떨까? 눈을 감고 향신료와 허브를 알아내는 연습을 해서 코를 훈련하자.
연습을 위해 티백에 여러 종류의 허브와 향신료를 조금씩 채워 넣고 향을 확인한다. 어느 정도 시간을 들여 각각의 향이 어떤지 확인했다면 이번에는 두 가지 향신료를 섞는다(누군가 대신 섞어주어도 좋다). 이제 어떤 향신료가 섞여 있는지 하나씩 맞춰보라. 이 소소한 연습으로 후각만 좋아지는 게 아니라 어쩌면 요리 기술도 향상될 수 있다!

가 구매 체험을 좋게 해주는가? 좋은 경험이 된다면 우리도 빵 냄새, 과일 냄새, 채소 냄새, 고기와 생선 냄새 같은 다양한 냄새를 기분 좋고 긍정적인 것으로 여길 수 있다.

오감만족을 위한 레스토랑

좋은 내음이 감도는 환경에서 먹는 음식이 더 맛있다. 주변에서 악취가 나면 멋진 식도락을 한껏 누릴 수 없다. 상하이에 있는 '울트라바이

올렛' 레스토랑은 감각의 유희를 최대치로 끌어올린다. 식탁에 오를 요리의 냄새가 풍기기 때문이다. 또는 요리 출처의 냄새가 풍긴다. 이것이 모든 사람에게 다 좋은 건 아니지만 어쨌든 무척 흥미진진하다.

2005년부터 상하이에서 지내는 프랑스 요리사 폴 페레Paul Pairet는 오감을 동원하는 레스토랑을 구상했다. 고급 레스토랑 '울트라바이올렛'의 위치는 손님들에게 우선 비밀에 부쳐진다. 예약을 한 사람들은 사전에 만남의 장소에 모여 소형버스를 타고 레스토랑으로 간다. 레스토랑은 오래된 차고 안에 있고, 창문이 없는 큰 실내 중앙에는 10명의 손님을 위한 테이블이 있다. 사방에 설치된 영상 스크린에서 메뉴의 코스에 맞춰 영상과 사진들이 투사된다. 테이블 판도 영상 스크린이다. 메뉴에 어울리는 배경 음악과 사운드가 나온다. 하지만 레스토랑을 유일무이한 독특한 것으로 만드는 요소는 바로 향 콘셉트다. 메뉴로 야생 고기 요리가 나와 있고 손님들에게 노루 등심을 내놓으면 스크린에 숲의 영상이 뜨면서 숲 냄새가 풍긴다. 심지어 실내온도도 낮춰진다. 생선요리가 나올 때는 바다의 소리가 나면서 수중 비디오가 상영되고 짭짜름한 해조류의 냄새가 풍긴다.

Scent 5 자동차와 향기 시스템

: 고유의 향은 없애고 원하는 향을 입혀라

독일 가정의 약 80퍼센트가 최소한 차 한 대를 소유하고 있다. 그리고 운전자 3명 중 1명이 매일 1시간 이상을 차에서 시간을 보낸다. 이 통계는 자동차 보험사 '코스모스디렉트'의 의뢰로 리서치 기관 포르사가 진행한 설문 조사에서 나온 것이다. 그러니까 독일 사람들은 평균수명을 80세라고 할 때 인생의 약 2년 6개월을 차 안에 앉아 보내는 셈이다. 인생에서 약 24년을 잠자는 데 시간을 보내는 것에 비하면 적은 시간이지만 차 내부의 실제 냄새는 어떨까 하는 의문을 던질 만큼은 충분히 긴 시간이다.

1970년대 내 아버지의 벤츠 차에서 나던 냄새는 지금도 무척 강렬하고 좋은 기억으로 남아 있다. 고급 가죽 냄새가 났고 우드 노트가 살짝 있었는데, 그 냄새는 인공적으로 만든 게 아니었다. 차에서는 바로 그런 냄새가 나야 했다. 은은하고, 고급스럽고, 나무랄 데 없는 냄새였다. 공장에서 갓 나온 차에서 플라스틱 자재나 접착제 냄새 없이 특유의 좋은 냄새가 나더라도 얼마간 시간이 지나면 새 차에 종종 좋지 않은 냄새가 밴다. 틈새에 낀 오래된 감자튀김 부스러기의 찌든 냄새, 운동복의 땀내, 담배 냄새, 항상 동승하는 개에서 나는 꿉꿉한 냄새 등등. 애완견을 기르는 사람들의 76퍼센트가 차를 타고 휴가를 떠나면서 개를 데리고 간다. 사람들은 자가용에서 자주 음식을 먹지만 좀처럼 청소는 하지 않는다. 운전자 2명 중 1명이 운전석에 앉아 음식을 먹는다고 답한다. 이때 음식 부스러기가 떨어진다. 그런데 3명 중 1명만 일 년에 한 번 정도 차 내부를 청소한다. 설문 대상자 가운데 10명 중 1명은 차 내부 청소를 심지어 한 번도 한 적이 없었다.

차량 에어컨에서 곰팡내가 확 풍길 때도 있다. 에어컨 내부에 남아 있는 습기 때문에 곰팡이가 생긴 것이다. 독일 교통 포털 서비스 기관 아닥ADAC 베를린-브란덴부르크의 홍보담당자 다니엘 톨크스도르프는 그럴 때는 운행을 마치기 전에 에어컨을 먼저 끄라고 조언한다. 그리고 송풍기만 계속 돌림으로써 남은 습기를 없앨 수 있다. 추가로 에어컨의 내장 필터를 정기적으로 교체해 악취의 원인이 되는 박테리아가 서식하지 못 하게 하는 것도 좋다. 차량의 방석도 불쾌한 냄새의 근원이 될 수 있다. 습기는 곰팡이와 균에 이상적인 온상이다. 마찬가지로 발판 매트도 정기적으로 진공청소기로 빨아들이고, 고압 워터제트기로 씻어야 한다. 그리고 차에 매트를 다시 깔기 전에 잘 말리는 것이 무척 중요하다.

차 내부에 찌든 담배 냄새 제거를 위해 전문가들은 대부분 오존을 이용한다. 오존 처리로 온갖 냄새를 제거할 수 있다. 이 처리를 위해 차량 내부를 밀폐한 후에 특수 장비로 오존을 투입한다. 그런 다음 오존이 다른 냄새들과 결합해 지속적인 제거 작용을 할 수 있도록 24시간 내내 차량을 그 상태로 두어야 한다. 시간이 어느 정도 지나면 오존은 분해되어 순수 산소가 된다. 오존 처리 전에 철저하게 내부 청소를 해야 하는 것은 물론이다.

그런데 좋은 냄새를 위해 청소 외에 다른 방법은 무엇이 있을까? 많은 이들이 향이 나는 '나무 모양 펜던트'를 사용한다. 이 방향제는 수십 년째 가장 인기 있는 바닐라 향부터 피나콜라다 칵테일 향까지, 생각해 낼 수 있는 별의별 향이 다 존재한다. 1950년대부터 전 세계의 자동차 백미러에 '나무 모양 펜던트'가 대롱대롱 달려 있다. 그 물건을 만들어낸 창안자는 미국으로 이주한 독일-유대계 생화학자 줄리우스 제먼Julius Sämann이다. 회사 역사에 따르면, 미국 우유배달 트럭 운전사가 바닥에 튄 우유에서 나는 고약한 냄새를 불평했다고 한다. 소나무 잎에서 오일을 추출하기 위해 캐나다로 갔던 줄리우스 제먼이 그 이야기를 듣고 소나무 향이 나는 오일을 구멍이 뚫린 마분지에 넣고 장시간 유지할 수 있는 가능성을 발견했다. 그는 1952년 뉴욕주의 워터타운에 회사를 세우고 상표권을 유지했지만, 모방자들은 언제 어디서든 계속 제품을 만들었다. 차량 내부에 퍼지는 '나무 모양 펜던트'의 화학적 냄새가 — 어떤 이들에게는 너무 지독하게 느껴진다 — 원치 않는 냄새 제거에 효과적인 조치인지 혹은 차 안의 온갖 나쁜 냄새들이 다 모여 있을 뿐인지, 그것은 다시금 취향의 문제다.

많이 알려진 방법이지만, 찌든 냄새 제거 효과가 있는 민간요법으로 예컨대 식초 또는 커피콩을 담은 그릇을 차 안에 두기도 한다. 하지만 이 방법은 믿으면 안 된다. 나쁜 냄새를 일시적으로 가릴 수 있을지는 모르지만, 결코 근본적으로 냄새를 없앨 수는 없기 때문이다.

차에서 좋은 냄새가 나게 하는 방법

차에 설치된 환풍기를 활용하면 차 내부에 좋은 향을 퍼뜨리고 순환시킬 수 있다. 환풍기로 향의 농도도 정확하게 조정할 수 있다. 차에 사용하는 향은 운전자의 주의력과 집중력을 높임으로써 운전 태도를 개선할 수 있어야 한다. 즉 향이 긴장을 이완하는 작용을 해야 하지만 절대로 나른하게 만들거나 잠이 오게 해서는 안 된다. 따라서 재스민 향은 차에 사용하면 안 된다!

자동차 생산업체들은 자가용의 향 조성에서 브랜드 커뮤니케이션의 잠재성도 생각한다. 무슨 말이냐 하면, 차를 타면 그 냄새만으로도 자동차 브랜드를 알 수 있다는 뜻이다. 다임러 벤츠 자동차 회사는 1949년에 이미 차량 실내 공간용 향수를 위한 특허권을 등록했다. 그 장치는 '밀폐된 차량 내 호흡 개선을 위한 장치'라고 불렸다. 그리고 향기는 차의 환기 장치를 통해 유입되는 방식이었다. 하지만 이 아이디어는 당시 실현되지 못했다.

모든 자동차 생산업체가 새 차에 향을 투입하는 것은 아니다. 그리고 이른바 브랜드의 독특한 향 프로필은 오히려 차량 내부에 사용된 자재에서 나는 여러 냄새의 혼합으로 생겨날 때가 많다. 일본에서 생산한 차들은 예전에 내부에서 플라스틱 냄새가 심하게 날 때가 많았는데, 원인은 자재로 사용한 플라스틱에서 유출된 것이었다. 문제가 알려진 후 냄새는 점차 개선되었다. 하지만 일반적으로 독일 중산층의 차량과 외국에서 온 차량 사이에는 상당히 질적인 냄새의 차이가 여전히 존재한다. 의류 생산의 경우도 이와 유사하다. 아주 저렴한 의류 매장에는 화학 약품 냄새가 나는 경우가 많고, 이럴 때 제품에 대한 신뢰감이 그다지 생기지 않는다.

메르세데스 벤츠는 차량 내부의 냄새를 최대한 없애는 일에 항상 전력을 다했다. 차량에 사용되는 물질은 모두 가능한 한 냄새를 유출하지 않아야 했다. 벤츠 회사는 1980년대, 1990년대부터 한 팀원의 전체가 재료에서 냄새를 빼내는 일, 특히 차량 내부에 사용된 플라스틱 자재의 냄새를 제거하는 일에 집중했다. 오로지 좋은 냄새가 나는 자재만 그대로 두었다. 예를 들어 무척 강하고 고급스러운 냄새가 나는 가죽 자재 같은 것인데, 그것도 가죽이 고급이고 좋은 가죽공장에서 생산된 것이어야 한다는 전제가 있었다.

몇 년 전 나와 내 동료는 자동차 생산업체를 위해 생산되는 모든 자동차 모델을 대상으로 냄새 테스트를 한 적이 있다. 똑같은 냄새가 나는 모델은 단 하나도 없었다. 차 모델마다 제각각으로 완전히 개별적인 냄새라서 그 자동차 회사의 브랜드라고 분류할 수는 없었다. 단 하나의 모델만 냄새가 좋은 자동차에 대한 우리의 상상과 맞아떨어졌다. 다시 말해 가죽 냄새와 우드 향이 견고하고 신뢰할 수 있는 냄새였다. 그런데 한 모델에서는 심지어 가죽 가공이 형편없을 때 나는 무척 불쾌한 비린내마저 뿜어져 나왔다.

자동차 생산자들은 거의 모두가 차체에서 가능한 한 아무 냄새도 나지 않게 하려고 애쓴다. 그렇게 해서 손님들이 직접 향 조절 시스템을 이용해 자신의 차에서 어떤 냄새가 나야 하는지 최종적으로 결정할 수 있게 한다. 그런 부착물을 대중적으로 쓸 수 있게 만든 최초의 자동차 생산업체는 프랑스 푸조시트로엥 그룹PSA으로, 시트로엥 C4와 푸조 206 모델에서 그 옵션을 사용했다. 계기판 상부의 공기 통로 속에 설치된 작은 박스 덕에 차량 소유자가 향기의 강도를 조절할 수 있었고, 향기를 계속해서 바꿀 수 있게 했다. 그곳이 아니면 차량 내부 어디에 향기 시스템을 부착할 수 있을까? 차 내부에서 공기 유동이 큰 곳이 가장 좋다. 예를 들면 앞쪽에 발을 놓는 부분이다. 그곳에서 향의 순환이 가장 잘 이루어질 수 있다.

자동차가 비쌀수록 향 시스템을 더 많이 설치하고 그 장치에 비용도 더 많이 들인다. 아우디는 새 모델 A8에 프리미엄 특별 사양으로 향기 기술과학을 제공한다. 메르세데스 벤츠 S 클래스는 그런 장치를 이미 몇 년 전부터 장착했다. 또 BMW 5 시리즈 또는 BMW 7 시리즈의 차체에서도 버튼을 눌러 여러 가지 향이 나게 할 수 있다. 아우디는 50퍼센트의 장착률을 보인다. 아마 향 기술은 점차 좀더 낮은 사양의 차량까지 확대될 것이다.

독일 사람들은 점점 더 많이 남의 차를 몰고 다니는 추세다. 카쉐어링이 유행인데, 어느새 독일의 수많은 도시에서 카쉐어링을 제공한다. 170만 명이 약 150곳의 제공처에 등록되어 있다. 운전자가 사전에 차를 구석구석 청소하지 않아서 차에서 곰팡내가 난다면 간단한 나무 빨래집게가 도움이 될 수 있다. 에센셜 오일을 나무 빨래집게에 몇 방울 떨어뜨린 후 통풍구에 붙인다. 그것으로 간단한 공기 청정제가 완성된 것이다.

앞서 네덜란드 연구원들의 실험에서 소개했듯 레몬 향이 나면 사람들이 좀더 정리 정돈을 하고 쓰레기도 덜 남기는 현상을 우리는 독일 렌터카 서비스 회사를 대상으로 실험했다. 운전자들은 우드 향과 레몬 향이 날 때 좀 더 조심스럽게 운전하고 렌터카에 쓰레기도 덜 남기는 것으로 나타났다.

과거의 향수에 젖는 것을 좋아한다면 1900년으로 거슬러 올라가는 시간 여행을 추천한다. 슈투트가르트에 있는 메르세데스 벤츠 박물관에서 그 시절 자동차 공장의 냄새를 맡을 수 있다. 우리는 그 냄새를 이 세기의 전환기에 건설된 창고에서 수집했다. 창고에 모든 시대의 부속품과 가장 오래된 벤츠 모델의 부속품이 다 보관되어 있었다. 심지어 바큇살이 나무로 된 자동차 타이어도 있었다. 우리는 나중에 그 냄새를 재구성하기 위해 현장에서 냄새들을 분석했다. 창고에서 수집된 냄새는 오늘날 박물관 방문객들을 후각을 통해 매혹적인 과거의 세계로 돌려보낸다.

Scent 6

건축물에서 나는 냄새

: 향에는 역사가 묻어 있다

우리는 도서관이나 역사적인 건물에 들어가는 즉시 무의식적으로 그 특유의 냄새를 기대한다. 그리고 만약 기대한 냄새가 나지 않는다면 뭔가 이상하다고 느낀다. 모든 공간, 모든 집, 모든 주거지에는 제각각의 냄새가 있다. 냄새와 건물은 서로 어울려야 한다. 그런데 수많은 건축가와 디자이너들은 작업할 때 주로 시각 인지에만 초점을 맞춘다. 건축물의 후각적 기능까지 고려하는 경우는 매우 드물다. 그것이 자연적으로 생겨났든, 또는 인위적으로 만들어진 것이든, 자재에서 나온 것이든 또는 건축물 주변의 혼합된 냄새든, 그 무엇이라도 모든 냄새는 곧장 뇌에 직접적으로 작용한다.

바젤의 유명한 건축가 헤르조그Herzog와 드 뫼롱de Meuron에게는 건축의 잊힌 차원이 향기에 들어 있다. 이 두 스위스 건축가는 근래 가장 획기적인 건축 프로젝트를 이끌고 있다. 즉 함부르크의 엘프필하모니Elbphilharmonie 건물이다. 이 건축물은 항구에 있던 창고를 새로운 문화공간으로 바꿔놓은 것으로, 함부르크의 랜드마크가 됐다. 함부르크 항구도시의 주민 외르크 뮌칭어는 자신의 칼럼 〈어반하펜시티urbnhafencity〉에서 건축물과 냄새가 이루는 상호작용이 어떻게 독특한 감각 체험을 만들어내는지에 대해 설명한다.

"냄새와 도시라고 하면 좋은 냄새가 아닌 불쾌한 냄새로만 연결 짓는 경우가 많다. 우리가 도시를 다니며 주의를 기울여 진지하게 냄새를 맡아보면 도시 구역의 특성과 전통에 대해 많은 것을 알려주는 냄새가 구석구석에 배어있다. 항구도시는 선박의 디젤유 냄새만 풍기는 게 아니다. 한쪽에서 바람이 불어오면 카카오 공장에서 카카오 콩 냄새가 풍겨온다. 또 다른 쪽에서 바람이 불면 슈파이어슈타트의 원두 공장에서 커피 향이 날아온다. 그리고 운하와 엘베강에서 짭짤하고 비릿한 냄새가 나는 바다를 느낄 때, 바람이 얼굴을 스칠 때, 이 얼마나 아름다운 느낌인지!"

공간과 향이 조화를 이루지 못할 때 감각 인지가 얼마나 혼란스러울 수 있는지를 보여주는 한 예로 낡은 옛 건물의 냄새를 현대적인 새 건물에 주입하려는 시도가 있었다. 앞서 언급했던 덴마크 예술가 예페 하인은 오래되고 귀한 베른 미술관의 냄새를 샌프란시스코의 전시회에 퍼뜨리려 했다. 1917~1918년에 완성된 베른 미술관은 건물에서 오래된 벽 냄새, 오래된 나무 바닥 냄새, 오래된 염료 냄새가 났다. 우리는 그 향을 채집해 현대식 유리와 철제구조로 된 샌프란시스코의 미술관 건물에 옮겨다 놓았다. 그러자 새로운 환경 속에서 풍기는 오래되고 견고한 냄새는 매우 큰 혼란을 불러일으켰다. 그리고 이런 감각의 혼란이야말로 예페 하인이 의도한 것이었다.

기업이 우리에게 브랜드의 향을 제작해달라는 의뢰를 하면 당연히 모든 게 들어맞아야 한다. 당신은 대형 호텔 체인 대부분에 특유의 향이 있다는 것을 아는가? 호텔 체인의 모든 지점은 세계의 어느 곳에 있든 모두 똑같은 향을 풍긴다. 물론 내게는 대도시 중심가에 있는 호텔과 산속에 있는 호텔의 냄새는 다른 냄새로 느껴지지만 말이다.

우리는 호텔에 향을 조성하면 어떤 영향이 있는지를 테스트한 적이 있다. 손님들에게 향을 투입한 호텔 로비와 향을 투입하지 않은 호텔 로비를 평가하게 했다. 호텔에서 향이 나지 않았을 때는 좋은 점수를 얻지 못했고, 향을 뿌린 로비에 대해서는 설문대상자들의 95퍼센트가 아주 좋다는 점수를 주었다. 손님 300명 가운데 단 1명만 좋은 냄새가 난다고 인지했고, 나머지 모든 사람은 향기가 나는 것을 전혀 인지하지 못한 상태였다.

스위스의 호텔 소유주가 호텔 체인의 향을 만들어달라고 우리에게 의뢰했다. 중요한 점은 호텔이 스위스 기업의 것임을 알려주는 향이어야 한다는 것이었다. 다시 말해 스위스를 상징하는 색인 빨간색과 흰색의 향이 나야 했다. 빨간색과 흰색을 향기로 옮기면 어떤 냄새여야 할까? 사람들은 흰색에서 산과 눈의 냄새, 깨끗한 공기 같은 냄새, 스위스 산악에서 맡을 수 있는 냄새를 떠올린다. 그리고 빨간색은 장과류 중에 달지 않은 허브 종류의 우드 노트가 살짝 나는 동글동글한 열매를 떠올린다. 이런 이미지들을 활용해 우리는 호텔 특유의 향을 만들었다. 이제 사람들은 그 호텔에 가서 눈을 감으면 아마 알프스 산과 (호텔로서 특히 중요한) 스위스 사람들의 친절함을 떠올릴 것이다.

파란색과 흰색은 대한민국의 기업, 삼성의 상징색이다. 삼성은 2004년에 브랜드를 상징하는 향을 원했다. 삼성은 향기 관련 제품을 직접 생산하지 않는 기업이지만 세계적으로 통용되는 고유한 자체 브랜드 향 개발을 원한 최초의 글로벌 기업이였다. 이때도 알맞은 향을 찾기 위한 조건으로 기업의 상징색이 우리에게 주어졌다. 또한 그들은 향기를 통해 '혁신'의 개념이 전달되기를 원했다.

이 작업에서 최대의 난제는 기업의 향기가 전 세계 대륙에서 똑같은 연상을 불러일으켜야 한다는 것이었다. 그게 왜 어렵냐면, 앞서 언급한 것처럼 후각 인지는 문화적 각인이 매우 강하기 때문이다. 우리가 파란색과 흰색을 향으로 나타내려고 했을 때 그 향은 유럽과 오스트레일리아와 아시아 대륙에서 똑같은 기능을 해야 했다. 한편 파란색과 흰색은 무엇을 나타낼까? 바다와 공기다. 신선한 물과 순수한 공기의 냄새를 나타낸다. 그것은 전 세계에 어디서나 긍정적인 이미지를 가진 냄새다. 새로운 향의 투입은 다음과 같은 효과를 나타냈다.

삼성 본점을 방문한 뉴욕 사람들의 98퍼센트가 향기로 인해 전체적으로 좋은 경험을 했다고 진술했다. 또한 손님의 66퍼센트가 향기 때문에 그곳에 더 오래 머물렀다고 이야기했다.

색채, 형태, 냄새, 입맛은 자주 상호작용을 일으킨다. 같은 향이라도 붉은 실내에서 향을 맡는 것과 푸른 실내에서 맡은 것은 다르다. 예를 들어 분홍색을 섬유에서 볼 때는 곱고 부드럽다고 느끼지만, 냄새로 옮기면 달콤하고 순하다고 느낀다. 사람들에게 똑같은 향을 분홍색 방과 노란색 방에서 맡게 하면 서로 다른 평을 내놓는다. 즉 분홍색 방에서는 노란색 방에서보다 향기가 더 달콤하다고 말한다. 한편 노란색 방에서는 향이 깔끔하고 레몬 향과 유사하다고 평가한다.

내가 여덟 살이었을 때 구스베리로 젤리를 만든 적이 있는데, 그때 나는 재미 삼아 식품 염료로 젤리에 물을 들였다. 한 유리컵에는 녹색 젤리가 담겼고, 두 번째 컵에는 파란색 젤리, 세 번째는 원래의 빨간색이었다. 아무도 파란색 젤리와 녹색 젤리를 먹으려 하지 않았다. 모든 유리잔의 젤리는 냄새와 맛이 완전히 똑같았지만 녹색과 파란색이 사람들의 뇌에 다음과 같은 신호를 보낸 것이다. '그건 맛이 없을 수도 있어.'

우리는 유리 또는 철제 건물에서 달콤한 바닐라 향이 나면 조화롭지 않다고 느낀다. 반면에 같은 건물에 서늘하거나 금속성의 향은 어울리는 것으로 인지한다. 뒤집어 말하면 어두운 목재와 두툼한 양탄자로 만들어진 고전적인 공간은 묵직하고 따스한 향이 잘 어울린다. 나무, 수지, 바닐라 또는 용연향 노트가 그곳에 조화롭다는 인상을 남길 것이다.

포장을 서로 달리한 고추 초콜릿을 이용한 실험도 외관이 미각 인지에 영향을 미친다는 사실을 보여준다. 한 포장지에는 꿈결같이 아름다운 석양을 배경으로 한 쌍의 연인이 있는 그림이 있었고, 다른 초콜릿 포장지에는 한 쌍의 에로틱한 장면이 그려져 있다. 다시 말해 한 그림은 섹시한 분위기가 표현되었고, 다른 하나는 순수하게 낭만적인 그림이었다. 실험 대상자들은 고추 초콜릿을 먹고 평가해야 했다. 사람들은 에로틱한 그림의 초콜릿을 낭만적인 그림의 것보다 훨씬 더 맵게 느꼈다.

할머니의 팬케이크가 지갑을 열게 한다

중고 차량을 판매할 때 통용되는 것은 좋은 냄새가 나는 차가 더 잘 팔린다는 것이며, 이는 주택이나 아파트 매매의 경우에도 해당된다. 부동산 중개인들은 판매해야 할 건물에 향을 투입한다. 이전 소유자 특유의 냄새를 없애거나 가림으로써 긍정적인 감정을 불러일으키기 위해서다. 또 모델하우스를 건설하는 사람들도 염료, 건축자재, 새 양탄자 바닥과 가구의 냄새에 맞춰 적합한 향기를 입혀 손님들에게 아늑하고 기분 좋은 분위기를 연출하려 한다. 모델하우스 건설업자가 한번은 믿어지지 않는 판매 상담을 나에게 이야기해 주었다. 한 부부가 수십만 유로의 주택을 사겠다며 그 대신 단 한 가지 조건을 붙였다. 바로 모델하우스의 실내에서 맡았던 모든 향기도 함께 공급해 주어야 한다는 것이었다.

미국의 부동산 중개인들은 집을 팔려는 주택 소유주들에게 미리 조언한다. 관심을 보이는 구매자가 방문하기 바로 직전에 집에서 팬케이크를 구우라는 것이다. 사람이 살지 않는 빈집이라면 인공적인 냄새를 투입할 수 있다. 팬케이크를 굽는 냄새는 내 집에 온 듯한 편안한 느낌을 자아낸다. 예전에 할머니가 사과 팬케이크를 오븐에 넣을 때 나는 것과 같은 냄새다. 바닐라와 캐러멜 냄새가 나면 사실 진작에 집에서 오븐을 떼어내 나갔다 해도 사람들은 실제로 화덕의 따스함을 느낀다.

Scent 7

다른 나라, 다른 냄새

: 넓고도 다양한 세계의 향기

나폴레옹 보나파르트는 고향 섬인 코르시카에 대해 자신은 냄새만으로 고향인지 아닌지 알 수 있다고 말했다고 한다. 코르시카 사람들은 향신료를 즐겨 쓰고 양도 듬뿍 많이 쓴다. 그리고 상록수 관목 숲인 마키아가 섬의 절반을 덮고 있어 백리향, 마요라나, 로즈메리, 바질, 도금향의 향이 뿜어져 나온다. 당신은 고향의 냄새를 알아챌 수 있는가?

도시와 지역, 나라 전체에 특유의 냄새가 있다. 그리고 그 지역 사람들에게는 좋고 편안한 냄새가 다른 문화에서 온 사람에게는 낯설고 심지어 불쾌한 냄새가 될 수도 있다. 완전히 다른 기억과 기분이 일깨워지기 때문이다. 독일 사람들은 앞서 언급한 것처럼 감귤류 향에서 깨끗하고 상쾌한 인상을 받는다. 러시아 사람들은 라일락 향에서 같은 느낌을 받고, 스페인 사람들은 염소 냄새에서 깨끗함을 느낀다. 반면에 독일 사람들에게 염소는 독성 때문에 부정적으로 느껴지는 냄새다. 이는 세상 사람들이 냄새를 저마다 다르게 인지하며, 냄새는 개인적 경험과 문화적 맥락에서 특정됨을 보여주는 하나의 예일 뿐이다.

다른 나라, 다른 코

지역에 따른 선호도는 종종 오랜 시간에 걸친 문화와 역사 발전의 결과다. 이때 문화마다 식물계와 기후가 강한 특징을 나타낸다. 우리 몸의 냄새도 생물학적 요인 외에 문화적 요인의 지배를 받는다. 예컨대 우리가 먹은 음식도 역할을 한다. 생선이나 고기를 많이 먹거나 채소를 많이 먹는 것에 따라서도 체취가 달라진다. 패스트푸드를 많이 먹는 미국인에게서는 생선과 채소를 많이 먹는 아시아인과 다른 냄새가 난다.

어떤 사람 또는 어떤 물건에서 좋은 냄새가 나는가? 아마 세계 곳곳마다 다르게 정의할 것이다. 전 세계에 팔리는 향이라 해도 그 선호도에는 큰 차이가 있다. 예를 들어 그리스인들은 고대부터 그곳에서 자라는 라벤더를 목욕제로 사용해왔다. 그리고 라벤더 향은 오늘날에도 지중해 북부 지역에 널리 사용된다. 반면 미국에서는 바닐라 향이 유난히 인기가 있다. 그리고 바닐라 향도 역시 오랜 전통이 있다. 마야인들이 이미 바닐라 깍지를 음식의 향신료로 사용했고, 또 향으로도 사용했다. 한편 영국에는 장미 향이 넘친다. 장미는 중세 십자군 이후 소아시아에서 영국으로 들어와 빠르게 토착화되었다. 그리고 장미는 장미수(장미 잎으로 만든 향수)의 형태로도 오늘날 영국에서 많이 사용되고 있다. 아프리카에서는 유향이 가장 인기 있고, 일본에서는 은은한 향을 선호한다. 이 선호도의 차이는 후각 인지가 유전자에 의해 결정되는 게 아니라는 간접 증거다. 그렇지 않으면 아마 전 세계의 사람들이 느끼는 좋은 냄새와 나쁜 냄새는 통일되어 있을 것이다. 그보다 후각 인지는 특히 경험의 영향을 받는다. 어린 시절에 맡은 냄새들에 좋은 경험과 나쁜 경험이 얽혀 있다. 그리고 이 연상은 때로 평생토록 기억에 저장된다.

향의 적정한 농도

향이 얼마나 강하게, 얼마나 복합적으로 나는 게 좋은가 하는 향의 강도에 대한 선호 역시 세계의 다양한 지역에서 차이를 보인다. 예를 들어 서아시아에서는 유럽보다 향을 훨씬 많이 사용한다. 서아시아의 시장을 돌아다녀본 적이 있는 사람은 무슨 말인지 잘 알 것이다. 그곳 사람들은 매우 향기가 짙은 환경에서 사는 데 익숙해져 있다. 반대로 일본 사람들은 강한 냄새에 익숙하지 않아서 향이 은은해야 한다. 또 사적인 영역에서도 서로 일정한 거리를 두고 지내는 일본 사람들의 생활 습관도 향의 선호에 반영되어 있다. 게다가 일본 사람들은 주로 먹는 음식 때문에도 몸 냄새가 많이 나지 않는다.

독일 사람들도 상대적으로 냄새를 적게 내는 편이다. 독일 사람들이 많이 사는 지역에서는 냄새가 거의 나지 않는다. 그리고 그로 인해 독일 사람들이 선호하는 향도 결정된다. 즉 강한 향을 싫어한다. 그러나 이 성향은 예컨대 인도에서는 다시금 완전히 다르다. 인도에서는 냄새가 강하게 나는데, 그 이유는 다양한 향신료를 사용하는 문화권인 데다 습도가 높은 기후이기 때문이다.

2008년 우리는 인도에서 자동차에 사용하는 아주 작은 향기 상자를

— 당시 우리는 '개미 관'이라고 불렀다 — 제작했다. 그 상자는 길이 약 5센티미터에 폭 2센티미터 정도 크기였다. 인도인들은 그 상자로 차량 내 공기 개선뿐만 아니라, 대부분이 계기판 위에 올려놓고 다니는 여러 인도 신들의 입상을 상자에 새겨놓기를 원했다. 구매자들은 세 가지 종류의 향을 선택할 수 있었고, 한동안 뉴델리에 다니는 거의 모든 차 내부에 우리 회사에서 만든 향기 상자가 놓여 있었다.

세계 각 대륙에서는 어떤 향이 날까?

우리는 2000년 하노버 엑스포를 계기로 미국이 주관하는 프로젝트를 위해 각 대륙의 고유한 향을 수집해야 했다. 대륙의 향기들은 유엔 건물 내 작은 전시장에서 소개되었다. 대륙 각각의 냄새가 정확히 어떤 것이어야 하는지는 사전에 미국과 조율했다. 예를 들어 아프리카의 경우는 대형 스크린에 초원과 황무지의 영상이 나타나며 황무지 냄새를 퍼뜨렸다. 남미는 열대우림의 냄새를 얻었다. 멀티미디어 연출의 중심에는 '환경보호, 기후, 지속성'이라는 주제가 있었다. 사람들은 비옥한 나라의 황폐화와 대도시의 공기 오염을 방지하고 오존층 보호 지지를 표명하고자 했다. 당시 유엔 사무총장 코피 아난Kofi Annan과 그의 부인이 전시관을 방문하고 매우 큰 인상을 받았다고 했다.

도시가 품은 고유의 냄새

전 세계의 모든 도시에는 고유한 냄새가 있다. 딸과 함께 리우데자네이루에 갔을 때가 기억난다. 우리는 산 정상에 올랐는데, 그곳의 냄새가 무척 좋았다. 딸은 쾰른 동물원의 원숭이 우리에서 나는 냄새와 비슷하다고 했다. 축축하고 뜨뜻한 열대성 냄새였다. 아주 멋진 향기 체험이었다. 온도와 습도가 높을수록 냄새를 더 강하게 인지한다. 예전에 상파울루는 알코올 배기가스에 의한 냄새가 도시의 특징이었다. 왜냐하면 그곳은 자동차에 알코올 원료를 썼기 때문이다. 그것은 악취는 아니었다. 적어도 나에게는 악취가 아니었다. 악취라는 개념은 우리가 습득해 얻는 것이다. 그리고 나는 알코올이 연소하는 냄새를 맡을 때마다 기분이 좋다. 브라질에서 보냈던 시절이 떠오르기 때문이다.

도시의 냄새는 도시의 역사를 알 수 있게 한다. 모든 변화와 더불어 도시의 냄새도 변화하기 때문이다. 예를 들어 유럽의 도시들에 최초의 하수도 시설이 도입되면서 길에서 나던 지독한 냄새가 없어졌는데, 오늘날 사람들이라면 도저히 견디지 못할 악취였다. 통풍 개선을 위해 도시를 둘렀던 벽이 허물어지고, 공장 굴뚝은 더 높이 지어졌고, 쓰레기는 마침내 도시 밖으로 퇴출되었다.

모든 도시는 저마다 혼동될 수 없는 특유의 냄새가 있다. 그런데 내가 이미 앞서 잠시 얘기한 것처럼, 도시계획가와 건축가들은 한 도시의 냄새가 가지는 의미를 지금까지 간과해왔다. 그 점을 공학사이자 사회학자인 요아힘 브레히Joachim Brech도 비판적으로 지적한다. 말하자면 도시계획은 간접적으로만 냄새를 다룰 뿐이라는 것, 그것도 기후와 시민의 건강을 위한 공기 순환 차원에서만 고려한다는 것이다. 그러나 브레히는 도시계획 냄새와 관련한 사안들이 더 많이 포함되어야 한다고 주장한다. "도시에 정원을 만들라! 사람들이 향기로 고른 식물들의 정원을!"

하지만 그 일은 실패할 수도 있다. 예를 들어 에센 도시와 다른 도시의 주거 지역에서는 괴테가 사랑한 은행나무를 대거 쓰러뜨렸다. 은행나무는 20년마다 만개하는 즉시 코를 찌르는 고약한 냄새를 낸다. 하지만 암나무만 그렇고 수나무는 냄새를 풍기지 않는다. 은행나무는 암수가 분리된 나무다. 다시 말해 각각 암나무 아니면 수나무라는 뜻이다. 암나무에 열리는 은행 열매에서 고약한 냄새가 난다. 가을철에 완성되는 열매 성숙기에 똥 냄새와 비슷한 구토 유발성 냄새를 뿜어낸다. 그것이 도시의 거주자들에게 너무도 견딜 수 없는 냄새인 탓에 도시에서 나무를 없애기로 결정했다.

노르웨이 예술가 시셀 톨라스도 도시의 다양한 냄새에 몰두한다. 시셀은 냄새들을 수집해 코를 위한 전시를 연다. 그녀는 오슬로에 냄새 샤워실을 제작했고, 베를린 전시회를 위해 돈의 냄새를 합성했다. 또한 도시를 위한 고유한 향수를 창조하기도 했다. 향수 창조를 위해 특히 런던, 파리, 베를린 도시의 도축장, 공동묘지, 지하철의 냄새를 선택했다. 그밖에 시셀은 다양한 분야의 전문가들과 함께 나살로Nasalo 프로젝트를 진행하고 있다. 나살로는 사람이 코로 인지할 수 있으나 지금까지 명명되지 않은 1만 5,000가지의 냄새에 이름을 부여하기 위한 인공 언어다. 대형 프로젝트다!

라인강 하류 니더라인 근처의 도시 크레펠트도 2014년에 도시의 향수를 만들었다. '에센스 크레펠트ESNC Crefeld' 향수는 복숭아, 미라벨, 수련, 화이트 머스크 향을 낸다. 크레펠트 대학의 디자인학과 학생들이 만들었다. 향은 실험적이고 순수하고 미니멀한 향기가 나도록 했다. 도시 자체가 드러내고 싶은 모습을 그대로 재현한 향이다.

동독의 냄새는 어떨까?

많은 이들이 과거 동독에서 풍기던 석탄 냄새를 추억의 냄새로 여전히 즐겨 기억한다. 석탄 난로가 없어지면서 그곳 역시 냄새가 달라졌는데도 말이다. 동독은 서독과 비교하면 완전히 다른 냄새가 나는 지역이었고, 완전히 다른 냄새로 특징 지어졌던 곳이다. 일례로 동독으로 보낸 서독의 구호품 상자(커피와 초콜릿 향이 나는 상자들) 또는 서방 제품을 살 수 있는 인터숍(동독 정부에서 운영하던 가게)의 냄새 또한 동독에서만 맡을 수 있는 독특한 냄새였다. 수많은 동독 사람이 내게 이야기하기를, 그 냄새가 지금도 호의적인 기억을 일깨운다고 한다.

드레스덴 근처의 라데보일에 동독의 향 박물관이 있다. 향 박물관은 한 나라의 향기를 모두 소환한다. 향들은 단지 공장의 자욱한 연기와 동독 자동차 트라비의 매연가스뿐만 아니라 비누, 향수, 가정용 세제, 그 모든 것이 어우러져 동독의 전형적인 향을 형성했다. 역사에서 사라진

나라의 향이다.

특정 지역이나 문화에 스며 있는 특별한 연상을 불러일으키기 위해서는 적절한 향기가 필요하다. 그것은 1980년대 동독에서 사회화되었던 사람들에게도 마찬가지다. 코카콜라 회사는 독일이 재통일된 후 독일에 통합된 동독 지역이 여전히 지역 브랜드에 강한 영향을 받는 시장이라는 것을 알게 되었다. 우리는 코카콜라 기업을 위한 기획을 구상했다. 즉 코카콜라 트럭에서 동독 손님들에게 청량음료 환타를 시음해보게 하자는 것이었다. 환타 시음회의 상호작용 과정에서 여러 종류의 환타 아로마를 체험할 수 있는 한편, 동독에서 유년기를 보낸 사람의 목소리로 당시의 긍정적인 체험과 기분을 들려주었다. 동독의 국민 크림에 해당하는 플로레나 크림 향을 개발했던 동독의 수석 조향사가 그들의 향을 다시 만들어 체험 속으로 투입했다. '감각의 환타 투어'는 굉장한 체험이라는 평을 들었다.

우리는 몇 년 전 미국에서 선크림 향으로 흥미로운 경험을 했다. 우리가 받은 과제는 코카콜라 판매 촉진이었다. 우리는 진열대 냉장 선반에 코카콜라 향을 투입하는 것에 그치지 않고 구매자 핵심 그룹을 더 자세히 관찰했다. 핵심 그룹은 주로 1960년대에 성장해 현재 가정을 꾸리고 대부분 살림을 하며 식품을 구매하는 여성들이었다. 1960년대에는 코카콜라가 지금처럼 대중적인 음료수가 아니었다. 당시 콜라는 특별한 때에만 마시는 청량음료였다. 현재의 여성 수요자들은 당시 10대로서 개성이 강한 시절을 보냈다. 수많은 이들이 10대 시절을 회상하며 당시 미국에서 최고의 시장점유율을 누리던 선크림 향을 떠올렸다. 1960

년대에 미국에서 성장한 사람들은 남녀노소 가릴 것 없이 누구나 선크림 향을 알고 있었다. 그 향은 젊음, 걱정거리 없음, 여름, 태양, 해변 등의 수식어와 함께 전적으로 긍정적인 인상으로 남아 있다. 그리고 이제 슈퍼마켓의 냉장 선반에서 풍기는 선크림 향기가 남녀 손님들을 과거로 되돌려놓았다.

Scent 8

법정에 선 냄새

: 냄새에 죄를 물을 수 있을까?

냄새는 좋을 수도 있고 덜 좋을 수도 있다. 어떤 냄새는 너무 나빠서 지극히 불쾌하거나 심지어 몸에 해를 끼치는 것처럼 느껴지기까지 한다. 그리고 악취가 너무 심한 나머지 법적으로 대응하는 일도 일어난다. 그런데 냄새는 법으로 다루기에 까다로운 분야다. 왜냐하면 비록 공기 중 유해 물질에 대한 허용 기준치가 있기는 하지만 그래도 그것은 냄새와는 전혀 관계가 없기 때문이다. 냄새가 얼마나 공해로 작용하느냐 또는 얼마나 해로운가 하는 문제는 법적으로 다루기가 매우 어렵다. 냄새는 오직 감정 차원에서만 작용하는 탓이다.

더욱이 우리는 냄새를 맡는 능력이 제각각 모두 다르다. 또 같은 냄새라도 다른 사람이 맡는 것과 정확히 똑같이 내가 맡을 수도 없다. 앞서 설명한 바와 같이, 향은 즉시 대뇌변연계에서 자극으로 곧바로 받아들여지면 이어 감정적인 반응을 유발한다. 판사로서는 그것을 파악하기 어렵다. 냄새는 소음과 달리 법적으로 회색지대에 있다. 명확한 규칙과 법이 존재하는 소음 공해와는 다르다.

그러나 냄새 공해 또한 법정에 빈번하게 제기되는 문제이며 주로 이웃 간의 다툼으로 발생한다. 예를 들어 흡연자는 많은 이들의 불만을 산다. 즉 마늘 냄새, 발 냄새 또는 최근 옆집에서 시작한 양배추 수프 다이어트로 인한 냄새도 원인이 될 수 있다. 이 냄새 공해의 목록은 끝없이 이어질 수 있다. 냄새가 내 집에만 머물러 있는 한 원칙적으로 아무 문제가 되지 않는다. 하지만 냄새가 복도나 이웃집으로 흘러 들어갈 경우는 어떻게 될까?

지나친 흡연 때문에 집에서 쫓겨날 뻔한 사람

비록 악취가 건강에 해를 끼칠 가능성이 있다 해도 악취를 풍길 권리는 무척 멀리까지 간다는 것을 프리드헬름 아돌프스 사건이 보여준다. 아마 독일에서 가장 유명한 흡연가로 꼽힐 그는 2016년 온 독일에 대서특필되는 사건을 제공했다. 연금 생활자인 아돌프스는 복도에 자욱하게 담배 연기를 피운 일로 살던 집을 비워야 할 처지가 됐다. 집주인은 임대차 계약 해약을 즉시 통고하고 당시 78세였던 아돌프스를 내쫓으려 했기 때문이다. 하지만 연방대법원은 집주인의 고소를 기각하고 해약이 정당치 않다고 판결했다. 그에 앞서 아돌프스는 지방재판소와 주 법원에서 패소했다. 법원은 아돌프스가 다가구 주택에서 이웃이 참을 수 없을 만큼 담배 연기로 성가시게 했고, 이웃의 건강에 해를 끼친다고 판결 이유를 들었다. 하지만 연방대법원은 2015년 2월, 그 판결을 파기하고 사건의 포괄적인 증거 조사를 지시했다. 뒤셀도르프 주 법원의 새로운 재판에서 증인들은 담배 연기에 의한 공해가 실제로 얼마나 심했냐는 질문에 현저하게 상반된 대답을 내놓았다. 그러자 법관은 아돌프스의 편을 들어주었다. 그는 판결을 받고 얼마 지나지 않은 2017년 12월에 사망했다. 원칙적으로 세입자는 자신의 집에서 담배를 피워도 된다는 게 법의 판단이었다. 그 자유는 이웃의 신체 보전에 해를 끼칠 경우에야 비로소 정지된다.

우리가 그리 오래되지 않은 과거에 공공장소, 레스토랑과 바, 기차와 기내에서 담배의 악취를 참았다는 사실을 지금은 상상하기 어렵다. 공교롭게도 세계적으로 유명한 담배 회사가 오랫동안 "넓고 큰 세계의 향"이라는 광고문으로 공기 오염을 일으키는 담배의 고객 유치에 나섰다는 게 오늘날에는 역설적으로 들린다.

누군가에게는 지옥이 된 빵 굽는 냄새

담배 연기 자체는 흡연자 대부분에게도 좋은 냄새로 느껴지지 않지만, 반면에 대부분의 사람들은 갓 구운 빵 냄새를 좋아하고 그 냄새를 맡으면 자신도 모르게 침이 고인다. 하지만 2017년의 여름, 테게른제의 평온한 소도시 로타흐-에게른에서는 상황이 달랐다.

얼마 전에 이사 온 젊은 부부가 이웃한 전통 빵집에서 나오는 공기에 불만을 호소했다. 특히 "브레첼 빵에 들어가는 건강을 해치는, 불쾌한,

오줌 냄새가 나는 첨가물"이 거슬렸던 부부는 변호사를 고용했다. 부부는 빵집 주인에게 공기 배출기를 설치하거나 "그 밖에 합당한 예방책"을 써서 냄새를 없애달라고 요구했다. 빵집 주인 에비 트레멜은 《메르쿠어 Merkur》 신문에 지금까지 (감독관청의) 영업 감사가 그런 지시를 내린 적이 없다고 했다며 버텼다. 이 다툼은 아직 결판나지 않았지만, 조금씩 양보해 기분 좋은 빵 냄새가 계속 주변에 퍼질 수 있기를 바란다.

과도한 향 사용으로 불쾌감을 조장한 상점

아베크롬비앤드피치 회사의 냄새도 불쾌감을 조장했다. 미국 의류업체 성공은 무엇보다 쇼 콘셉트에 있다. 이 회사의 상점은 오감을 자극했다. 상점 내부는 어둡고, 귀가 먹먹하게 음악의 볼륨을 높이고, 점원들은 브랜드 고유의 향 '피어스Fierce'를 실내와 의류제품에 연신 뿌려댄다. 한 번이라도 그 상점 근처에 가본 적이 있는 사람은 잘 알 것이다. 그 브랜드 지점이 눈에 들어오기도 전에 먼저 향을 느낄 수 있다. 그것도 한참 멀리에서부터 말이다. 그런데도 이 브랜드의 전성기에는 팬들이 입구에 줄을 서서 장사진을 이루었다. 브랜드의 성공에 향수가 결정적인 역할을 했다. 젊은 타깃층은 그 향을 무척 마음에 들어 해서 '피어스' 향수는 세계적인 인기 상품으로 떠올랐다.

그런데 뮌헨 시내에 사는 한 주민은 그 브랜드 매장에서 뿜는 냄새를 불쾌하게 느끼고 시 당국에 해당 브랜드 지점이 향수를 계속 뿌려대는 것을 금지해달라는 청원을 냈다. 함부르크에서도 거리에 온통 향수 냄새가 피어오른 후 시민들이 불만을 표했다. 그러자 지점은 송풍기를 차단함으로써 법정 다툼을 피했다.

얼마 전에 아베크롬비앤드피치의 매출이 하락해 매장을 새롭게 단장하는 것으로 대처하려고 한다는 기사를 읽었다. 어둡던 실내에 밝은 조명을 설치하고 이제 가벼운 새 향수 '엘우드Ellwood'를 뿌린다고 한다.

냄새 분쟁은 결국 감정 문제

악취 유발자의 권리와 악취가 고통스럽다고 느끼는 사람의 권리를 따지는 일은 법정에서 늘 그렇듯 개개 사건에 따라 달라진다. 조리나 세탁 같은 살림살이 행위에서 일반적으로 풍기는 냄새의 경우는 참아야 한다. 음식 조리 시에 나는 냄새는 예외적으로만 상당한 골칫거리가 될 수 있다. 발코니에서 하는 바비큐는 통상적으로 이미 거주자 주의사항으로 금지되어 있다. 그런데도 바비큐 그릴을 하는 경우, 그 행위로 인한 성가심의 정도가 어느 정도인가에 달려 있다. 예를 들어 바비큐 그릴 행위가 법적으로 즉시 임대차 해약으로 판결된 경우가 있었는데, 그 이유는 금지 경고를 했음에도 세입자가 자신의 그릴 습관을 한사코 고집했기 때문이다. 또 신체가 청결하지 않거나 쓰레기를 쌓아두는 경우도 악취가 복도에 퍼지는 한, 거주지의 평온을 해치는 것으로 법에 따라 판결된다. 극단적인 경우 집주인의 즉시 계약 해지 판결이 날 수 있다.

모든 일에는 한계가 있다. 예컨대 땀에 젖은 애완견이 어쩌다 복도에 악취를 풍길 수 있는데, 그 정도는 이웃들이 당연한 것으로 받아들인다. 하지만 한 세입자는 이웃 여자가 기르는 고양이의 악취 때문에 고소해 승소했다. 이웃 여자는 당당히 27마리의 고양이를 기르고 있었다. 그녀는 판결에 따라 고양이를 2마리만 놔두고 나머지는 모두 포기해야 했다. 내 고향 베르기쉬 글라드바흐는 지금 막 아랍 물담배 바와 시민대학 간에 냄새 분쟁이 일고 있다. 두 곳이 같은 건물에 있는데, 시민대학의 교직원과 학생들은 교실로 들어오는 사과, 코코넛, 복숭아의 들쩍지근한 냄새가 불쾌하다고 한다. 이 경우 역시 분쟁이 해결되지 않았다.

부록

계열에 따른 향의 특징

그린Green 그린은 풀, 풀잎, 풀줄기 등을 연상시키는 전체적 인상이다. 수많은 뉘앙스에 그린 향이 들어 있다. 그린 향은 향수 제조에서 이미 널리 사용되며, 주로 향수의 탑 노트에 특별한 액센트를 주고 싶을 때 쓰인다.

발사믹Balsamic 발사믹은 달콤하고, 부드럽고, 따스하다고 표현되는 냄새 인상을 표현하는 용어다. 발사믹 노트는 특히 발삼과 수지 추출물을 향수 성분으로 했을 때 발생한다. 특히 오리엔탈계 향수가 발사믹 향 성분에 의한 특징을 갖는다.

시트러스Citrus 시트러스 노트는 신선하고 가벼운 특징을 갖는다. 이 노트는 감귤류 오일계(베르가못, 레몬, 라임, 귤, 오렌지)에서 유래한다. 그 밖에 시트러스 노트의 신선한 특징을 가지고 있는 다양한 합성물질도 제법 있다.

시프레Chypre 시프레는 오늘날 신선한 느낌을 주는 '오 데 코롱' 풍의 탑 노트와 떡갈나무 이끼, 라다넘 수지, 파출리에서 나는 베이스 성분을 조합한 특징을 지닌 향을 총칭하는 개념이다. 따스하고 육감적인 향수가 시프레 노트 계열에 들어간다.

알데하이드Aldehyde 알데하이드성이란 단쇄 지방 알데하이드를 사용할 때 생기는 냄새의 인상을 일컫는다. 그것을 기름진, 물 같은, 지방질의, 꺼진 양초에서 나는 냄새라고 표현할 수 있다. 알데하이드는 농축 상태에서 톡 쏘는 냄새가 난다.

애니멀릭Animalic 애니멀 노트는 이름에서 알 수 있듯이 동물계에서 나온 것이다. 농축 상태에서 강하고 불쾌한 냄새가 나는 경우가 많다. 그러나 적절히 희석 처리한 상태에서는 수많은 향수의 필수 요소가 되며 향수에 따스함과 풍부함을 부여한다.

어씨Earthy 어씨는 흙이나 숲의 바닥, 진흙, 먼지 등과 유사한 냄새가 나는 향을 말한다. 어씨 성분을 가진 유명한 에센셜 오일은 베티베르와 파출리가 있다. 향수에서 어씨한 느낌은 잠재의식적으로만 떠오른다.

오리엔탈Oriental 오리엔탈 향수는 따뜻하고, 묵직하고, 달고, 이국적인 향 특징을 갖는다. 이 향수는 한마디로 천일야화의 냄새를 풍긴다.

우디Woody 나무, 즉 우드 노트는 거의 모든 향수에서 꽤 큰 역할을 한다. 향수 제조에서 가장 중요한 천연 우드 에센셜 오일은 히말라야 삼나무 오일, 파출리 오일, 베티베르 오일, 샌들우드 오일이 있다. 이들은 고착성이 좋다.

파우더리Powdery 이끼, 나무, 달콤한 원료의 성분에 의해 생겨나는 향 이미지를 파우더 같다고 한다. 향수에서 파우더리 특징은 상쾌한 꽃 향 성분이 날아가고 베이스 노트가 향의 인상을 결정할 때 자주 느껴진다.

푸제르Fougère 향수업자들이 만들어낸 개념으로서 신선한 라벤더 향 및 이끼 향의 베이스 노트가 조합된 향을 일컫는다. 푸제르 노트는 특히 남성 노트 분야에서 환상적인 조합에 많이 존재한다.

프레시Fresh 유럽 지역에서 일반적으로 레몬, 라벤더, 그린 노트, 밝은 플로랄 성분을 이 개념으로 나타낸다. 다시 말해 밝고 가벼운 향 성분이다. 북미처럼 다른 지역에서는 달콤하거나 파우더 느낌의 향수를 두고 프레시하다고 표현한다.

프루티Fruity 프루티는 자연에서 익히 알려진 과일 노트의 후각 인상이다. 순수 프루티 노트는 기껏해야 특정 사용 분야의 일시적 유행으로 나타난다. 향수에 프루티 노트 함량이 과도하면 마치 먹을 수 있는 음식처럼 느껴지기 때문에 향수 조합에서 육감적 작용에 오히려 방해가 된다.

플로랄Floral 오늘날 시장에 출시된 모든 향수의 절반이 플로랄 또는 블루밍 성분을 강조한다. 플로랄은 특정 꽃의 노트(릴리 오브 더 밸리Lily of the valley) 또는 여러 가지 꽃의 노트가 섞인 꽃다발(부케Bouquet)의 성분에 의해 특징지어진다. 플로랄 성분을 강조하지 않은 향수도 정도의 차이만 있을 뿐 대부분 플로랄 성분을 어느 정도는 지니고 있다.

마음을 움직이는 향기의 힘

초판 1쇄 인쇄 2020년 8월 12일 **초판 4쇄 발행** 2022년 9월 10일

지은이 로베르트 뮐러-그뤼노브 **옮긴이** 송소민
펴낸이 김종길 **펴낸 곳** 글담출판사 **브랜드** 아날로그

기획편집 이은지 · 이경숙 · 김보라 · 김윤아
마케팅 김상윤 **디자인** 손소정
홍보 김민지 **관리** 김예솔

출판등록 1998년 12월 30일 제2013-000314호
주소 (04029) 서울시 마포구 월드컵로8길 41 (서교동 483-9)
전화 (02) 998-7030 **팩스** (02) 998-7924
페이스북 www.facebook.com/geuldam4u **인스타그램** geuldam
블로그 blog.naver.com/geuldam4u

ISBN 979-11-87147-57-2 (03300)

이 도서의 국립중앙도서관 출판시도서목록(CIP)은 e-CIP 홈페이지(www.nl.go.kr/ecip)와 국가자료공동목록시스템(www.nl.go.kr/kolisnet)에서 이용하실 수 있습니다.
(CIP 제어번호 : 2020030809)

만든 사람들
책임편집 김보라 **디자인** 엄재선 **교정교열** 김은경